职业教育“课证融通”
立体化系列规划教材财务会计类

财经法规与会计职业道德

邵艳辉 陈丽佳◇主　编
张嘉伟 孙景翠◇副主编

人 民 邮 电 出 版 社
北　京

图书在版编目（CIP）数据

财经法规与会计职业道德 / 邵艳辉，陈丽佳主编
. -- 北京 : 人民邮电出版社，2015.8(2018.3重印)
职业教育"课证融通"立体化系列规划教材. 财务会计类
ISBN 978-7-115-29325-1

Ⅰ. ①财… Ⅱ. ①邵… ②陈… Ⅲ. ①财政法－中国－高等职业教育－教材②经济法－中国－高等职业教育－教材③会计人员－职业道德－高等职业教育－教材 Ⅳ. ①D922.2②F233

中国版本图书馆CIP数据核字(2015)第103845号

内容提要

本书以财政部2014年最新颁布的《会计从业资格考试大纲（修订）》为依据，结合职业教育会计专业的教学需要，在多年研究该考试命题特点和院校会计课程标准的基础上编写而成。

本书的主要内容包括会计法律制度、结算法律制度、税收法律制度、财政法律制度和会计职业道德。本书附录提供了关于会计从业资格考试的"考情简介与应试策略"，旨在总结、提炼考试内容的重点及命题方式，为考生提供全面的应试策略。

本书的配套资源包括配套光盘以及PPT课件、备课教案、票据图示、拓展案例阅读等丰富内容。其中配套光盘中不仅提供了书中的项目实训和真题精练等板块的答案文件，还提供了会计从业资格考试无纸化考试系统，包括"考试指南""考试大纲""章节练习""题型精练""模拟考场""错题重做"板块，帮助读者提前感受考场。

本书适合作为职业院校财会相关专业的教材，也可供全国各地报考会计从业资格考试"财经法规与会计职业道德"科目的考生使用，还可作为会计人员岗位培训教材和相关会计工作者的参考用书。

◆ 主　　编　邵艳辉　陈丽佳
副 主 编　张嘉伟　孙景翠
责任编辑　刘　琦
执行编辑　朱海昀
责任印制　杨林杰

◆ 人民邮电出版社出版发行　　北京市丰台区成寿寺路11号
邮编　100164　　电子邮件　315@ptpress.com.cn
网址　http://www.ptpress.com.cn
固安县铭成印刷有限公司印刷

◆ 开本：787×1092　1/16
印张：15　　　　2015年8月第1版
字数：363千字　　2018年3月河北第3次印刷

定价：39.80元（附光盘）

读者服务热线：(010)81055256　印装质量热线：(010)81055316
反盗版热线：(010)81055315
广告经营许可证：京东工商广登字20170147号

前　言

组织编写本书的初衷

会计从业资格考试（俗称“会计证考试”）是从事会计工作的一种法定资格认证，也是进入会计职业的“门槛”。考生通过考试后，便可获得会计从业资格证。该考试的考试大纲由财政部于 2014 年进行了全面修订，并从 2014 年 10 月 1 日起施行。考试采用财政部统一编制的无纸化考试题库，实行“三科连考”，即一次性通过三个考试科目才能取得会计从业资格证书，从而增加了考试难度。

近年来，随着各院校将会计从业的课程逐渐纳入教学计划，传统的教材已无法同时满足教学与考试的双重要求，与此同时，根据实行无纸化考试省份的情况来看，其平均通过率也较低，尤其是对于在校参加会计从业资格考试的学生来说，更难把握复习备考的方向和应试策略。考试不仅难在考试规则，还难在出题方式以及无纸化的考试环境。

为了满足各职业院校的教学需要，以及学生考证的复习需求，我们针对当前最新会计从业资格考试的考情和命题思路，在多年研究该考试命题特点基础上，以教学需求为主线，以考试大纲为蓝本，编写而成这套适用职业院校会计及相关专业的“课证融通”系列教材。

本书的特点

1. 满足教学需求为首，紧扣考试大纲，做到课证融通

本书以最新的考试大纲为依据，保持了考纲的内容设计，同时根据教学需求调整了相关知识点的讲解方式及篇幅，对部分知识点进行深度剖析，适当地增加了案例等扩展内容，使知识讲解更加全面和系统。我们深入研究了近几年的考试真题，力求全面覆盖教学的知识点，并对应考试大纲的内容。书中不仅有清晰的知识结构，还对各项目进行考情分析，归纳了有效的学习方法，使教材真正满足“课证融通”的教学需求。

2. 采用项目式教学，合适安排教学任务，注重技能

本书的每个项目精心设计了“项目导入”“学习目标”“考情分析”“任务目标”“知识讲解”“任务实施”“项目总结”“项目实训”“拓展知识”“真题精练”这样循序渐进的教学结构，将职业场景引入课堂教学，激发学生的学习兴趣；然后在技能任务的驱动下，实现“讲中学，学中练”的教学理念；最后有针对性地进行项目实训和知识拓展补充，并通过练习题巩固所学知识。

3. 穿插案例阅读和例题，讲解浅显易懂，配有相关图示和举例

结合会计初学者学习会计的特点，本书尽量做到语言浅显易懂，并通过生动、形象的示意图和贴近实际工作的实例等帮助读者理解。在对各知识点的讲解过程中还结合不同类型的试题，包含历年考试真题和典型例题等，同步给出答案和解析，便于熟悉考试题型的解题思路与命题特点。

4. 提供特色小栏目，加深领悟力

本书设置了“知识补充”和“名师点睛”两个特色小栏目。其中，“知识补充”栏主要对一些相关的知识点、法规或概念做进一步的说明；“名师点睛”栏目主要将抽象化的知识

进一步进行归纳和总结，并对其进行深入浅出地剖析，以加深读者对知识的理解和领悟。

5. 各章末提供自测练习题，可反复练习，提高解题能力

在每个项目最后，按该项目考点所涉及的不同题型提供了自测练习题。这些练习题是根据对应考点在考试题库中的命题类型及方式精心设计的，其参考答案和解析位于光盘中（具体请参见◎光盘 \ 效果文件 \ 真题精练答案与解析 .doc）。

6. 提供无纸化考试系统，完全模拟真实考试环境，复习更高效

本书的配套光盘中提供了模拟考试系统，帮助考生提前熟悉考试环境及命题类型。光盘中的考题都是精心挑选的历年真题和预测题，并且附有参考答案及详细解析，考生可以进行模拟演练，并通过解析获知答题思路及考查重点，进一步突破复习难点。

本书的教学资源

本书的教学资源包括以下 3 方面的内容。

（1）配套光盘。本书配套光盘包含书中任务实施和项目实训涉及的效果文件、各项目“真题精练”的答案与解析以及无纸化考试题库系统等内容。

（2）教学资源包。本书配套精心制作的教学资源包，包括 PPT 课件、备课教案、票据图示，以便老师顺利开展教学工作。

（3）教学扩展包。教学扩展包中包括方便教学的拓展资源，如企业会计准则与小企业会计准则的区别、拓展案例分析等。

特别提醒：上述教学资源包和教学拓展包可访问人民邮电出版社教学服务与资源网（www.ptpedu.com.cn）搜索下载，或者发电子邮件至 dxbook@qq.com 索取。

怎样使用本书

（1）建议读者先仔细阅读附录“考情简介与应试策略”，充分了解考试规则和考试重点，掌握复习方法，了解考试过程中应注意的问题及解题技巧。

（2）精读本书中的内容，包括“拓展知识”板块中的内容。对于理论知识需要加以记忆，对于实务知识可通过案例和实训加以理解和巩固。

（3）对本书内容掌握一定程度后，可通过配套光盘提供的模拟考试系统进行反复练习，这样不仅能熟悉考试环境，还能对已学习的内容进行查漏补缺。因为考试是随机抽题，且考题的要求是千变万化的，但考查的重点与方式基本不变，做题时要注意对各种知识点进行归纳总结，以不变应万变。

联系我们

本书由邵艳辉、陈丽佳任主编，张嘉伟、孙景翠任副主编。参与本书资料收集整理、编写、校排、光盘制作等工作的人员还有：肖庆、李秋菊、黄晓宇、蔡长兵、牟春花、李凤、熊春、蔡飓、高志清、丘青云、罗贝加、高利水、曾勤、何晓琴、蔡雪梅等。

尽管在本书的编写与出版过程中，编者一直力争做到精益求精，但由于水平有限，书中难免有错漏和不足之处，恳请广大读者批评、指正。本书责任编辑的联系邮箱为 zhuhaiyun@ptpress.com.cn。

编　者

2015 年 4 月

光盘使用说明

将光盘放入光驱中，在“我的电脑”窗口中双击光盘盘符，打开光盘文件夹窗口，在其根目录下提供有“项目实训”、“真题精练答案”等文件夹，如图 0-1 所示，双击打开相应的文件夹，便可查看其内容。

图 0-1 查看光盘文件夹

运行光盘模拟考试题库系统的方法是：在光盘的根目录下双击 Autorun.exe 文件图标运行光盘（光盘放入某些计算机后也会自动运行），稍后进入演示主界面。在光盘演示主界面上方有“首页”“考试指南”“考试大纲”“章节练习”“题型精练”“模拟考场”和“错题重做”等几个按钮，单击其中某个按钮，即可进入对应板块。下面分别介绍各个板块的功能。

1.“首页”板块

该板块主要显示光盘中各个模块中的题目数量以及考生练习完成的进度情况，如图 0-2 所示。

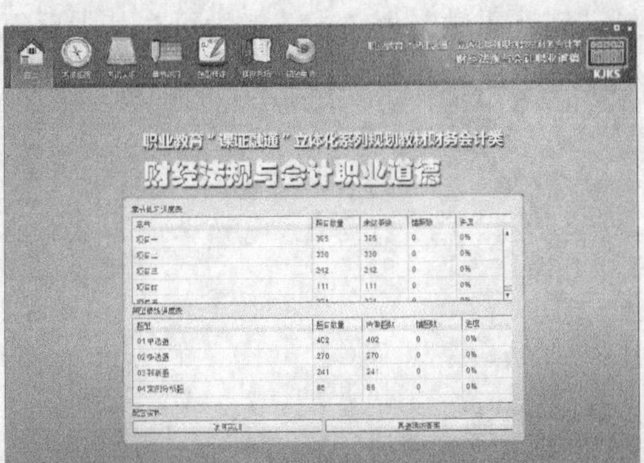

图 0-2 光盘题库系统“首页”板块

2.“考试指南”板块

该板块主要是介绍会计从业资格考试的考试情况，以及“财经法规与会计职业道德”科目的考情、考纲分析，学习方法和应试技巧，单击左侧窗格中的按钮即可查看相应内容，如图 0-3 所示。

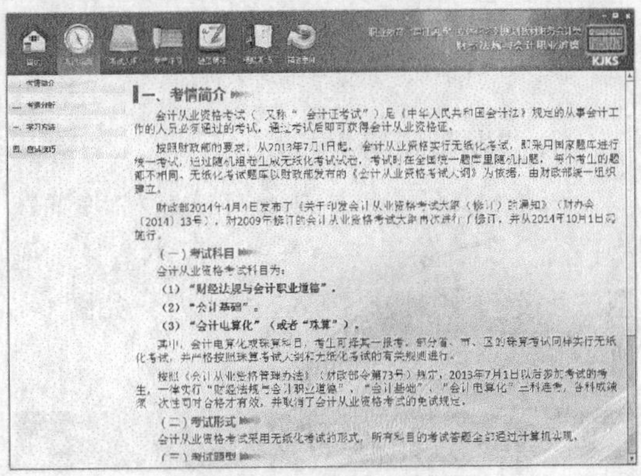

图 0-3 “考试指南”板块

3.“考试大纲”板块

该板块主要是介绍“财经法规与会计职业道德”科目的考试大纲，单击左侧窗格中各章的按钮即可查看该章的考试大纲内容，如图 0-4 所示。

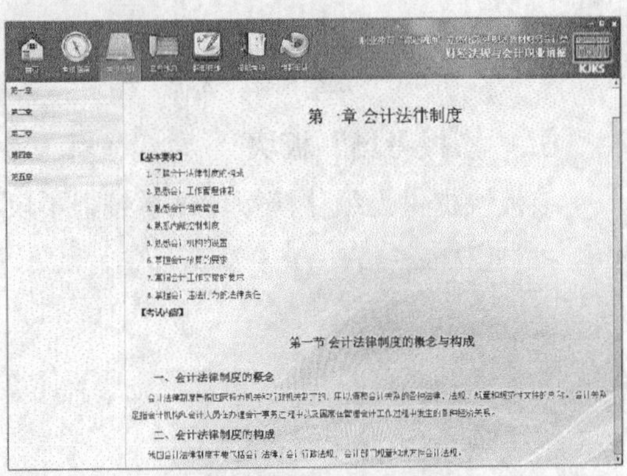

图 0-4 “考试大纲”板块

4.“章节练习”板块

本板块将题库中的所有试题，按章节结构进行分类，便于考生针对本书各个项目所覆盖的考试知识点进行专项练习，提高应试能力，如图 0-5 所示。

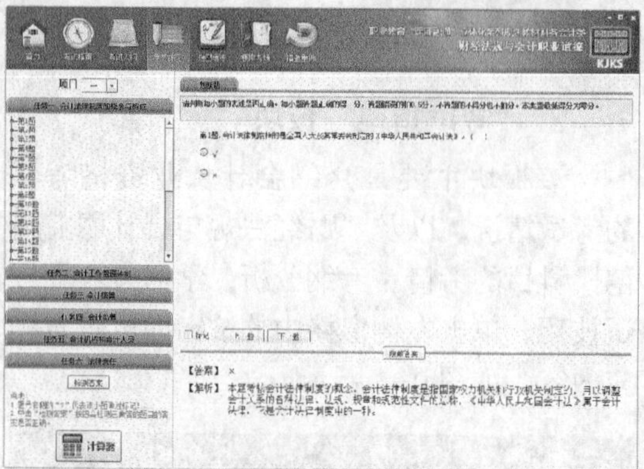

图 0-5 “章节练习”板块

5. “题型精练”板块

该板块将题库中的所有试题按考试题型进行分类，便于考生针对自己不擅长的题型进行专项练习，提高应试能力，如图 0-6 所示。

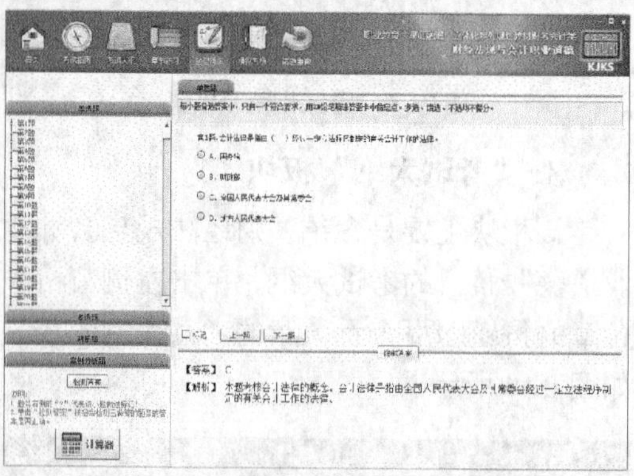

图 0-6 “题型精练”板块

6. “模拟考场”板块

该板块提供无纸化模拟考试系统，不仅能帮助考生提前熟悉考试环境及命题类型，还能通过模拟考试检验学习效果，如图 0-7 所示、图 0-8 所示。

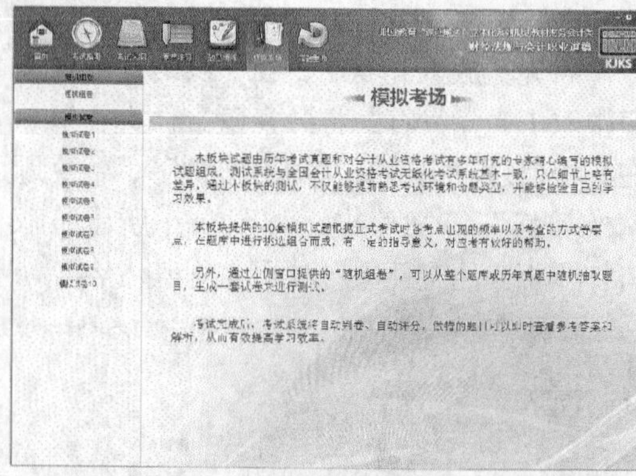

图 0-7 “模拟考场”板块

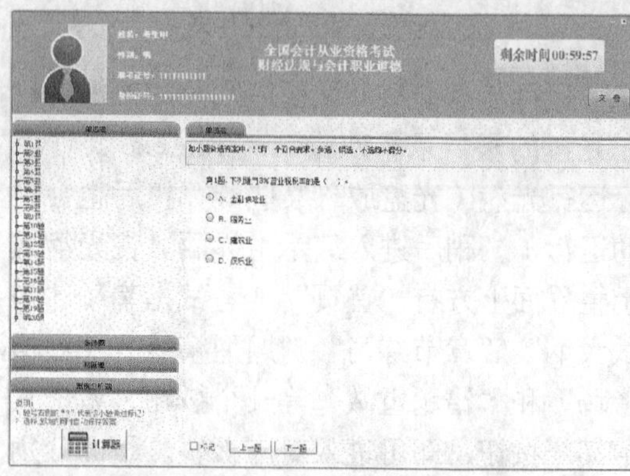

图 0-8 模拟考场界面

7. “错题重做”板块

凡是在“章节练习”“题型精练”和“模拟考场”板块中答错的题目或是在“模拟考场”板块中没有作答的题目，都会自动添加到“错题重做”板块中，考生可在其中反复练习这些题目，查漏补缺。

目 录

PART 1

项目一 会计法律制度

项目引入

叶丽娜：杜老师，如果没有会计从业资格证书，我可以做与会计相关的工作吗？

杜老师：当然不可以，根据会计法律制度规定，从事会计相关的职业必须取得会计从业资格证书。

叶丽娜：会计法律制度？是关于会计的相关法律制度吗？有些什么规定呢？

杜老师：对，会计法律制度是关于会计的相关法律规定，比如对会计工作、会计机构以及会计人员等的规定。

叶丽娜：看来要成为一名会计，需要学习的东西还很多，那我要向杜老师好好学习才行。

学习目标

- 了解我国会计法律制度的构成。
- 掌握会计工作的管理体制。
- 掌握会计核算的相关规定和会计监督的原则及作用。
- 掌握会计机构的设置和会计从业的相关规定。
- 掌握相关会计违法行为的法律责任。

考情分析

- 题型与分值：单选题、多选题、判断题和案例分析题，所占分值为30%~40%。
- 复习重点与建议：本项目内容大多是需要记忆的，特别是各种会计法律和法规的概念及其具体内容，要结合实际进行理解记忆，本项目的内容也是后面项目学习的基础。

任务一 会计法律制度的概念与构成

会计法律制度是调整经济关系中各种关系的法律规范，因此，在学习会计时必须先明白会计法律制度的定义以及会计法律制度的构成。

【任务目标】

本任务的目标是了解会计法律制度的概念，在此基础上重点掌握构成会计法律制度的会计法规体系，掌握体系中各部分的颁布机构、作用、主要表现形式以及法律效力等。

【知识讲解】

一、会计法律制度的概念

会计法律制度是指国家权力机关和行政机关制定的，用以调整会计关系的各种法律、法规、规章和规范性文件的总称。会计关系是指会计机构和会计人员在办理会计事务过程中以及国家在管理会计工作过程中发生的各种经济关系。在一个单位里，会计关系的主体为会计机构和会计人员，客体为与会计工作相关的具体事务。为了保证会计工作的有序进行，国家通过制定一系列会计法律制度来调整和规范各种会计关系，包括针对会计工作管理、会计核算、会计监督、会计机构与会计人员、法律责任等所制定的规范性文件。

二、会计法律制度的构成

目前，我国的会计法律制度基本形成了以《中华人民共和国会计法》为主体的比较完整的会计法规体系，包括会计法律、会计行政法规、会计部门规章和地方性会计法规等。

（一）会计法律

会计法律是指由全国人民代表大会及其常务委员会（以下简称全国人大常委会）经过一定立法程序制定的有关会计工作的法律。我国会计法律的主要表现形式为《中华人民共和国会计法》（以下简称《会计法》）和《中华人民共和国注册会计师法》（以下简称《注册会计师法》）。

1. 会计法

《会计法》是会计法律制度中层次最高的法律规范，是制定其他会计法规的依据，也是指导会计工作的最高准则。它是在1999年由全国人大常委会修订并通过的，其立法宗旨是规范会计行为，保证会计资料真实、完整，加强经济管理和财务管理，提高经济效益，维护社会主义市场经济秩序。

试题精讲

【多选题】《会计法》的立法宗旨是（　　）。

A. 以立法“规范会计行为”

B. 通过立法“保证会计资料真实、完整”

C. 通过立法“加强经济管理和财务管理，提高经济收益”

D. 通过立法“维护社会主义市场经济秩序”

【答案】A、B、C、D

【解析】《会计法》第一章第一条规定，为了规范会计行为，保证会计资料真实、完整，加强经济管理和财务管理，提高经济效益，维护社会主义市场经济秩序，制定本法。

知识补充

我国的《会计法》是在1985年1月21日制定的，1993年进行第一次修订，1999年10月31日由全国人大常委会进行第二次修订并通过，现行的《会计法》是于2000年7月1日起开始施行的。

2. 注册会计师法

《注册会计师法》是规范注册会计师及其行业行为规范的最高准则。早在1986年，国务院就颁布了《中华人民共和国注册会计师条例》，但这在当时还不是法律，也没有经过全国人民代表大会的审议，是以行政法规的形式发布的；1993年10月31日，第八届全国人大常委会第四次会议审议通过了《注册会计师法》，并于1994年1月1日起开始施行。

知识补充

《注册会计师法》主要规定了注册会计师的考试与注册、注册会计师承办的业务范围和规则、注册会计师事务所、注册会计师协会的相关问题，并对注册会计师有关的法律责任作出了明确规定。

名师点睛

注册会计师并不是普通会计，并不参与平常的记账工作，它属于监督会计工作的独立第三方，起到的是中介的作用。

（二）会计行政法规

会计行政法规是指由国务院制定并发布，或者由国务院有关部门拟定并经国务院批准发布的，调整经济生活中某些方面会计关系的法律规范。会计行政法规的制定依据是《会计法》，如国务院发布的《企业财务会计报告条例》和《总会计师条例》等都属于会计行政法规。

《企业财务会计报告条例》制定的目的是规范企业财务会计报告，保证财务会计报告的真实和完整。它由国务院于2000年6月21日颁布，自2001年1月1日起施行。

《总会计师条例》制定的目的是确定总会计师的职权和地位，发挥总会计师在加强经济管理、提高经济效益中的作用。它由国务院于1990年12月31日颁布并施行。

（三）会计部门规章

会计部门规章是指国家主管会计工作的行政部门（即财政部）以及其他相关部委根据法律和国务院的行政法规、决定、命令，在本部门的权限范围内制定的，调整会计工作中某些方面内容的国家统一的会计准则制度和规范性文件，包括国家统一的会计核算制度、会计监督制度、会计机构和会计人员管理制度及会计工作管理制度等。

例如，2000年5月以财政部第26号部长令签发的《会计从业资格管理办法》、2001年2月20日以财政部第10号部长令签发的《财政部门实施会计监督办法》和2006年2月15日以财政部第33号部长令签发的《企业会计准则——基本准则》等都属于会计部门规章。

（四）地方性会计法规

地方性会计法规是指由省、自治区、直辖市人民代表大会及常务委员会在同宪法、会计法律、行政法规和国家统一的会计准则制度不相抵触的前提下，根据本地区情况制定发布的关于会计核算、会计监督、会计机构和会计人员以及会计工作管理的规范性文件。

> 名师点睛
>
> 会计法律体系中各组成部分的区分可按如下方法进行理解：《××法》属于会计法律；《××条例》属于会计行政法规；《××省××办法》属于地方性会计法规；其他基本属于会计部门规章。它们的法律效力由高到低依次为：会计法律>会计行政法规>会计部门规章>地方性会计法规。

【任务实施】

结合本任务所学知识，将表1-1中的空白单元格补充完整。

表 1-1 我国会计法律制度的构成

内容	制定机关	主要表现形式
会计法律		
会计行政法规		
会计部门规章		
地方性会计法规		

任务二 会计工作管理体制

会计工作管理体制是指国家划分会计工作管理权限的制度。它包括的内容有四个方面：一是会计工作由谁管理；二是会计制度的制定权限；三是会计人员的管理；四是单位内部的会计工作管理。

【任务目标】

本任务的目标是解决会计工作由谁管理和怎样管理的问题，即会计工作的主管部门和财政部门怎样履行会计行政管理职能的问题。

【知识讲解】

一、会计工作的行政管理

（一）会计工作行政管理体制

会计工作的行政管理就是代表国家的政府部门对会计工作进行管理。《会计法》第七条规定：国务院财政部门主管全国的会计工作，县级以上地方各级人民政府财政部门管理本行政区域内的会计工作。其中明确规定了会计工作由谁管理和在会计工作管理体制上实行“统一领导，分级管理”的原则。

> 名师点睛
>
> 《会计法》规定由财政部“主管”全国会计工作，而不是“管理”会计工作，说明会计管理不仅是财政部门的事，也需要财政、审计、税务、人民银行、证券监管和保险监管等部门的参与。

财政、审计、税务、人民银行、证券监管和保险监管等部门应当依照有关法律、行政法规规定的职责，对有关单位的会计资料实施监督检查。这一规定体现了财政部门与其他政府管理部门在管理会计事务中的相互协作、配合的关系。

> **知识补充**
>
> 人民银行全称为中国人民银行，它是国务院的组成部门之一，其主要职能是在国务院的领导下，制定并负责实施有关的货币政策，它不属于商业性质的银行。

试题精讲

【单选题】根据《会计法》的规定，行使会计工作管理职能的政府部门是（　　）。

A. 税务部门　　B. 财政部门　　C. 审计部门　　D. 证券监管部门

【答案】B

【解析】财政部门是会计工作的主管部门。国务院财政部门主管全国的会计工作，县级以上地方各级人民政府财政部门管理本行政区域内的会计工作。

（二）会计工作行政管理的内容

会计工作的行政管理主要包括制定国家统一的会计准则制度、会计市场管理、会计专业人才评价、会计监督检查，各项内容的具体介绍如下。

1. 制定国家统一的会计准则制度

国家统一的会计准则制度及相关标准规范的制定和组织实施主要有以下3个要点。

- 国家统一的会计制度，由国务院财政部门根据《会计法》制定并发布。
- 国务院有关部门可以依照《会计法》和国家统一的会计制度，制定对会计核算和会计监督有特殊要求的行业实施国家统一会计制度的具体办法或者补充规定，报国务院财政部门审核批准。
- 中国人民解放军总后勤部可以依照《会计法》和国家统一的会计制度制定军队实施国家统一的会计制度的具体办法，报国务院财政部门备案。

> **知识补充**
>
> 中国人民解放军四总部具体包括总参谋部、总政治部、总后勤部和总装备部。其中只有总后勤部可以制定军队实施国家统一的会计制度的具体办法。

国家统一的会计准则制度是指在全国范围内实施的会计工作管理方面的规范性文件，主要包括会计核算制度、会计监督制度、会计机构和会计人员管理制度以及会计工作管理制度4个方面的内容。

2. 会计市场管理

会计市场管理包括会计信息质量以及会计师事务所执业质量的管理，它直接影响到市场秩序，关系到国家经济秩序和社会公共利益。会计市场管理包括以下3方面的管理内容。

- **会计市场的准入管理：**会计市场的准入管理是指财政部门对会计从业资格的取得、代理记账机构的设立、注册会计师资格的取得及注册会计师事务所的设立等进行的条件设定。具体是指从事会计工作的人员必须取得会计从业资格证书。会计从业资格证的取得实行考试制度，会计从业资格证书实行上岗注册、调转登记、离岗备案制度，而国家实行会计从业资格考试制度，由我国县级以上财政部门进行管理。

- **会计市场的运行管理**：会计市场的运行管理是指财政部门对获准进入会计市场的机构和人员是否遵守各项法律法规，依据相关准则、制度和规范执行业务的过程及结果所进行的监督和检查。
- **会计市场的退出管理**：会计市场的退出管理是指财政部门对在执业过程中有违反《会计法》和《注册会计师法》行为的机构和个人进行处罚，情节严重的吊销其执业资格，强制其退出会计市场。

试题精讲

【单选题】财政部门对会计从业资格的取得进行的条件设定，称为（　　）。

A. 会计培训市场的管理　　B. 会计市场准入管理

C. 会计市场运作管理　　D. 会计市场退出管理

【答案】B

【解析】会计市场准入管理，是指财政部门对会计从业资格的取得、代理记账机构的设立、注册会计师资格的取得及注册会计师事务所的设立等进行的条件设定。

3. 会计专业人才评价

会计专业人才是我国经济建设中不可或缺的重要力量，也是我国人才队伍中的重要组成部分。目前，我国基本形成了由财政部门组织实施，人力资源和社会保障部门监督指导的阶梯式会计专业人才评价机制，包括初级、中级和高级会计人才评价机制和会计行业领军人才的培养和评价等。

名师点睛

财政部和地方财政部门对先进会计工作者的表彰奖励也属于会计人才评价的范畴。

4. 会计监督检查

会计监督是会计的基本职能之一，是我国经济监督体系的重要组成部分，随着经济的发展，更加需要加强会计监督检查。

根据《会计法》的规定，县级以上人民政府财政部门对各单位会计工作的监督检查部门和会计工作行使监督权，对违法会计行为实施行政处罚。因此，国务院财政部门、国务院财政部门的派出机构和县级以上人民政府财政部门是《会计法》的执行主体，是会计工作的政府监督实施主体。

财政部门对会计市场的监督检查主要包括对会计信息质量的检查、对会计师事务所执业质量的检查以及对会计行业自律组织的监督和指导3个方面的内容。

二、会计工作的自律管理

会计工作的自律管理机构包括中国注册会计师协会、中国会计学会和中国总会计师协会。

（一）中国注册会计师协会

中国注册会计师协会是依据《注册会计师法》和《社会团体登记条例》的有关规定设立的社会团体法人，是中国注册会计师的行业自律管理组织。

中国注册会计师协会的最高权力机构为全国会员代表大会。全国会员代表大会选举产生理事会，理事会选举产生会长、副会长、常务理事会，理事会设若干专门委员会和专业委员会。常务理事会在理事会闭会期间行使理事会职权。

（二）中国会计学会

中国会计学会是财政部所属由全国会计领域各类专业组织，以及会计理论界、实务界会计工作者自愿结成的学术性、专业性、非营利性社会组织。

中国会计学会单位会员涵盖全国各省级会计管理机构、国有大中型企业和大专院校等，个人会员多在各自领域担任重要职务。中国会计学会以组织、推动会计理论和实务交流，建立和完善适应社会主义市场经济发展需要的，具有国际影响力的会计理论与方法体系，向会员提供终身持续的专业化服务为目标。

（三）中国总会计师协会

中国总会计师协会是经财政部审核同意、民政部正式批准，依法注册登记成立的跨地区、跨部门、跨行业、跨所有制的非营利性国家一级社团组织，是总会计师行业的全国性自律组织。其主管单位为国务院财政部，并接受财政部的业务领导。

试题精讲

【判断题】我国对会计工作的管理主要是依靠财政部门所进行的行政管理。（　　）

【答案】×

【解析】在我国，除依靠财政部门履行会计行政管理职能之外，还需要会计自律管理组织从另一方面进一步督促会计人员依法开展会计工作，自律管理是对会计行政管理的一种非常有益的补充。

三、单位内部的会计工作管理

我国《会计法》规定，各单位负责人负责本单位内部的会计工作管理，应当保证会计机构、会计人员依法履行职责，不得授意、指使、强令会计机构和会计人员违法办理会计事项，并对本单位的会计工作和会计资料的真实性、完整性负责。

单位内部的会计工作管理主要包括单位负责人的职责、会计机构的设置、会计人员的选拔任用、会计人员回避制度。

（一）单位负责人的职责

单位负责人并不是指具体经营管理事务的负责人，也不包括副职领导人。单位负责人是指单位法定代表人或者法律、行政法规规定代表单位行使职权的主要负责人。单位负责人主要包括表1-2所示两类人员。

表 1-2 单位负责人

单位负责人	含义	举例
法定代表人（法人代表）	依法代表法人单位行使职权的负责人	国有工业企业的厂长（经理）、公司制企业的董事长、国有机关的最高行政官员等
代表单位行使职权的负责人	依法代表非法人单位行使职权的负责人	代表合伙企业执行合伙企业事务的合伙人、个人独资企业投资人等

《会计法》中规定的单位负责人的职责主要有以下3项。

- 对本单位的会计工作和会计资料的真实性、完整性负责。
- 应当保证财务会计报告真实、完整。
- 应当保证会计机构、会计人员依法履行职责，不得授意、指使、强令会计机构和会计人员违法办理会计事项。

试题精讲

【单选题】（　　）对本单位会计、会计资料的真实性、完整性负责。

A. 单位负责人　　B. 财务主管　　C. 主管会计　　D. 会计人员

【答案】A

【解析】单位负责人对本单位会计、会计资料的真实性、完整性负责。

名师点睛

对本单位会计、会计资料的真实性、完整性负责的人应是单位负责人的职责，“财务主管”或“主管会计”有监督会计资料真实、完整的职责，如果会计资料不真实、完整，责任人仍是单位负责人。

（二）会计机构的设置

会计机构是各单位办理会计事务的职能部门，会计人员是直接从事会计工作的人员。建立健全会计机构，配备与工作要求相适应、具有一定素质和数量的会计人员，是做好会计工作，充分发挥会计职能作用的重要保证。按照《会计法》的规定，各单位应当根据会计业务的需要，设置会计机构，或者在有关机构中设置会计人员并指定会计主管人员；不具备设置条件的，应当委托经批准设立从事会计代理记账业务的中介机构代理记账。

各单位是否设置会计机构，应当根据会计业务的需要来决定，即各单位可以根据本单位会计业务的繁简情况决定是否设置会计机构。一个单位是否需要设置会计机构，一般取决于以下几个方面的因素。

- **单位规模的大小**：从有效发挥会计职能作用的角度来看，大、中型企业和具有一定规模的行政事业单位，以及财务收支数额较大、会计业务较多的社会团体和其他经济组织，应单独设置会计机构。规模较小、业务和人员都不多的单位，可以不单独设置会计机构，而将会计业务并入其他机构，或委托中介机构代理记账。不单独设置会计机构的单位应在有关机构中配备会计人员并指定会计主管人员。
- **经济业务和财务收支的繁简**：大、中型单位的经济业务复杂多样，在会计机构和会计人员的设置上应考虑全面、合理、有效的原则。有些单位的规模相对较小，但其经济业务复杂多样，财务收支频繁，也要设置相应的会计机构和人员。
- **经营管理的要求**：如果没有经营管理上对会计机构和会计人员的要求，也就不存在单位对会计的要求了。单位设置会计机构和人员的目的就是适应单位在经营管理上的需要。

案例阅读与思考

某国有独资公司，生产经营规模不大，但经济业务和财务收支相对复杂。当地财政部门在对该公司进行执法检查的过程中发现该公司未设置专门的会计机构，也未委托经批准设立从事会计代理记账业务的中介机构代理记账。当地财政部门立即对该公司进行停业整顿，但公司主要负责人认为该公司生产经营规模不大，根本不需要设置会计机构，也无需进行代理记账，只要单位负责人了解盈亏即可。

在本例中，该公司虽然生产经营规模不大，经济业务和财务收支却相对复杂。就会计机构和会计人员的设置上应考虑全面、合理、有效的原则而言，该公司应设置相应的会计机构和人员，即使不设置专门的会计机构和人员，也应委托从事会计代理记账业务的中介机构代理记账。

（三）会计人员的选拔任用

单位应当在法律、法规规定范围内，结合自身实际情况制定会计人员的选拔任用制度。会计人员的选拔任用可分为法定和意定两个方面，也就是“法内自愿”的原则。

1. 法定

会计人员的选拔任用首先要按照《会计法》的下列规定来选拔任用。

- 从事会计工作的人员，必须取得“会计从业资格证书”。
- 担任单位会计机构负责人（会计主管人员）的，除取得“会计从业资格证书”外，还应当具备“会计师”以上专业技术职务资格或者从事会计工作“三年”以上的经历。

2. 意定

财政部只对从事会计工作人员的相关资格条件进行统一规定，会计人员取得相关资格或符合有关条件后，能否具体从事相关工作，由所在单位自行决定。

知识补充 会计人员隶属于所在单位，会计人员的任免、轮岗、提拔和调用都由所在单位负责，由所在单位进行考核奖惩。单位对于认真执行会计法律制度，忠于职守，坚持原则，做出显著成绩的会计人员，应给予精神或物质奖励。

（四）会计人员回避制度

回避制度是指为了保证执法或者执法的公正性，对可能影响其公正性的执法或者执法人员实行职务回避和业务回避的一种制度。

《会计基础工作规范》中对会计人员回避制度作出了规定，主要是从会计工作的特殊性出发，规定国家机关、国有企业、事业单位任用会计人员应当实行回避制度。会计人员回避制度的内容主要包括以下两点。

- 单位负责人的直系亲属不得担任本单位的会计机构负责人、会计主管人员。
- 会计机构负责人、会计主管人员的直系亲属不得在本单位会计机构中担任出纳工作。

直系亲属包括夫妻关系、直系血亲关系、三代以内旁系血亲以及近姻亲关系，主要直系亲属关系如图1-1所示。

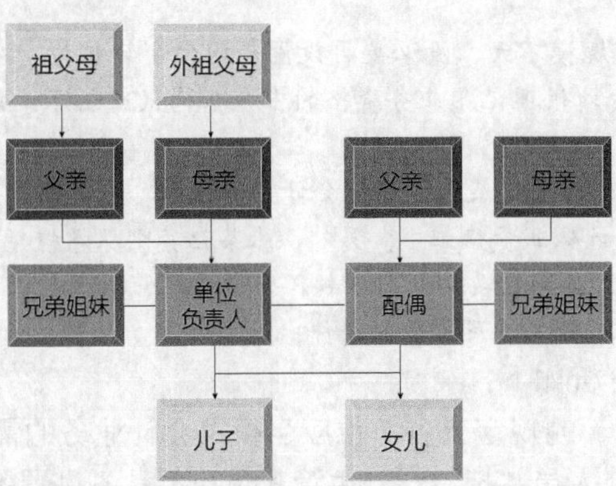

图1-1 直系亲属关系

知识补充

直系血亲关系还包括原本没有自然的或直接的血缘关系，但法律上确定其地位与血亲相等的关系，如养父母和养子女之间的关系。三代以内旁系血亲关系包括自己的兄弟姐妹及其子女、父母的兄弟姐妹及其子女；近姻亲关系指配偶的父母、兄弟姐妹，儿女的配偶及儿女配偶的父母。

案例阅读与思考

赵某为嘉丽公司的董事长，因业务发展的需要，需招聘一名会计主管。赵某想到自己妻子的妹妹李某虽然没有会计从业资格证书，但是有2年的会计工作经验，就将李某招聘进入公司担任会计主管一职。李某进入公司后不久，遂将其女儿王某也招聘进入公司担任出纳。

在本例中，赵某将其妻子的妹妹李某招聘进入公司担任会计主管不符合《会计法》的规定。首先，李某不具有会计从业资格证书，就不符合从事会计工作的资格；其次，担任会计主管人员的，除取得"会计从业资格证书"外，还应当具备"会计师"以上专业技术职务资格或者从事会计工作"3年"以上的经历；李某将其女儿王某招聘进入公司担任出纳工作也不符合"会计主管人员的直系亲属不得在本单位会计机构中担任出纳工作"的规定。

试题精讲

【单选题】下列事项没有违背会计法律规定的回避制度的是（　　）。

A. 甲单位法人代表的妻子担任本单位财务部门经理

B. 乙单位会计科长的女儿担任本部门出纳员

C. 丙单位董事长的养子担任财务部门经理

D. 丁单位财务处处长的同学担任本部门出纳员

【答案】D

【解析】选项A、B中的关系都属于直系亲属。另外，直系血亲关系还包括本来没有自然的或直接的血缘关系，但法律上确定其地位与血亲相等，如养父母和养子女之间的关系，所以选项C也违背了会计人员的回避制度。

【任务实施】

仔细阅读下面的资料，分析下述情形是否符合《会计法》的相关规定。

大安公司为一家个人独资的贸易公司，生产经营规模不大，但财务收支数额较大，张某为该公司的单位负责人。

（1）张某认为公司规模不大，没必要再设置专门的会计机构，聘请专门会计人员为其做账，也没有请具有从事会计代理记账业务资格的中介机构代理记账。该公司后被当地执法部门查出，要求立刻整改。

（2）张某让其朋友的妻子艾某担任公司会计主管一职，艾某曾在另一所公司担任过会计两年，并且艾某只获得有会计从业资格证书；另外，张某让其刚从学校毕业的女儿担任出纳。

（3）2014年11月，该公司需要向银行贷款，但公司经营状况不符合贷款的条件，张某要求艾某对账务进行"处理"，让其满足贷款的条件。

对上述情形的具体分析如下：

（1）根据《会计法》的规定，各单位应当根据会计业务的需要，设置会计机构，或者在有关机构中设置会计人员并指定会计主管人员；不具备设置条件的，应当委托经批准设立从事会计代理记账业务的中介机构代理记账。该公司虽生产经营规模不大，但财务收支数额较大，需要设置会计机构，或是将公司账务交由有资质的代理机构为其代理记账。

（2）根据《会计法》的规定，担任会计主管人员的，除取得“会计从业资格证书”外，还应当具备“会计师”以上专业技术职务资格或者具有从事会计工作“3年”以上的经历。艾某只有“两年”会计经验，也并未具备“会计师”以上专业技术职务资格，所以不具备担任会计主管的资格。根据规定，会计机构负责人、会计主管人员的直系亲属不得在本单位会计机构中担任出纳工作。值得注意的是，张某让其女儿担任出纳并不违反规定（前提是必须获得会计从业资格证书，具体内容在任务五中介绍）。

（3）根据《会计法》的规定，单位负责人应当保证会计机构、会计人员依法履行职责，不得授意、指使、强令会计机构和会计人员违法办理会计事项。张某“要求”艾某对账务进行“处理”来满足贷款的条件，即是授意其违法办理会计事项。

任务三 会计核算

会计核算也称会计反映，是会计工作的重要组成部分，它以货币为主要计量尺度，对会计主体的资金运动进行反映。它主要是指对会计主体已经发生或已经完成的经济活动进行的事后核算，也就是会计工作中记账、算账和报账的总称。它是会计的基本职能之一，是会计工作的基础，加强会计核算是做好会计工作的一个重要条件。对于保证会计工作质量，提高会计工作效率，正确、及时地编制会计报表，满足相关会计信息使用者的需求具有重要的意义。

【任务目标】

本任务的目标是了解会计核算的原则与总体要求，掌握会计核算中对会计凭证、会计账簿、财务报表和会计档案的管理要求。

【知识讲解】

一、会计核算的原则与总体要求

（一）会计核算的依据

会计核算是会计工作的重要组成部分，是会计的基本职能之一。会计核算的法律规定是各单位进行会计核算应当遵循的基本规范。

> **知识补充**
>
> 《会计法》中规定的以下经济业务事项应当办理会计手续，进行会计核算：款项和有价证券的收付；财物的收发、增减和使用；债权债务的发生和结算；资本、基金的增减；收入、支出、费用、成本的计算；财务成果的计算和处理。除上述6项经济业务事项以外，其他按照国家统一会计制度规定应办理会计手续和进行会计核算的经济业务事项也应遵从相关规定。

《会计法》第九条规定：各单位必须根据实际发生的经济业务事项进行会计核算，填制会计凭证，登记会计账簿，编制财务会计报告。任何单位不得以虚假的经济业务事项或者资料进行会计核算，具体要求如下。

- **会计核算必须以实际发生的经济业务事项为依据**：根据实际发生的经济业务，取得合法、可靠的凭证，并据此登记账簿，编制财务会计报告，形成符合质量标准的会计资料。
- **任何单位不得以虚假的经济业务事项或者资料进行核算**：任何单位要是使用虚假

经济业务事项或资料进行核算，不仅违反了《会计法》的规定，还是严重的违法行为，将受到法律的严厉制裁。

（二）对会计资料的总体要求

会计资料是在会计核算过程中形成的，记录和反映实际发生的经济业务事项的资料，包括会计凭证、会计账簿、财务会计报告和其他会计资料。会计资料是记录会计核算过程和结果的载体，也是会计核算的主要成果，是投资者做出投资决定、经营者进行经营管理、国家进行宏观调控的重要依据。

《会计法》第十三条规定：会计凭证、会计账簿、财务会计报告和其他会计资料，必须符合国家统一的会计制度的规定。任何单位和个人不得伪造、变造会计凭证、会计账簿和其他会计资料，不得提供虚假的财务会计报告，其具体要求如下。

- **会计资料的生成和提供必须符合国家统一的会计制度的规定**：用于规范会计资料的国家统一会计制度主要有《会计基础工作规范》《会计档案管理办法》《企业会计准则——基本准则》《企业会计制度》《金融企业会计制度》和《小企业会计制度》等。
- **提供虚假的会计资料是违法行为**：任何单位和个人不得伪造、变造会计凭证、会计账簿和其他会计资料，不得提供虚假的财务会计报告。

伪造、变造会计凭证、会计账簿和其他会计资料，提供虚假的财务会计报告的具体内容如表1-3所示。

表 1-3 伪造、变造和提供虚假会计资料的具体内容

内容	主要表现形式	内容总结
伪造	以虚假的经济业务事项为前提编造不真实的会计凭证、会计账簿和其他会计资料的行为	无中生有
变造	用涂改、挖补等手段来改变会计凭证、会计账簿等真实内容，歪曲事实真相的行为	篡改事实
提供虚假资料	通过编造虚假的会计凭证、会计账簿及其他会计资料，或者篡改财务会计报告的真实数据，使财务会计报告不真实、不完整地反映财务状况和经营成果，借以误导、欺骗会计资料使用者的行为	以假乱真

案例阅读与思考

小王为海丽公司的采购员，2015年2月3日为公司购买了一批办公用品供销售部使用。2月4日小王拿着购买办公用品的单据到财务部郑某处报销，发现单据把金额“454.00”元写成了“445.00”元，随即小王拿笔将金额修改后交予郑某。郑某发现这个问题后，想着并不是特别大的金额，而且私下与小王关系不错，也不想因此得罪同事，便将454元报销给了小王。郑某将这张单据也按照454.00元做账计入账簿。

在本例中，小王擅自将金额改成“454.00”的行为属于“变造”。变造是指用涂改、挖补等手段来改变会计凭证、会计账簿等真实内容，歪曲事实真相的行为。郑某在发现这个问题后，仍然按照“454.00”元报销给了小王，并按照变造后的单据做账，违反了《会计法》中“应根据实际发生的经济业务，取得合法、可靠的凭证，并据此登记账簿，编制财务会计报告”的规定。按照变造后的凭证做账，最后编制财务会计报告，势必会提供虚假资料，提供虚假资料也是违反《会计法》规定的行为。

试题精讲

【多选题】下列各项中，属于变造会计凭证行为的是（　　）。

A. 某公司为一客户虚开销货发票一张，并按票面金额的10%收取好处费

B. 某业务员将购货发票上的金额50万元，用“消字灵”修改为80万元报账

C. 企业某现金出纳将一张报销凭证上的金额7 000元涂改为9 000元

D. 购货部门转来一张购货发票，原金额计算有误，出票单位已作更正并加盖出票单位公章

【答案】B、C

【解析】变造是指用涂改、挖补等手段来改变会计凭证、会计账簿等真实内容，歪曲事实真相的行为。选项B、C符合题目要求。

二、会计凭证的规定

会计凭证是指记录经济业务发生或者完成情况的书面证明，是登记账簿的依据。每个企业都必须按一定的程序填制和审核会计凭证，根据审核无误的会计凭证进行账簿登记，如实反映企业的经济业务。

我国《会计法》对会计凭证的种类、取得、审核和更正等内容进行了规定。填制和审核会计凭证是会计核算工作的首要环节，对会计核算过程、会计资料质量都起着至关重要的作用。会计凭证按照填制程序和用途的不同分为原始凭证和记账凭证，原始凭证和记账凭证又可按不同的方式再进行分类。会计凭证的分类如表1-4所示。

表 1-4 会计凭证的分类

会计凭证	细分类标准	细分内容
原始凭证	按取得的来源不同	自制原始凭证和外来原始凭证
	按填制手续及内容不同	一次凭证、累计凭证和汇总凭证
记账凭证	按是否与货币有关	收款凭证、付款凭证和转账凭证
	按填列方式不同	复式记账凭证和单式记账凭证

（一）原始凭证

原始凭证是在经济业务事项发生时由经办人员直接取得或者填制，用以表明某项经济业务事项已经发生或完成情况，明确有关经济责任的原始凭据。原始凭证是会计核算的原始依据，按照来源的不同可分为外来原始凭证和自制原始凭证两种。

- **外来原始凭证**：外来原始凭证是指在同外单位发生经济往来事项时，从外单位取得的凭证。如发票、飞机和火车的票据、银行收付款通知单，企业购买商品、材料时从供货单位取得的发货票等。
- **自制原始凭证**：自制原始凭证是指在经济业务事项发生或完成时，由本单位内部经办部门或人员填制的凭证。如收料单、领料单、开工单、成本计算单和出库单等。

1. 原始凭证的内容

按照《会计基础工作规范》的规定，原始凭证应包括如下内容。

- 原始凭证名称。
- 填制原始凭证的日期。
- 凭证的编号。
- 填制凭证单位名称或者填制人姓名。

- 填制单位盖章。
- 有关人员（部门负责人、经办人员）签章。
- 经济业务内容（含数量、单价、金额等）。
- 接受凭证单位名称（抬头人）。
- 凭证附件。

2. 原始凭证取得和填制要求

填制或取得原始凭证是会计核算工作的起点。为了使会计工作能够顺利进行，《会计法》规定：办理经济业务事项的单位和人员，都必须填制或取得原始凭证并及时送交会计机构。主要有以下两个规定。

- 办理经济业务事项时必须填制或取得原始凭证。
- 填制或取得的原始凭证必须及时送交会计机构，否则不仅违反了《会计法》规定，还是违法行为。

3. 原始凭证的审核

会计机构、会计人员必须按照国家统一的会计制度的规定对原始凭证进行审核，对不真实、不合法的原始凭证有权不予受理，并向单位负责人报告，请求查明原因，追究有关当事人的责任；对记载不准确、不完整的原始凭证予以退回，并要求开具单位按照国家统一的会计制度的规定进行更正、补充。

试题精讲

【多选题】会计机构、会计人员在审核原始凭证时，对不真实、不合法的原始凭证应当（　　）。

A. 有权不予受理　　B. 向单位负责人报告

C. 请求查明原因，追究有关当事人的责任　　D. 予以退回，要求更正、补充

【答案】A、B、C

【解析】会计机构、会计人员必须按照国家统一的会计制度的规定对原始凭证进行审核，对不真实、不合法的原始凭证有权不予受理，并向单位负责人报告，请求查明原因，追究有关当事人的责任。选项D适用于对记载不准确、不完整的原始凭证的处理。

4. 原始凭证的错误更正

为了规范原始凭证的内容，明确相关人员的经济责任，防止利用原始凭证进行舞弊，《会计法》和《会计基础工作规范》对原始凭证错误的更正进行了如下几个具体规定。

- 原始凭证所记载的各项内容均不得涂改，随意涂改原始凭证即为无效凭证，不能将它作为填制记账凭证或登记会计账簿的依据。
- 原始凭证记载的内容有错误的，应当由开具单位重开或更正，更正工作须由原始凭证出具单位进行，并在更正处加盖出具单位印章。
- 原始凭证金额出现错误的不得更正，只能由原始凭证开具单位重新开具。
- 原始凭证开具单位应依法开具准确无误的原始凭证，对于填制有误的原始凭证负有更正和重新开具的法律义务，不得拒绝。

（二）记账凭证

记账凭证是对经济业务事项按其性质加以归类，确定会计分录，并据以登记会计账簿的凭证，记账凭证的格式如图1-2所示。

记 账 凭 证

年 月 日　　总字第______号
　　　　　　______字第______号

摘　要	科 目	子 目	借　方											√	贷　方											√
			亿	千	百	十	万	千	百	十	元	角	分		亿	千	百	十	万	千	百	十	元	角	分	
合		计																								

附件　　张

会计主管　　记账　　出纳　　复核　　制单

图1-2 记账凭证的格式

1. **记账凭证的内容**

根据《会计基础工作规范》的规定，记账凭证应当具备以下内容。

- 填制凭证的日期。
- 凭证的名称。
- 凭证的编号。
- 经济业务事项的内容摘要。
- 经济业务事项所涉及的会计科目及其记账方向。
- 经济业务事项的金额。
- 记账标记。
- 所附原始凭证的张数。
- 制证、审核、记账、会计主管等有关人员的签章，收款凭证和付款凭证还应有出纳人员的签名或盖章。

2. **记账凭证的编制**

记账凭证的编制在会计核算过程中是非常重要的环节，是会计正确提供信息的关键。《会计法》对编制记账凭证的程序和要求作出了规定，强调记账凭证的编制必须以经过审核的原始凭证及有关资料为依据。

试题精讲

【单选题】《会计法》要求，作为记账凭证编制依据的必须是（　　）的原始凭证和有关资料。

A. 经办人签字　B. 审核无误　C. 金额无误　D. 领导认可

【答案】B

【解析】记账凭证必须以审核无误的原始凭证为编制依据。

三、会计账簿的规定

（一）设置会计账簿的要求

会计账簿简称账簿，是由具有一定格式、相互联系的账页所组成，用来序时、分类、连续、全面地记录一个企业、单位经济业务事项的会计簿籍。会计账簿是会计资料的主要载体之一，也是会计资料的重要组成部分。会计账簿的主要作用是对会计凭证提供的大量分散数据或资料进行分类、归集、整理，以全面、连续、系统地记录和反映经济活动情况，是编制财务会计报告，检查、分析和控制单位经济活动的重要依据。

依法设置会计账簿是会计核算中的最基本要求之一，是会计工作中的重要一环，是如实记录和反映经济活动情况的重要前提。国家机关、社会团体、企业、事业单位和其他经济组织要按照要求设置会计账簿，进行会计核算。设置会计账簿的种类和具体要求，要符合《会计法》和国家统一的会计制度的规定。各单位发生的经济业务应当统一核算，不得违反规定私设会计账簿进行登记、核算。

《会计法》对会计账簿的种类、登记规则等内容进行了详细的规定。各单位要依法设置的会计账簿包括以下4种类型。

- **总账**：总账也称总分类账，是根据会计科目（也称总账科目）开设的账簿，用于分类登记单位的全部经济业务事项，提供资产、负债、资本、费用、成本、收入和成果等总括核算的资料。总账一般使用订本账。
- **明细账**：明细账也称明细分类账，是根据总账科目所属的明细科目设置的，用于分类登记某一类经济业务事项，提供有关明细核算的资料。明细账一般采用活页账。
- **日记账**：日记账是一种特殊的序时明细账，它是按照经济业务事项发生的时间先后顺序，逐日逐笔地进行登记的账簿，包括现金日记账和银行存款日记账。日记账一般使用订本账。
- **其他辅助账簿**：其他辅助账簿也称备查账簿，是为备忘、备查而设置的。在会计实务中，主要包括各种租借设备、物资的辅助登记或有关应收、应付款项的备查簿，担保、抵押备查簿等。

试题精讲

【判断题】社会团体一般属于非营利性组织，不需要设置会计账簿。（　　）

【答案】×

【解析】国家机关、社会团体、企业、事业单位和其他经济组织，要按照要求设置会计账簿，进行会计核算。

（二）登记会计账簿的要求

对于会计账簿的登记，《会计法》规定了以下基本要求。

- **根据经过审核无误的会计凭证登记会计账簿**：根据会计凭证登记会计账簿，是基本的会计记账规则，是保证会计账簿记录质量的重要一环。
- **禁止账外设账**：各单位发生的各项经济业务事项应当在依法设置的会计账簿上统一登记、核算，不得私设账外账。
- **实行电算化的单位的基本要求**：实行电算化的单位其会计账簿的登记、更正，也应当符合国家统一的会计制度的规定。
- **会计账簿的设置和登记**：会计账簿的设置和登记应当符合有关法律、行政法规和国家统一的会计制度的规定。而且，其他法律、行政法规对会计账簿设置和登记有规定的，各有关单位也必须执行。
- **登记会计账簿**：登记会计账簿必须按照记账规则进行。登记会计账簿的基本规则如下。

  ①登记会计账簿时，应当将会计凭证日期、编号、业务内容摘要、金额和其他有关资料逐项记入账簿内。

  ②各种账簿要按页次顺序连续登记，不得跳行、隔页。

  ③凡需结出余额的账户，应当定期结出余额。

④会计账簿记录发生错误时，应采用划线更正法、红字更正法或补充登记法进行更正。

⑤账目核对也称对账，是保证会计账簿记录质量的重要程序。根据《会计法》的规定，账目核对要做到账实相符、账证相符、账账相符和账表相符。

知识补充

账实相符是会计账簿记录与实物、款项实有数核对相符的简称；账证相符是会计账簿记录与会计凭证有关内容核对相符的简称；账账相符是会计账簿之间对应记录核对相符的简称；账表相符是会计账簿记录与会计报表有关内容核对相符的简称。

⑥各单位应当按照规定定期结账，不得提前或者延迟。年度结账日为公历年度的每年12月31日，半年度、季度和月度结账日分别为公历年度每半年、每季度、每月的最后一天。

试题精讲

【单选题】注册于上海浦东的某外商投资企业因贷款需向中国建设银行某分行报送年度会计报表，结账截止日应为（　　）。

A. 公历3月31日　　B. 公历4月1日　　C. 公历10月31日　　D. 公历12月31日

【答案】D

【解析】企业应当依照有关法律、行政法规和相关规定的结账日进行结账，不得提前或者延迟。年度结账日为公历年度每年的12月31日；半年度、季度、月度结账日分别为公历年度每半年、每季、每月的最后一天。

四、财务报表的规定

财务报表是对企业财务状况、经营成果和现金流量的结构性表述，它是根据会计账簿记录和有关资料，按照规定的报表格式，总括反映一定会计期间的经济活动和财务收支情况及其结果的一种报告文体。

（一）财务报表的类型

一套完整的账务报表至少应该包括下列组成部分。

- **资产负债表、利润表、现金流量表：**资产负债表、利润表、现金流量表是公司、企业的基本报表，它们反映的是财务会计报告使用者所共同关心的一些信息。
- **所有者权益（或股东权益，下同）变动表：**所有者权益变动表是反映一定会计期间构成所有者权益各个组成部分当期的增减变动情况。
- **附注：**附注是会计报表的补充说明，是帮助理解企业会计报表的内容而对有关项目所作的解释。

知识补充

财务报表附注主要包括以下两类内容：

①对会计报表各要素的补充说明；

②对会计报表中无法描述的其他财务信息的补充说明。

财务报表可以按照不同的标准进行分类。

- 按财务报表编制期间的不同，可以分为中期财务报表和年度财务报表。
- 按财务报表编制主体的不同，可以分为个别财务报表和合并财务报表。

（二）财务报表的编制要求

财务报表的编制有以下几点要求。

- 对外提供的财务报表应当依次编定页码，加具封面，装订成册，加盖公章。
- 由单位负责人和主管会计工作的负责人、会计机构负责人（会计主管人员）签名并盖章；设置总会计师的单位，还需由总会计师签名并盖章。
- 单位负责人是单位对外提供的财务报表的责任主体，必须保证对外提供的财务报表的真实、完整。

试题精讲

【单选题】某单位会计报表的编制出现虚假现象，报表是会计小张编制的，会计主管老李审核的，对会计报表真实性负主要责任的应该是（　　）。

A. 小张负主要责任　　B. 老李负主要责任

C. 单位负责人负主要责任　　D. 小张、老李和单位负责人负同样的责任

【答案】C

【解析】按照规定，单位负责人是单位对外提供的财务报表的责任主体，必须保证对外提供的财务报表的真实、完整性。

五、会计档案管理的规定

（一）会计档案的内容

会计档案是指会计凭证、会计账簿和财务报告等会计核算专业材料，是记录和反映单位经济业务的重要史料和证据。《会计法》规定：各单位对会计凭证、会计账簿、财务报表和其他会计资料应当建立档案，妥善保管。

会计档案主要包括以下几种类型。

- **会计凭证类**：会计凭证类包括原始凭证、记账凭证、汇总凭证，其他会计凭证。
- **会计账簿类**：会计账簿类包括总账、明细账、日记账、固定资产卡片账、辅助账簿、其他会计账簿。
- **财务报告类**：财务报告类包括月度、季度、年度财务报表（包括会计报表、附表、附注及文字说明）、其他财务报告。
- **其他类**：其他类主要包括银行存款余额调节表、银行对账单、应当保存的会计核算专业资料、会计档案移交清册、会计档案保管清册、会计档案销毁清册。

名师点睛

各单位的财务预算、计划、制度等文件材料属于文书档案，不属于会计档案。

（二）会计档案的管理部门

各级人民政府财政部门和档案行政管理部门共同负责会计档案工作的指导、监督和检查。《会计档案管理办法》对会计档案的管理部门作了以下规定。

- 公司档案主管部门和财务部门共同负责会计档案工作的指导、监督和检查。会计档案的具体管理工作由财务部门负责，由财务部门指定专人负责，在专门地点保管。保管地点应具备完善的防潮、防霉、防蛀、防火、防盗等条件。

● 财务部门及公司内部有关的分公司、子公司，必须建立会计档案的立卷、归档、保管、查阅和销毁等管理制度，保证会计档案妥善保管，有序存放，方便查阅，严防毁损、散失和泄密。

（三）会计档案的归档

会计档案由单位会计机构负责整理归档，主要有以下两点注意事项。

● 各单位每年形成的会计档案，应由会计机构按归档要求，负责整理，立卷归档。

● 采用电子计算机进行会计核算的单位，应当保存打印出的纸质会计档案。

（四）会计档案的移交

会计档案的移交有以下两点要求。

● 当年形成的会计档案，在会计年度终了后，可暂由会计机构保管一年，期满之后，应当由会计机构编制移交清册，移交本单位档案机构统一保管。

● 未设立档案机构的，应当在会计机构内部指定专人保管。

知识补充　根据《会计法》第三十七条规定，会计机构内部应当建立稽核制度。出纳人员不得兼任稽核、会计档案保管和收入、支出、费用、债权债务账目的登记工作。

（五）会计档案的查阅

各单位应当建立健全会计档案的查阅、复制登记制度。我国境内所有单位的会计档案不得携带出境。单位会计档案不得借出，如有特殊需要，经本单位负责人批准后可以提供查阅或者复制原件。查阅或者复制会计档案的人员，严禁在会计档案上涂画、拆封和抽换。

试题精讲

【单选题】下面关于会计档案管理的说法，错误的是（　　）。

A. 会计档案由单位会计机构负责整理归档

B. 未设立档案机构的，应当在会计机构内部指定专人保管

C. 采用电子计算机进行会计核算的单位，应当保存打印出的纸质会计档案

D. 单位会计档案在单位负责人和总会计师盖章签字的情况下可以借出

【答案】D

【解析】根据规定，单位会计档案不得借出，如有特殊需要，经本单位负责人批准后可以提供查阅或者复制原件。

（六）会计档案的保管期限

会计档案的保管期限分为永久和定期两类，定期保管期限分为3年、5年、10年、15年和25年5类。保管期限从会计年度终了后第一天算起。企业会计档案保管期限的归纳如表1-5所示。

表1-5　企业会计档案保管期限归纳

保管期限	主要档案名称
3年	月度、季度财务报告
5年	固定资产卡片、银行存款余额调节表、银行对账单

续表

保管期限	主要档案名称
10年	国家金库编送的各种报表及缴库退库凭证，各收入机关编送的报表，国家金库年报（决算），基本建设拨、贷款年报（决算）
15年	所有会计凭证、总账、明细账、日记账、辅助账簿（不包括现金和银行存款日记账）和会计档案移交清册
25年	现金日记账和银行存款日记账
永久	会计档案保管清册、会计档案销毁清册以及年度财务会计报告

试题精讲

【单选题】会计档案保管期限分为永久和定期两类，其中（　　）不属于《会计档案管理办法》中规定的定期保管期限。

A. 3年　　B. 15年　　C. 25年　　D. 20年

【答案】D

【解析】会计档案保管期限分为永久和定期两类，定期保管期限分为3年、5年、10年、15年和25年五类。

（七）会计档案的销毁

会计档案管理的另一项重要内容就是会计档案的销毁。根据《会计档案管理办法》的规定，会计档案保管期满需要销毁，除特殊规定外，可以按照程序予以销毁。

1. 销毁程序

对于保管期满可以销毁的会计档案，应当按照规定的程序销毁。

（1）编造会计档案销毁清册

编造会计档案销毁清册由如下两个步骤组成。

- 首先由单位档案管理部门会同会计机构，根据保管期已满的会计档案和单位对这些档案的利用要求提出销毁意见，编制会计档案销毁清册，列出需要销毁的会计档案的名称、卷号、起止年度、编号、保管期限和销毁日期等内容。
- 将编制好的销毁清册和销毁意见报本单位的负责人，进行复核后，单位负责人需要在会计档案销毁清册上签署销毁意见。

（2）专人负责监销

会计档案销毁时，需要有指定的监销人员按照会计档案销毁清册所列内容对所要销毁的会计档案进行清点核对。会计档案销毁后，还需监销人员在会计档案销毁清册上签名盖章，并及时将监销情况向本单位负责人报告。不同的单位会根据不同的情况派出监销人员，具体区别如下。

- 对于一般企事业单位和组织，应当由单位档案机构和会计机构共同派员监销。
- 对于国家机关，应当由同级财政部门、审计部门派员参加监销。
- 对于财政部门，应由同级审计部门派员监销。

2. 不得销毁的会计档案

根据规定，下列会计档案不能销毁。

- 保管期满但未结清的债权债务原始凭证和涉及其他未了事项的原始凭证不得销

毁，应单独抽出立卷，由档案部门保管到未了事项完结时为止。单独抽出立卷的会计档案，应当在会计档案销毁清册和会计档案保管清册中列明。

- 正处于项目建设期间的建设单位，其保管期满的会计档案不得销毁。

试题精讲

【单选题】下面哪些会计档案可以销毁（　　）。

A. 保管期未满的会计凭证

B. 正在项目建设期间的建设单位，其保管期满的会计档案

C. 未结清的债权债务原始凭证

D. 保管期满，且无任何未了事项的原始凭证

【答案】D

【解析】保管期满但未结清的债权债务原始凭证和涉及其他未了事项的原始凭证不得销毁，正处于项目建设期间的建设单位，其保管期满的会计档案不得销毁。

【任务实施】

结合本任务所学知识，分析下述事件，并指出相关当事人应如何处理。

2014年12月，某有限责任公司出纳员王某在审查原始凭证时，发现业务员李某提供的住宿费发票和张某提供的购货发票存在问题：李某的住宿费发票大小写金额不一致；张某提供的购买办公用品的发票经审查是伪造的发票。相关当事人王某应如何处理？

上述事件的具体分析如下：

在本例中，王某发现李某提供的发票大小写不一致，应仔细分析发票金额大小写不一致的原因，若是人为涂改所致，则属于不合法的原始凭证，应不予接受，同时应向单位负责人报告；若为发票填写错误，则应退回，要求开票单位重开发票，予以更正。对于张某提供的伪造的购买办公用品的发票，王某有权不予受理，并向单位负责人报告，请求查明原因，追究有关当事人的责任。

任务四 会计监督

会计监督，是指单位内部的会计机构、依法享有经济监督检查职权的政府有关部门、依法批准成立的社会审计中介组织，对国家机关、社会团体、企业事业单位经济活动的合法性、合理性和会计资料的真实性、完善性以及本单位内部预算执行情况所进行的监督。

【任务目标】

本任务的目标是掌握单位内部监督的原则、责任人、内容和方法，掌握内部审计的概念、特点与作用，在此基础上理解会计工作的政府监督和社会监督的相关内容。

【知识讲解】

一、单位内部会计监督

（一）单位内部会计监督的概念与要求

单位内部会计监督是指会计机构、会计人员依照法律的规定，通过会计手段对经济活动的合法性、合理性和有效性进行的一种监督。

知识补充

目前我国已形成了三位一体的会计监督体系，包括单位内部监督、以注册会计师为主体的社会监督和以政府财政部门为主体的政府监督。这三种监督方式层次的高低如表1–6所示。

表1-6 会计监督方式的层次

名称	类型	层次	说明
单位内部监督	内部监督	层次最低	—
社会监督	外部监督	中间层次	对单位内部监督的再监督
政府监督	外部监督	层次最高	对单位和社会监督的再监督

各单位应当建立并健全本单位内部会计监督制度。根据《会计法》的规定，单位内部会计监督制度应当符合以下要求。

- 记账人员与经济业务或会计事项的审批人员、经办人员、财物保管人员的职责权限应当明确，并相互分离、相互制约。
- 重大对外投资、资产处置、资金调度和其他重要经济业务，应当明确其决策和执行程序，并体现相互监督、相互制约的要求。

名师点睛

对重大对外投资、资产处置、资金调度等其他重要经济业务，应当由本单位内部人员相互监督、相互制约而最终决定，不能是单位负责人个人决定。

- 财产清查的范围、期限和组织程序应当明确。
- 对会计资料定期进行内部审计的办法和程序应当明确。

案例阅读与思考

A企业物管部打算将一台闲置的机器进行变卖处理，由副经理郑某出面与B企业进行价格讨论，B企业决定出价15万元购买该机器，郑某将此事回复A企业经理王某。王某想到该机器已经闲置很久，并无实际作用，决定将该机器以15万元卖给B企业。

在本案例中，将闲置机器变卖属于资产处置。根据规定，资产处置属于重大经济业务，应当由本单位内部人员相互监督、相互制约而最终决定，而并不能由单位负责人个人决定。王某虽为A企业单位负责人，但是也应该召开股东大会（或类似决议机构）决议的形式商议后再作决定。

（二）内部控制

1. 内部控制的概念与目标

内部控制对于企业和行政事业单位有所不同，它们的目标也存在区别，具体如下。

- **对企业而言**：对企业而言是指由企业董事会、监事会、经理层和全体员工实施的，旨在实现控制目标的过程。企业内部控制的目标主要包括合理保证企业经营管理合法合规、资产安全、财务报告及相关信息真实完整，提高经营效率和效果，促进企业实现发展战略。
- **对行政事业单位而言**：对行政事业单位而言，内部控制是指单位为实现控制目标，通过制定制度、实施措施和执行程序，对经济活动的风险进行防范和管控。

行政事业单位内部控制的目标主要包括合理保证单位经济活动合法合规、资产安全和使用有效、财务信息真实完整，有效防范舞弊和预防腐败，提高公共服务的效率和效果。

试题精讲

【多选题】下列属于企业内部控制实施主体的有（　　）。

A. 董事会　　B. 监事会　　C. 经理层　　D. 全体员工

【答案】A、B、C、D

【解析】对于企业而言，内部控制是指由企业董事会、监事会、经理层和全体员工实施的，旨在实现控制目标的过程。所以，企业内部控制的实施主体应该是企业董事会、监事会、经理层和全体员工。

2. 内部控制的原则

企业、行政事业单位建立与实施内部控制，均应遵循全面性原则、重要性原则、制衡性原则和适应性原则。此外，企业还应遵循成本效益原则。它们的具体内容如下。

- **全面性原则**：全面性原则是指应当贯穿决策、执行和监督全过程，覆盖企业及其所属单位的各种业务和事项。
- **重要性原则**：重要性原则是指应当在全面控制的基础上，关注重要业务事项和高风险领域。
- **制衡性原则**：制衡性原则对企业而言是指应当在治理结构、机构设置及权责分配、业务流程等方面形成相互制约、相互监督，同时兼顾运营效率；对行政事业单位而言是指应当在单位内部的部门管理、职责分工和业务流程等方面形成相互制约和相互监督。
- **适应性原则**：适应性原则对企业而言是指应当与企业经营规模、业务范围、竞争状况和风险水平等相适应，并随着情况的变化及时加以调整；对行政事业单位而言是指应当符合国家有关规定和单位的实际情况，并随着外部环境的变化、单位经济活动的调整和管理要求的提高，不断修订和完善。
- **成本效益原则**：成本效益原则是指应当权衡实施成本与预期效益，以适当的成本实现有效控制。

3. 内部控制的责任人

- **对企业而言**：对企业而言，董事会负责内部控制的建立健全和有效实施，监事会对董事会建立与实施内部控制进行监督，经理层负责组织领导企业内部控制的日常运行。企业应当成立专门机构或者指定适当的机构具体负责组织协调内部控制的建立、实施及日常工作。
- **对行政事业单位而言**：对行政事业单位而言，单位负责人对本单位内部控制的建立健全和有效实施负责。单位应当建立适合本单位实际情况的内部控制体系，并组织实施。

试题精讲

【多选题】下列各项，属于企业内部控制负责人的有（　　）。

A. 董事会　　B. 监事会·　　C. 经理　　D. 单位负责人

【答案】A、B、C

【解析】选项D属于行政事业单位的内部控制负责人，其他3个选项都是正确的。

4. 内部控制的内容

对企业而言，内部控制的内容包括内部环境、风险评估、控制活动、信息与沟通、内部监督，具体内容如下。

- **内部环境**：内部环境是企业实施内部控制的基础，一般包括治理结构、机构设置及权责分配、内部审计、人力资源政策、企业文化等。
- **风险评估**：风险评估是企业及时识别、系统分析经营活动中与实现内部控制目标相关的风险，合理确定风险应对策略。
- **控制活动**：控制活动是企业根据风险评估结果，采用相应的控制措施，将风险控制在可承受度之内。
- **信息与沟通**：信息与沟通是企业及时、准确地收集、传递与内部控制相关的信息，确保信息在企业内部、企业与外部之间进行有效沟通。
- **内部监督**：内部监督是企业对内部控制的建立与实施情况进行监督检查，评价内部控制的有效性，发现内部控制缺陷并及时加以改进。

行政事业单位建立与实施内部控制的具体工作包括梳理单位各类经济活动的业务流程，明确业务环节，系统分析经济活动风险，确定风险点，选择风险应对策略，在此基础上根据国家有关规定建立健全单位各项内部管理制度并督促相关工作人员按照规定认真执行。

5. 内部控制的方法

企业内部控制的方法一般包括不相容职务分离控制、授权审批控制、会计系统控制、财产保护控制、预算控制、运营分析控制和绩效考评控制等。具体内容如下。

- **不相容职务分离控制**：不相容职务分离控制要求企业全面、系统地分析、梳理业务流程中所涉及的不相容职务，实施相应的分离措施，形成各司其职、各负其责、相互制约的工作机制。
- **授权审批控制**：授权审批控制要求企业根据常规授权和特别授权的规定，明确各岗位办理业务和事项的权限范围、审批程序和相应责任。
- **会计系统控制**：会计系统控制要求企业严格执行国家统一的会计准则制度，加强会计基础工作，明确会计凭证、会计账簿和财务会计报告的处理程序，保证会计资料真实完整。
- **财产保护控制**：财产保护控制要求企业建立财产日常管理制度和定期清查制度，采取财产记录、实物保管、定期盘点、账实核对等措施，确保财产安全。
- **预算控制**：预算控制要求企业实施全面预算管理制度，明确各责任单位在预算管理中的职责权限，规范预算的编制、审定、下达和执行程序，强化预算约束。
- **运营分析控制**：运营分析控制要求企业建立运营情况分析制度，经理层应当综合运用生产、购销、投资、筹资、财务等方面的信息，通过因素分析、对比分析、趋势分析等方法，定期开展运营情况分析，发现存在的问题，及时查明原因并加以改进。
- **绩效考评控制**：绩效考评控制要求企业建立和实施绩效考评制度，科学设置考核指标体系，对企业内部各责任单位和全体员工的业绩进行定期考核和客观评价，将考评结果作为确定员工薪酬以及职务晋升、评优、降级、调岗、辞退等的依据。

试题精讲

【多选题】企业内部会计控制的控制方法主要包括（　　）。

A. 不相容职务分离控制　　B. 财产保护控制

C. 预算控制　　D. 运营分析控制

【答案】A、B、C、D

【解析】企业内部控制的控制有不相容职务相分离控制、授权审批控制、会计系统控制、财产保护控制、预算控制、运营分析控制、绩效考评控制等。

行政事业单位内部控制的控制方法一般包括不相容岗位相互分离、内部授权审批控制、归口管理、预算控制、财产保护控制、会计控制、单据控制、信息内部公开等。具体内容如下。

- **不相容岗位相互分离**：不相容岗位相互分离要求合理设置内部控制关键岗位，明确划分职责权限，实施相应的分离措施，形成相互制约、相互监督的工作机制。
- **内部授权审批控制**：内部授权审批控制要求明确各岗位办理业务和事项的权限范围、审批程序和相关责任，建立重大事项集体决策和会签制度。相关工作人员应当在授权范围内行使职权、办理业务。
- **归口管理**：归口管理要求根据本单位实际情况，按照权责对等的原则，采取成立联合工作小组并确定牵头部门或牵头人员等方式，对有关经济活动实行统一管理。
- **预算控制**：预算控制要求强化对经济活动的预算约束，使预算管理贯穿于单位经济活动的全过程。
- **财产保护控制**：财产保护控制要求建立资产日常管理制度和定期清查机制，采取资产记录、实物保管、定期盘点、账实核对等措施，确保资产安全完整。
- **会计控制**：会计控制要求建立并健全本单位财会管理制度，加强会计机构建设，提高会计人员业务水平，强化会计人员岗位责任制，规范会计基础工作，加强会计档案管理，明确会计凭证、会计账簿和财务会计报告处理程序。
- **单据控制**：单据控制要求单位根据国家有关规定和单位经济活动的业务流程，在内部管理制度中明确界定各项经济活动所涉及的表单和票据，要求相关工作人员按照规定填制、审核、归档、保管单据。
- **信息内部公开**：信息内部公开要求建立并健全经济活动相关信息内部公开制度，根据国家有关规定和单位的实际情况，确定信息内部公开的内容、范围、方式和程序。

（三）内部审计

1. 内部审计的概念与内容

内部审计是指单位内部的一种独立客观的监督和评价活动，它通过单位内部独立的审计机构和审计人员审查和评价本部门、本单位的财务收支、其他经营活动以及内部控制的适当性、合法性和有效性来促进单位目标的实现。

内部审计的内容是一个不断发展变化的范畴，主要包括财务审计、经营审计、经济责任审计、管理审计和风险管理等。具体内容如下。

- **财务审计**：财务审计主要包括会计报表、资产、负债、所有者权益、损益5个内容的审计。

- **经营审计**：经营审计是对单位生产经营活动全过程的合理性和生产力等要素的开发利用情况及其经济性、效率性与效果性的实现程度进行审查，旨在帮助被审计单位挖掘人、财、物的潜力，改进经营工作。
- **经济责任审计**：经济责任审计是对企事单位的法定代表人或经营承包人在任期内或承包期内应负的经济责任的履行情况所进行的审计。
- **管理审计**：管理审计是对管理制度和管理工作所进行的审计。
- **风险管理**：风险管理是企业通过对潜在以外或损失的识别、衡量和分析，并在此基础上进行有效的控制，用最经济、合理的方法处理风险，以实现最大的安全保障的过程。

2. 内部审计的特点与作用

内部审计的审计机构和审计人员都设在本单位内部，审计的内容更侧重于经营过程是否有效、各项制度是否得到遵守与执行。内部审计结果的客观性和公正性较低，并且以建议性意见为主。

内部审计在单位会计监督中的作用如下。

- **预防保护作用**：内部审计机构对会计部门的工作进行监督，有助于强化单位内部管理控制制度，及时发现问题、纠正错误，填补管理漏洞，减少损失，保护资产的安全与完整，提高会计资料的真实性、可靠性。
- **服务促进作用**：通过内部审计，对企业改善管理、挖掘潜力、降低生产成本、提高经济效益等方面起到积极的促进作用。
- **评价鉴证作用**：通过内部审计，可以对各部门活动做出客观、公正的审计结论和意见，起到评价和鉴证的作用。

知识补充

要提高内部审计作用的发挥效果，一方面要加强内部审计的行业自律与引导，另一方面企业的管理当局要赋予内部审计机构以足够的权力。

二、会计工作的政府监督

（一）会计工作的政府监督的概念

会计工作的政府监督主要是指财政部门代表国家对单位和单位中相关人员的会计行为实施的监督检查，以及对发现的违法会计行为实施的行政处罚，是一种外部监督。

财政部门是《会计法》的执法主体，是会计工作的政府监督实施主体。此外，《会计法》规定，除财政部门外，审计、税务、人民银行、证券监管和保险监管等部门依照有关法律、行政法规规定的职责和权限，可以对有关单位的会计资料实施监督检查。根据《财政部门实施会计监督办法》的规定，财政部门实施会计监督检查的对象是会计行为，并对发现的有违法会计行为的单位和个人实施行政处罚。

试题精讲

【多选题】下面哪些部门具有对有关单位的会计资料实施监督检查的职能（　　）。

A. 财政部门　　B. 审计和税务　　C. 人民银行　　D. 证券监管

【答案】A、B、C、D

【解析】根据《会计法》规定，除财政部门外，审计、税务、人民银行、证券监管、保险监管等部门依照有关法律、行政法规规定的职责和权限，可以对有关单位的会计资料实施监督检查。

（二）财政部门会计监督检查的主要内容

1. 对单位是否依法设置会计账簿的检查

具体包括各单位设置会计账簿是否规范，是否符合法律、法规和国家统一的会计制度的要求；各单位会计账簿的设置是否符合唯一的原则，是否存在账外设账行为；各单位是否存在设置虚假会计账簿的行为等。

2. 对单位会计资料真实性和完整性的检查

检查各单位的会计凭证、会计账簿、财务会计报告和其他会计资料是否真实、完整，主要包括以下几个方面的检查。

- 各单位对所发生的经济业务事项是否及时办理会计手续，进行会计核算。
- 各单位的会计资料（会计凭证、会计账簿、财务会计报告）是否与实际发生的经济业务事项相符，是否做到账实相符、账证相符、账账相符、账表相符。
- 各单位提供的财务会计报告是否符合相关法律、行政法规和国家统一会计制度的规定等。
- 其他会计资料是否真实、完整。
- 使用的会计软件及其生成的会计资料是否符合法律、行政法规、会计部门规章和地方性会计法规的规定等。

案例阅读与思考

A企业为××省一家国有独资企业，2015年5月初，××省级财政部门在对该企业会计凭证、会计账簿、财务会计报告和其他相关会计资料实施监督时，发现A企业提供的会计凭证、会计账簿、财务会计报告和相关会计资料与实际发生的经济业务事项不相符。××省级财政部门随即向与A企业有经济业务往来的单位、A企业开立账户的金融机构查询有关情况，有关单位和金融机构予以支持和配合，最后证实A企业在经济业务中确实存在重大违法行为，相关部门对A企业的违法会计行为实施了相应的行政处罚。在本例中，××省财政部门发现A企业提供的会计资料与实际发生的经济业务事项不相符，是对单位会计资料真实性和完整性进行检查。

3. 对单位会计核算情况的检查

各单位的会计核算是否符合《会计法》和国家统一的会计制度的规定，包括各单位会计核算的内容是否真实、完整；所采用的会计年度、记账本位币、会计处理方法、会计记录文字等是否符合法律、行政法规和国家统一会计制度的规定；各单位的资产、负债、所有者权益、收入、支出、费用、成本、计量、记录和报告是否符合国家统一会计制度的规定；各单位对会计档案的保管是否符合法定要求等。

4. 对单位会计人员从业资格和任职资格的检查

对从业资格和任职资格的检查包括检查各单位从事会计工作的人员是否取得了会计从业资格证书并接受财政部门的管理；检查会计机构负责人的任职资格是否符合条件等。

试题精讲

【单选题】《中华人民共和国会计法》对财政部门实施会计工作的监督内容作了规定，下列各项不属于财政部门监督内容的是（　　）。

A. 各单位从事会计工作的人员是否取得了会计从业资格证书并接受管理

B. 会计机构负责人是否符合任职条件

C. 会计主管人员是否符合任职条件

D. 会计机构负责人的任免是否经过财政部审批

【答案】D

【解析】根据《会计法》的规定，财政部门可以依法对单位会计人员从业资格和任职资格进行检查，其中就包括对从业资格和任职资格的检查；各单位从事会计工作的人员是否取得了会计从业资格证书并接受财政部门的管理；会计机构负责人的任职资格是否符合条件等。

5. 对会计师事务所出具的审计报告的程序和内容的检查

国务院财政部门和省、自治区、直辖市人民政府财政部门，依法对注册会计师、会计师事务所和注册会计师协会进行监督、指导。财政部门对会计师事务所出具审计报告的程序和内容进行监督。

三、会计工作的社会监督

（一）会计工作的社会监督的概念

会计工作的社会监督主要是指由注册会计师及其所在的会计师事务所依法对委托单位的经济活动进行审计、鉴证的一种外部监督。此外，单位和个人检举违反《会计法》和国家统一的会计准则制度规定的行为，也属于会计工作社会监督的范畴。

试题精讲

【多选题】下列各项中，属于会计工作的社会监督内容的有（　　）。

A. 单位和个人检举违反《会计法》和国家统一会计制度规定的行为

B. 税务机关依法实施检查

C. 单位对重点投资事项设定特别授权控制

D. 注册会计师接受委托，对财务会计报告进行审计

【答案】A、D

【解析】社会监督是指由注册会计师及其所在的会计师事务所依法对委托单位的经济活动进行的审计、鉴证的一种监督制度，另外单位和个人检举违法行为，也属于会计工作的社会监督，所以选项A、D正确。

（二）注册会计师审计与内部审计的关系

注册会计师审计与内部审计既有联系又有区别，二者的联系主要有以下几点。

- 都是现代审计体系的重要组成部分。
- 都关注内部控制的健全性和有效性。
- 注册会计师审计可能涉及对内部审计成果的利用等。

注册会计师审计与内部审计主要有以下4点区别。

- **审计独立性不同**：内部审计受本部门、本单位直接领导，仅仅强调与其他职能部门相对独立；而注册会计师审计完全独立于被审计单位。
- **审计方式不同**：内部审计根据本部门、本单位经营管理的需要自觉施行，具有较大的灵活性；而注册会计师审计则是受托进行，必须依照《注册会计师法》和执

业准则、规则实施审计。

- **审计职责和作用不同**：内部审计的结果只对本部门、本单位负责，对外不起鉴证作用，并向外界保密；而注册会计师审计需要对投资者、债权人以及社会公众负责，对外出具的审计报告具有鉴证作用。
- **接受审计的自愿程度不同**：内部审计时，单位内部的组织必须接受内部审计人员的监督；注册会计师审计时，委托人可自由选择会计师事务所。

（三）注册会计师的业务范围

注册会计师执行业务，应当加入会计师事务所，不得以个人名义承接业务。注册会计师可以承办审计业务、会计咨询和会计服务业务。注册会计师承办业务，由其所在的会计师事务所统一受理并与委托人签订委托合同。会计师事务所对本所注册会计师承办的业务，承担民事责任。注册会计师具体的业务介绍如下。

1. 审计业务

注册会计师及其所在的会计师事务所依法承办下列审计业务。

- 审查企业财务会计报告，出具审计报告。
- 验证企业资本，出具验资报告。
- 办理企业合并、分立、清算事宜中的审计业务，出具有关报告。
- 法律、行政法规规定的其他审计业务。

2. 会计咨询与会计服务业务

- 会计咨询与会计服务业务包括以下内容。
- 设计会计制度。
- 担任会计顾问，提供会计、财务、税务和其他经济管理咨询。
- 代理纳税申报。
- 代理记账。
- 办理投资评估、资产评估和项目可行性研究中的有关业务。
- 代理申请工商注册登记，协助拟订合同、章程和其他业务文件。
- 培训会计、审计和财务管理人员。
- 审核有关企业前景的财务资料。

试题精讲

【多选题】我国的会计监督体系包括（　　）。

A. 社会舆论监督

B. 单位内部会计监督

C. 以财政部门为主体的会计工作的政府监督

D. 以注册会计师为主体的会计工作的社会监督

【答案】B、C、D

【解析】目前我国已形成了三位一体，包括单位内部监督、以注册会计师为主体的社会监督和以政府财政部门为主体的政府监督的监督体系。

【任务实施】

1. 结合前文讲解，指出企业和行政事业单位的单位内部控制的原则和方法有哪些不同？为什么有所不同？

2. 结合前文讲解，分析单位内部会计监督、会计工作的政府监督和会计工作的社会监督三者的关系。

任务五 会计机构和会计人员

会计机构是各单位办理会计事务的职能机构，会计人员是直接从事会计工作的人员。各单位应建立健全会计机构，配备数量和素质都相当的、具备从业资格的会计人员，这是各单位做好会计工作，充分发挥会计职能作用的重要保证。因此，《会计法》对会计机构的设置和会计人员的配备作出了具体的规定。

【任务目标】

本任务的目标是全面掌握会计机构和会计工作岗位的设置，重点掌握交接会计工作的程序和交接人员的责任，以及会计从业资格和会计专业技术资格与职务的相关内容。

【知识讲解】

一、会计机构的设置

（一）办理会计事务的组织方式

各单位办理会计事务的组织方式包括单独设置会计机构、有关机构中配置专职会计人员、实行代理记账，各方式具体介绍如下。

1. 单独设置会计机构

单独设置会计机构是指单位依法设置独立负责会计事务的内部机构，负责进行会计核算，实行会计监督，拟定本单位办理会计事务的具体办法，参与拟订经济计划、业务计划，考核、分析预算、财务计划的实行情况，办理其他会计事务等。另外，会计机构内部应当建立稽核制度。

各单位可以根据本单位会计业务的繁简情况决定是否设置会计机构，通常取决于单位规模的大小、经济业务和财务收支的繁简、经营管理的要求等因素。

试题精讲

【单选题】下列可以不单独设置会计机构的是（　　）。

A. 有限责任公司　　B. 业务较多的社会团体

C. 股份有限公司　　D. 业务和人员都不多的行政单位

【答案】D

【解析】根据规定，规模很小的企业、业务和人员都不多的行政单位等，可以不单独设置会计机构，而将会计业务并入其他职能部门，或者委托代理记账。

2. 有关机构中配置专职会计人员

不具备单独设置会计机构条件的，应当在有关机构中配置专职会计人员。对于不具备单独设置会计机构的单位，如财务收支数额不大、会计业务比较简单的企业、机关、团体、事业单位和个体工商户等，为了适应这些单位的内部客观需要和组织结构特点，允许其在有关机构中配置专职会计人员。这类机构一般应是单位内部与财务会计工作接近的机构，如计划、统计或经营管理部门，或者是有利于发挥会计职能作用的内部综合部门。只配备专职会计人员的单位也必须具有健全的财务会计制度和严格的财务手续，其专职会计人员的专业职能不能被其他职能所替代。

3. 实行代理记账

各单位应当根据会计业务的需要设置会计机构，或者在有关机构中设置会计人员并指定会计主管人员。不具备设置条件的，应当委托经批准设立从事会计代理记账业务的中介机构代理记账。

（二）会计机构负责人的任职资格

设置了会计机构的单位，都应该配备会计机构负责人；不设置会计机构的单位，则应设置会计人员并指定会计主管人员，会计主管人员是负责组织管理会计事务、行使会计机构负责人职权的人员。《会计法》规定，担任单位会计机构负责人（会计主管人员）的，除取得会计从业资格证书外，还应当具备会计师以上专业技术职务资格或者从事会计工作3年以上的经历。《会计基础工作规范》对于会计机构负责人还规定了以下基本条件。

- 坚持原则，奉公廉洁。
- 具有会计专业技术资格。
- 主管一个单位或单位内一个重要方面的财务会计工作时间不少于3年。
- 熟悉国家财经法律、法规、规章和方针、政策，掌握本行业业务管理的有关知识。
- 有较强的组织能力。
- 身体状况能够适应本职工作的要求。

名师点睛

读者应注意区分会计机构负责人和会计主管人员的区别，两者是对主管会计业务人员的不同称呼。会计机构负责人是对单位中设置了会计机构的负责人的称呼，会计主管人员是对单位中没有设置会计机构的负责人的称呼。

试题精讲

【单选题】下列关于会计机构负责人的任职资格描述正确的是（　　）。

A. 取得会计从业资格证书，且应具备会计师以上专业技术职务资格

B. 取得会计从业资格证书，且应具备会计师以上专业技术职务资格或从事会计工作3年以上

C. 取得会计从业资格证书，且应具备会计师以上专业技术职务资格或从事会计工作2年以上

D. 取得会计从业资格证书，且应具备会计师以上专业技术职务资格或主管一个单位或单位内一个重要方面的财务会计工作3年以上

【答案】B

【解析】根据规定，担任单位会计机构负责人（会计主管人员）的，除取得会计从业资格证书外，还应当具备会计师以上专业技术职务资格或者从事会计工作3年以上经历。

二、会计工作岗位的设置

（一）会计工作岗位的概念

会计工作岗位是指单位会计机构内部根据业务分工而设置的从事会计工作、办理会计事项的具体职位。

在会计机构内部设置会计工作岗位有利于明确分工和确定岗位职责，建立岗位责任制；有利于会计人员钻研业务，提高工作效率和质量；有利于会计工作的程序化和规范化，加强会计基础工作；有利于强化会计管理职能，提高会计工作的作用。同时，这也是配备数量适当的会计人员的客观依据之一。

1. 主要会计工作岗位

主要会计工作岗位分为以下几种。

- 总会计师（或行使总会计师职权）岗位。
- 会计机构负责人（会计主管人员）岗位。
- 出纳岗位。
- 稽核岗位。
- 资本、基金核算岗位。
- 收入、支出、债权债务核算岗位。
- 工资核算、成本核算、财务成果核算岗位。
- 财产物资的收发、增减核算岗位。
- 总账岗位。
- 对外财务会计报告编制岗位。
- 会计电算化岗位。
- 会计档案管理岗位。

知识补充

对于管理会计档案的岗位，在会计档案正式移交前属于会计岗位，正式移交档案管理部门后，不再属于会计岗位。档案管理部门的人员管理会计档案，不属于会计岗位。另外，医院收费员、药品库房记账员、商场收银员等也不属于会计岗位。单位内部审计、社会审计、政府审计工作也不属于会计岗位。

试题精讲

【单选题】以下属于会计岗位的是（　　）。

A. 单位内部审计　　B. 社会审计

C. 政府审计　　D. 对外财务会计报告编制

【答案】D

【解析】选项A、B、C都属于会计监督的形式，只有选项D才是会计岗位。

2. 总会计师

国有大、中型企业（包括国有资产占控股地位或主导地位的大、中型企业）必须设置总会计师，其他单位可以根据需要设置。总会计师是单位行政领导成员，协助单位主要行政领导人工作，直接对单位主要行政领导人负责。总会计师的任职资格有如下要求。

- 坚持社会主义方向，积极为社会主义建设和改革开放服务。
- 坚持原则，廉洁奉公。
- 取得会计师任职资格后，主管一个单位或者单位内一个重要方面的财务会计工作时间不少于3年。
- 有较高的理论政策水平，熟悉国家财经法律、法规、方针、政策和制度，掌握现代化管理的有关知识。
- 具备本行业的基本业务知识，熟悉行业情况，有较强的组织领导能力。
- 身体健康，能胜任本职工作。

（二）会计工作岗位设置的要求

会计工作岗位设置的要求包括按需设岗、符合内部牵制的要求、建立岗位责任制、建立轮岗制度。

1. 按需设岗

各单位会计工作岗位的设置应与本单位业务活动的规模、特点和管理要求相适应。通常，业务活动规模大、业务过程复杂、经济业务量较多和管理较严格的单位，会计机构相应较大，会计机构内部的分工较细，会计人员和岗位也相应较多；相反，业务活动规模小、业务过程简单、经济业务量较少和管理要求不高的单位，会计机构相应较小，会计机构内部的分工较粗，会计人员和岗位也就较少，因此，会计岗位可以一人一岗、一人多岗或者一岗多人。一般而言，小型企业大都采用"一人一岗"或"一人多岗"的形式，而大、中型企业"一岗多人"的情况则比较普遍。

2. 符合内部牵制的要求

会计机构内部牵制制度在国际上也称为会计责任分离，实质上是我国传统的"钱、账分管"制度，这是会计岗位设置的基本原则。内部牵制制度是指凡涉及款项或者财务的收付、结算以及登记工作时，必须由两人或者两人以上分工办理，以相互制约的工作制度。其中要求出纳不得兼管稽核、会计档案保管、收入、费用、债权债务账目的登记工作（不包括现金日记账和银行存款日记账的登记）；出纳以外的人员不得经管现金、有价证券和票据。

案例阅读与思考

海洋公司由于人手紧缺，会计王某同时兼任单位出纳一职。鉴于该公司会计李某在公司工作8年之久，且一直担任公司主要的会计工作，也满足担任会计机构负责人的其他条件，该公司董事长决定将李某升为会计机构负责人。李某担任会计机构负责人后，因公司库房记账员小张在之前与李某有过节，李某将其开除，理由为小张没有会计从业资格证书。

在本案例中，会计王某同时兼任单位出纳一职是不符合《会计法》规定的。根据会计岗位的设置应符合内部牵制的要求的基本原则，会计岗位的设置遵从会计责任分离、"钱、账分管"的制度。董事长将会计李某升迁为会计机构负责人符合规定，《会计法》中规定，担任会计机构负责人的，应该主管一个单位或单位内一个重要方面的财务会计工作时间不少于3年，并且熟悉国家财经法律、法规、规章和方针、政策，掌握本行业业务管理的有关知识，因此李某具有这些条件。李某以不具备会计从业资格证书的理由将小张开除的做法是不符合规定的，因为库房记账员的工作本就不属于会计岗位，没有会计从业资格证书也可以担任。

试题精讲

【单选题】在一个单位中，会计的舞弊行为大多牵涉对现金的贪污、挪用，所以出纳人员不得兼任（　　）工作。

A. 总经理　　B. 稽核　　C. 会计档案保管　　D. 保安

【答案】B

【解析】会计工作岗位设置要求出纳不得兼管稽核、会计档案保管、收入、费用、债权债务账目的登记工作（不包括现金日记账和银行存款日记账的登记）。

3. 建立岗位责任制

会计机构内部岗位责任制是指明确各项具体会计工作的职责范围、具体内容和要求，并将其落实到每个会计工作岗位或会计人员的一种会计工作责任制度。会计岗位责任制是单位会计人员履行会计岗位职责，提高工作效率的有效保证。因此，各单位应当建立会计岗位责任制。

4. **建立轮岗制度**

会计人员轮岗不仅是会计工作本身的需要，也是加强会计人员队伍建设的需要。定期、不定期地轮换会计人员的工作岗位，有利于会计人员全面熟悉会计业务，不断提高业务素质，同时，也有利于增强会计人员之间的团结合作意识，进一步完善单位内部的会计控制制度。

三、会计工作交接

会计工作交接是指会计人员因工作调动或者因故离职时，与接替人员办理交接手续的一种工作程序，是会计工作的一项重要内容。与接管人员办清交接手续，是会计人员应尽的职责，也是做好会计工作的要求。

（一）交接的范围

下列情况需要办理会计工作交接。

- 会计人员因工作调动或者因故离职，应与接管人员办理会计工作交接手续。
- 临时离职或因病不能工作，需要接替或代理的，会计机构负责人（会计主管人员）或单位负责人必须指定专人接替或者代理，并办理会计工作交接手续。临时离职或因病不能工作的会计人员恢复工作时，应当与接替或代理人员办理交接手续。
- 移交人员因病或其他特殊原因不能亲自办理移交手续的，经单位负责人批准，可由移交人委托他人代办交接，但委托人应当对所移交的会计凭证、会计账簿、财务会计报告和其他有关资料的真实性、完整性承担法律责任。

案例阅读与思考

A公司会计王某因病请假1个月，期间不能参与公司的会计工作。王某因私下与公司另一会计李某关系比较好，所以在请假期间，王某将自己负责的账务工作交给李某，希望李某能帮自己处理一些账务工作。

在本例中，会计王某因病不能工作，将账务工作交给李某代自己完成工作的做法是不符合规定的。按照规定，因病不能工作，需要接替工作的，会计机构负责人或单位负责人必须指定专人接替或者代理，并办理会计工作交接手续。王某不能主观指定李某接替自己的工作，却不做任何交接手续。

试题精讲

【多选题】会计人员临时离职时，通常由（　　）指定专人接替或者代理其会计工作，并办理会计工作交接手续。

A. 会计机构负责人　　　B. 会计主管人员

C. 单位负责人　　　D. 会计人员本人

【答案】A、B、C

【解析】根据规定，会计人员临时离职或因病不能工作，需要接替或代理的，会计机构负责人（会计主管人员）或单位负责人必须指定专人接替或者代理，并办理会计工作交接手续。

（二）交接的程序

办理会计工作交接时，应按图1-3所示的程序进行。

图1-3 交接的程序

1. **提出交接申请**

会计人员在向单位或者有关机关提出调动工作或者离职的申请时，应当向会计机构提出会计交接申请，以便会计机构安排其他会计人员进行接替工作。单位或有关机关在批准其申请前，应当主动与本单位的会计机构负责人沟通，了解该会计人员是否申请办理交接手续，以及对会计机构的意见等。交接申请的内容应当包括申请人姓名、申请调动工作或者离职的缘由、时间、会计交接的具体安排、有无重大报告事项或者建议等。

2. **办理移交手续前的准备工作**

会计人员在办理会计工作交接前，必须做好以下准备工作。

- 已经受理的经济业务尚未填制会计凭证的应当填制完毕。
- 尚未登记的账目应登记完毕，结出余额，并在最后一笔余额后加盖经办人印章。
- 整理好应该移交的各项资料，对未了事项和遗留问题要写出书面说明材料。
- 编制移交清册，列明应该移交的会计凭证、会计账簿、财务会计报告、公章、现金、有价证券、支票簿、发票、文件、其他会计资料和物品等内容；实行会计电算化的单位，从事该项工作的移交人员应在移交清册上列明会计软件及密码、数据盘、磁带等内容。
- 会计机构负责人（会计主管人员）移交时，应将财务会计工作、重大财务收支问题和会计人员等情况向接替人员介绍清楚。

试题精讲

【多选题】关于会计人员办理会计工作交接前的准备工作，下列说法中，正确的有（　　）。

A. 编制移交清册

B. 整理资料、公物，对未了事项和遗留问题写出书面说明

C. 已受理但未办理的经济业务不再办理

D. 尚未登记的账目不再登记

【答案】A、B

【解析】选项C的正确做法为“已经受理的经济业务尚未填制会计凭证的应当填制完毕”；选项D的正确做法为“尚未登记的账目应登记完毕，结出余额，并在最后一笔余额后加盖经办人印章”。

3. **移交点收**

移交人员离职前，必须将本人经管的会计工作，在规定的期限内，全部向接管人员移交清楚。接管人员应认真按照移交清册逐项点收。具体要求有以下几点。

- 现金要根据会计账簿记录余额进行当面点交，不得短缺，接替人员发现不一致或“白条抵库”现象时，移交人员应在规定期限内负责查清处理。
- 有价证券的数量要与会计账簿记录一致，有价证券面额与发行价不一致时，按照会计账簿余额交接。
- 会计凭证、会计账簿、财务会计报告和其他会计资料必须完整无缺，不得遗漏。

如有短缺，必须查清原因，并在移交清册中加以说明，由移交人负责。

- 银行存款账户余额要与银行对账单核对相符，如有未达账项，应编制银行存款余额调节表调节相符；各种财产物资和债权债务的明细账户余额要与总账有关账户的余额核对相符；对重要实物要实地盘点，对余额较大的往来账户要与往来单位、个人核对。
- 公章、收据、空白支票、发票、科目印章以及其他物品等必须交接清楚。
- 实行会计电算化的单位，交接双方应在电子计算机上对有关数据进行实际操作，确认有关数字正确无误后，方可交接。

4. 专人负责监交

为了明确责任，会计人员办理工作交接时，必须有专人负责监交。对监交的具体要求如下。

- 一般会计人员办理交接手续时，由会计机构负责人（会计主管人员）监交。
- 会计机构负责人（会计主管人员）办理交接手续时，由单位负责人监交，必要时主管部门可以派人会同监交。

知识补充

应当由主管部门派人会同监交的情况包括以下几种。①所属单位负责人不能监交；②所属单位负责人不能尽快监交；③不宜由所属单位负责人单独监交，而需要主管部门会同监交；④主管部门认为交接中存在某种问题需要派人监交。

案例阅读与思考

某制药厂会计主管张某需要到外地进行学习一个月，在学习期间不能参与公司事务。在临行前由厂长王某监督其会计工作交接。但张某认为自己与厂长私下有矛盾，害怕厂长在监交过程中伺机报复，想要申请主管部门派人会同监交，但遭到厂长的拒绝。

在本案例中，会计主管张某办理交接手续时，是应该由厂长（单位负责人）进行监交，但是张某害怕厂长伺机报复要求主管部门派人会同监交的请求是符合规定的。根据资料，张某（会计机构负责人）与王某（单位负责人）有矛盾，交接时需要主管部门派人会同监交，以防发生单位负责人借机刁难。所以，张某的要求是合理的，厂长王某不能拒绝。

试题精讲

【单选题】会计人员进行工作交接时，如果是会计机构负责人办理会计工作交接，由（　　）负责监交。

A. 单位负责人　　　　B. 一般会计人员

C. 单位负责人指定的人员　　　　D. 主管会计工作负责人

【答案】A

【解析】根据规定，会计机构负责人（会计主管人员）办理交接手续时，由单位负责人监交，必要时主管部门可以派人会同监交。

5. 交接后的有关事宜

交接完成后，还有以下几点相关事项需要注意。

- 会计工作交接完毕后，交接双方和监交人应在移交清册上签名或盖章，并应在移交清册上注明单位名称，交接日期，交接双方和监交人的职务、姓名，移交清册页数以及需要说明的问题和意见等。

- 接管人员应继续使用移交前的账簿，不得擅自另立账簿，以保证会计记录前后衔接、内容完整。
- 移交清册一般应填制一式三份，交接双方各执一份，存档一份。

（三）交接人员的责任

交接工作完成后，移交人员所移交的会计凭证、会计账簿、财务会计报告和其他会计资料是在其经办会计工作期间内发生的，应当对这些会计资料的真实性、完整性负责，即使接替人员在交接时因疏忽没有发现所接收会计资料在真实性、完整性方面的问题，如事后发现，仍应由原移交人员负责，原移交人员不应以会计资料已移交为由推脱责任。

四、会计从业资格

（一）会计从业资格的概念

会计从业资格是指进入会计职业、从事会计工作的一种法定资质。会计从业资格证书是具备会计从业资格的证明文件，在全国范围内有效。持有会计从业资格证书的人员不得涂改、出借会计从业资格证书。从事会计工作必须持证上岗，这是我国会计管理工作的一项创新。

（二）会计从业资格证书的适用范围

在国家机关、社会团体、公司、企业、事业单位和其他组织从事下列会计工作的人员（包括香港特别行政区、澳门特别行政区、台湾地区人员，以及外籍人员在中国大陆境内从事会计工作的人员），必须取得会计从业资格，持有会计从业资格证书。

- 会计机构负责人（会计主管人员）。
- 出纳。
- 稽核。
- 资本、基金核算。
- 收入、支出、债权债务核算。
- 工资、成本费用、财务成果核算。
- 财产物资的收发、增减核算。
- 总账。
- 财务会计报告编制。
- 会计机构内会计档案管理。

试题精讲

【单选题】M公司在香港登记注册，M公司在深圳建立了一家全资子公司N，M公司的出纳兼任N公司的出纳，以下人员可以不要求具有会计从业资格证书的是（　　）。

A. 兼任的N公司出纳人员　　B. 稽核人员

C. 生产成本统计人员　　D. 会计档案管理人员

【答案】C

【解析】会计从业资格证书适用以下会计工作：①出纳；②稽核；③资本、基金核算；④收入、支出、债权债务核算；⑤职工薪酬、成本费用、财务成果核算；⑥财产物资的收发、增减核算；⑦总账；⑧财务报表编制；⑨会计机构内会计档案管理；⑩其他会计工作。

（三）会计从业资格的取得

1. 会计从业资格的取得实行考试制度

会计从业资格的考试大纲由财政部统一制定并公布。会计从业资格实行无纸化考试，考试科目为“财经法规与会计职业道德”“会计基础”“会计电算化”（或者“珠算”）。会计从业资格考试各科目应当一次性通过。

会计从业资格考试工作由各省、自治区、直辖市、计划单列市财政厅（局），新疆生产建设兵团财务局，中共中央直属机关事务管理局，国务院机关事务管理局，原铁道部，中国人民武装警察部队后勤部和中国人民解放军总后勤部负责组织实施。

2. 会计从业资格报名条件

申请参加会计从业资格考试的人员，应当符合的基本条件包括遵守《会计法》和其他财经法律、法规，具备良好的道德品质，具备会计专业基本知识和技能。

对于被依法吊销会计从业资格的人员，自被吊销之日起5年内（含5年）不得参加会计从业资格考试，不得重新取得会计从业资格证书。以下行为可能导致被吊销会计从业资格。

- 不依法设置会计账簿。
- 私设会计账簿。
- 未按照规定填制、取得原始凭证或者填制、取得原始凭证不符合规定。
- 以未经审核的会计凭证为依据登记会计账簿或者登记会计账簿不符合规定。
- 随意变更会计处理方法。
- 向不同的会计资料使用者提供的财务会计报告编制依据不一致。
- 未按照规定使用会计记录文字或者记账本位币。
- 未按照规定保管会计资料，致使会计资料损毁、灭失。
- 未按照规定建立并实施单位内部会计监督制度或者拒绝依法实施的监督或者不如实提供有关会计资料及有关情况。
- 任用会计人员不符合《会计法》的规定。
- 伪造、变造会计凭证、会计账簿，编制虚假财务会计报告。
- 隐匿或者故意销毁依法应当保存的会计凭证、会计账簿、财务会计报告。

试题精讲

【单选题】被依法吊销会计从业资格证书的人员，自被吊销之日起（　　）不得参加会计从业资格考试，不得重新取得会计从业资格证书。

A. 两年内（含两年）　　B. 3年内（含3年）

C. 4年内（含4年）　　D. 5年内（含5年）

【答案】D

【解析】对于被依法吊销会计从业资格的人员，自被吊销之日起5年内（含5年）不得参加会计从业资格考试，不得重新取得会计从业资格证书。

（四）会计从业资格的管理

1. 会计从业资格的管理机构

县级以上地方人民政府财政部门负责本行政区域内的会计从业资格管理。中共中央直属机关事务管理局、国家机关事务管理局、中国人民解放军总后勤部、中国人民武装警察部队后勤部等中央主管单位和新疆生产建设兵团财务局等按各自权限负责本部门（本系统）会计从业资格的管理。

> **知识补充**
> 会计从业资格管理是由全国各级财政部门负责的，所以，省级财政部门负责组织指导全省会计从业资格管理工作。

2. 信息化管理制度

会计从业资格实行信息化管理。会计从业资格管理机构应当建立持证人员从业档案信息系统，及时记载、更新持证人员的以下信息。

- 持证人员的相关基础信息。
- 持证人员从事会计工作情况。
- 持证人员的变更、调转登记情况。
- 持证人员换发会计从业资格证书情况。
- 持证人员接受继续教育情况。
- 持证人员受到表彰奖励情况。
- 持证人员因违反会计法律、法规、规章和会计职业道德被处罚情况。

4. 持证人员继续教育制度

持证人员应当接受继续教育，提高业务素质和会计职业道德水平。持证人员参加继续教育采取学分制管理制度。会计从业资格管理机构应当加强对持证人员继续教育工作的监督和指导，对开展会计人员继续教育的培训机构进行监督和指导，规范培训市场，确保培训质量。单位应当鼓励和支持持证人员参加继续教育，保证学习时间，提供必要的学习条件。根据会计法律制度的规定，持证人员应当接受继续教育，每年参加继续教育不得少于24小时。

5. 变更登记

持证人员的基础信息（包括持证人员的姓名、有效身份证件及号码、照片、学历或学位、会计专业技术职务资格、开始从事会计工作时间等）及继续教育、表彰奖励等情况发生变化的，应到所属会计从业资格管理机构办理从业档案信息变更。会计从业资格管理机构应当在核实相关信息后，为持证人员办理从业档案信息变更。持证人员的其他相关信息发生变化的，应当登录所属会计从业资格管理机构指定网站进行信息变更，也可以到所属会计从业资格管理机构办理。

试题精讲

【多选题】下列各项中，哪些情况发生变化，应到所属会计从业资格管理机构办理从业档案信息变更（　　）。

A. 持证人员的姓名　　B. 持证人员的有效身份证件及号码

C. 持证人员的继续教育情况　　D. 持证人员的表彰奖励

【答案】A、B、C、D

【解析】持证人员的基础信息及继续教育、表彰奖励等情况发生变化的，应到所属会计从业资格管理机构办理从业档案信息变更，选项A、B属于持证人员的基础信息。

6. 调转登记

持证人员所属会计从业资格管理机构发生变化的，应当及时办理调转登记手续。持证人员所属会计从业资格管理机构在各省级财政部门、新疆生产建设兵团财务局、中央主管单位各自管辖范围内发生变化的，应当持会计从业资格证书、工作证明（或户籍证明、居住证明）到调入地所属会计从业资格管理机构办理调转登记。

持证人员所属会计从业资格管理机构在各省级财政部门、新疆生产建设兵团财务局、中央主管单位管辖范围之间发生变化的，应当及时填写调转登记表，持会计从业资格证书到原会计从业资格管理机构办理调出手续。持证人员应当自办理调出手续之日起3个月内，持会计从业资格证书、调转登记表和在调入地的工作证明（或户籍证明、居住证明），到调入地会计从业资格管理机构办理调入手续。

试题精讲

【单选题】原在上海工作持有当地会计从业资格证的张华，调入深圳某单位继续从事会计工作，根据相关规定，他应当向原注册登记机构办理（　　）。

A. 上岗注册登记　　B. 离岗备案　　C. 调转登记　　D. 变更登记

【答案】C

【解析】持证人员调转工作单位，且继续从事会计工作的，应当按规定办理调转登记。

7. 定期换证制度

会计从业资格证书实行6年定期换证制度。持证人员应当在会计从业资格证书到期前6个月内，到所属会计从业资格管理机构办理换证手续。办理换证手续时，需要持有效身份证件原件和会计从业资格证书，填写定期换证登记表。

8. 会计从业资格的撤销

有下列情形之一的，会计从业资格管理机构可以撤销持证人员的会计从业资格。

- 会计从业资格管理机构工作人员滥用职权、玩忽职守，做出给予持证人员会计从业资格决定的。
- 超越法定职权或者违反法定程序，做出给予持证人员会计从业资格决定的。
- 对不具备会计从业资格的人员，做出给予会计从业资格决定的。
- 持证人员以欺骗、贿赂、舞弊等不正当手段取得会计从业资格的，会计从业资格管理机构应当撤销其会计从业资格。

知识补充

在前三种情况下，会计从业资格管理机构有权撤销持证人员的会计从业资格，但并非必须撤销。如果持证人员自己以不正当手段取得会计从业资格，则管理机构必须撤销其资格。

9. 会计从业资格的注销

持证人员具有下列情形之一的，会计从业资格管理机构应当注销其会计从业资格。

- 死亡或者丧失行为能力的。
- 会计从业资格被依法吊销的。

五、会计专业技术资格与职务

（一）会计专业技术资格

会计专业技术资格是指担任会计专业职务的任职资格。

1. **会计专业技术资格的考试级别**

会计专业技术资格分为初级资格、中级资格和高级资格3个级别。初级、中级会计资格的取得实行全国统一考试制度；高级会计师资格实行考试与评审相结合制度。

初级资格考试科目包括"初级会计实务"和"经济法基础"；中级资格考试科目为"中级会计实务""财务管理"和"经济法"。

为促进会计专业技术人才队伍建设，积极探索科学、客观、公正的高级会计师资格评价办法，从2003年开始，确定高级会计师资格实行考试与评审相结合的评价办法。凡申请参加高级会计师资格评审的人员，须在考试合格后参加评审，评审通过后即可取得高级会计师资格。考试科目为《高级会计实务》，参加考试并达到国家合格标准的人员，由全国会计专业技术资格考试办公室核发高级会计师资格考试成绩合格证，该证在全国范围内3年有效。

2. **会计专业技术资格的考试报名条件**

报名参加会计专业技术资格考试的人员，应具备以下基本条件。

- 坚持原则，具备良好的职业道德品质。
- 认真执行《会计法》和国家统一的会计制度，以及有关财经法律、法规、规章制度，无严重违反财经法律的行为。
- 履行岗位职责，热爱本职工作。
- 具备会计从业资格，持有会计从业资格证书。

在具备以上基本条件的基础上，报考不同档次会计专业技术资格考试的人员，还应具备以下报考条件。

- 报名参加会计专业技术初级资格考试的人员，还必须具备教育部门认可的高中毕业以上学历。
- 报名参加会计专业技术中级资格考试的人员，还必须具备下列条件之一。

  ①取得大学专科学历，从事会计工作满5年。

  ②取得大学本科学历，从事会计工作满4年。

  ③取得双学士学位或研究生班毕业，从事会计工作满2年。

  ④取得硕士学位，从事会计工作满1年。

  ⑤取得博士学位。
- 报名参加会计专业技术高级资格考试的人员，还必须是具有会计师、审计师或财税经济师等中级专业技术资格或注册税务师、注册资产评估师资格之一，并从事会计、财税和相应管理工作的在职专业人员。

> **名师点睛**
>
> 报名条件中所说的学历，是指国家教育部门承认的学历。会计工作年限则是指取得相应学历前、后从事会计工作时间的总和。

（二）会计专业职务

会计专业职务是区分会计人员从事业务工作的技术等级。1986年4月，中央职称改革工作领导小组转发财政部制定的《会计专业职务试行条例》规定：会计专业职务分为高级会计师（高级职务）、会计师（中级职务）、助理会计师和会计员（初级职务）。

《会计专业职务试行条例》还规定了会计各级专业职务的任职条件，如表1-7所示。

表1-7 会计各级专业职务的任职条件

会计专业职务	主要工作职责	基本任职条件
会计员	负责具体审核和办理财务收支，编制记账凭证，登记会计账簿，编制会计报表和办理其他会计事务	①初步掌握财务会计知识和技能 ②熟悉并能遵照执行有关会计法规和财务会计制度 ③能担负一个岗位的财务会计工作 ④大学专科或中等专业学校毕业，在财务会计工作岗位上见习一年期满
助理会计师	负责草拟一般的财务会计制度、规定、办法；解释、解答财务会计法规、制度中的一般规定；分析、检查某一方面或某些项目的财务收支和预算的执行情况	①掌握一般的财务会计基础理论和专业知识 ②熟悉并能正确执行有关的财经方针、政策和财务会计法规、制度 ③能担负一个方面或某个重要岗位的财务会计工作 ④取得硕士学位，或取得第二学士学位，或研究生班结业证书，具备履行助理会计师职责的能力；大学本科毕业，在财务会计工作岗位上见习一年期满；大学专科毕业，并担任会计员职务2年以上；中等专业学校毕业，并担任会计员职务4年以上
会计师	主要负责草拟比较重要的财务会计制度、规定、办法；解释、解答财务会计法规、制度中的重要问题；分析、检查财务收支和预算的执行情况；培养初级会计人才	①较系统地掌握财务会计基础理论和专业知识 ②掌握并能正确贯彻执行有关的财经方针、政策和财务会计法规、制度 ③具有一定的财务会计工作经验，能担负一个单位或管理一个地区、一个部门、一个系统某个方面的财务会计工作 ④取得博士学位，并具有履行会计师职责的能力；取得硕士学位，并担任助理会计师职务2年左右；取得第二学士学位或研究生结业证书，并担任助理会计师职务2~3年；大学本科或专科毕业，并担任助理会计师职务4年以上 ⑤掌握一门外语
高级会计师	主要负责草拟和解释、解答在一个地区、一个部门、一个系统或在全国施行的财务会计法规、制度、办法；组织和指导一个地区或一个部门、一个系统的经济核算和财务会计工作；培养中级以上会计人才	①较系统地掌握经济、财务会计理论和专业知识 ②具有较高的政策水平和丰富的财务会计工作经验，能担负一个地区、一个部门或一个系统的财务会计管理工作 ③取得博士学位，并担任会计师职务2~3年；取得硕士学位、第二学士学位或研究生班结业证书，或大学本科毕业并担任会计师职务5年以上 ④较熟练地掌握一门外语

试题精讲

【多选题】根据《会计专业职务试行条例》的规定，下列各项中，属于会计专业技术职务的有（　　）。

A. 会计师　　B. 总会计师　　C. 高级会计师　　D. 注册会计师

【答案】A、C

【解析】会计专业职务分为高级会计师、会计师、助理会计师和会计员。

【任务实施】

1. 结合实际和本任务所学知识，总结生活中的会计岗位和需要持有会计从业资格证书才能上岗的职位。

2. 仔细阅读下面的资料，指出下列情形中应对持证人员的会计从业资格证书作何处理。

情形（1）：小张在学校期间不认真学习会计知识，连续几次参加“会计从业资格考试”都未能通过，毕业后通过不法中介机构购买了“会计从业资格证书”，随后小张被某公司录用，在该公司担任会计一职。

情形（2）：李某是某贸易公司的一名会计工作人员，由于公司总经理要求李某在账务上做一定的“处理”，能使公司在账务上显示为“亏损”状态，从而达到少缴纳税款的目的，李某听从了总经理的要求。

情形（3）：赵某在2014年4月份通过“全国会计从业资格证书考试”获得会计从业资格证书，但是在8月份因为车祸不幸死亡。

对上述情形的具体分析如下：

情形（1）应撤销小张的会计从业资格。撤销是基于因会计从业资格管理部门的过错或者持证人以不正当手段获得会计从业资格的情况。

情形（2）应该吊销李某的会计从业资格。吊销是基于会计人员在执行职务的过程中的违法行为。

情形（3）应注销赵某会计从业资格。注销是基于死亡、丧失行为能力等不可抗力的原因。

任务六 法律责任

因违反了法定义务或契约义务，或不当行使法律权利、权力所产生的，由行为人承担的不利后果被称为法律责任。在从事会计工作之前，必须先了解有关会计的相关法律责任。

【任务目标】

本任务的目标是了解法律责任的概念，重点掌握不依法设置会计账簿等会计违法行为的法律责任，以及其他相关的会计违法行为的法律责任。

【知识讲解】

一、法律责任的概念

法律责任是指违反法律规定的行为应当承担的法律后果。为了保证《会计法》规范的有效实施，惩治会计违法行为，《会计法》规定了明确的法律责任，主要有行政责任和刑事责任两种责任形式。

（一）行政责任

行政责任是指犯有一般违法行为的单位或个人，依照法律、法规的规定应承担的法律责任。行政责任主要有行政处罚和行政处分两种方式。

1. 行政处罚

行政处罚是指行政机关或其他行政主体依照法定职权和程序对违反行政法规但尚未构成犯罪的相关人给予行政制裁的具体行政行为。《中华人民共和国行政处罚法》对行政处罚的种类和实施作出了如下规定。

- 行政处罚主要有6种形式，但《会计法》中涉及的行政处罚只包括罚款、责令限期改正、吊销会计从业资格证书3种。
- 行政处罚由违法行为发生地县级以上地方人民政府具有行政处罚权的行政机关实施；行政机关实施行政处罚时，应当责令当事人改正或者限期改正违法行为。
- 对当事人的同一违法行为，不得给予两次以上罚款的行政处罚。这是适用行政处罚所应遵守的一项基本原则，即“一事不再罚”原则。
- 当事人主动消除或者减轻违法行为危害后果，或者是受他人胁迫有违法行为，或者配合行政机关查处违法行为有立功表现的，应当依法从轻或者减轻行政处罚。

违法行为轻微并及时纠正，没有造成危害后果的，不予行政处罚。

- 行政机关在做出处罚决定之前，应当告知当事人作出处罚决定的事实、理由、依据及当事人依法享有的有关权利，当事人有权陈述和申辩。
- 行政处罚决定依法作出后，当事人应当在行政处罚决定的期限内予以履行。

2. 行政处分

行政处分是国家工作人员违反行政法律规范所应承担的一种行政法律责任，是行政机关对国家工作人员故意或者过失侵犯行政相对人的合法权益所实施的法律制裁。行政处分的形式有警告、记过、记大过、降级、撤职和开除等。

试题精讲

【单选题】行政处分的对象是（　　）。

A. 法人　　B. 公民　　C. 公务员　　D. 其他组织

【答案】C

【解析】行政处分是国家工作人员违反行政法律规范所应承担的一种行政法律责任，是行政机关对国家工作人员故意或者过失侵犯行政相对人的合法权益所实施的法律制裁。

3. 行政处罚与行政处分的联系和区别

行政处罚与行政处分的联系和区别如表1-8所示。

表1-8 行政处罚与行政处分的联系和区别

联系	区别
①同属具体行政行为 ②同为惩戒措施 ③都是对自己的违法行为所承担的法律责任	①制裁的原因不同 ②制裁的对象不同 ③制裁的来源和根据不同 ④制裁的范围和形式不同 ⑤行为的属性及效力不同

（二）刑事责任

刑事责任是指犯罪行为应当承担的法律责任。

1. 刑事责任与行政责任的主要区别

刑事责任与行政责任的主要区别如下。

- **追究的违法行为不同**：追究刑事责任的是犯罪行为；追究行政责任的是一般违法行为。
- **追究责任的机关不同**：刑事责任只能由司法机关依照《中华人民共和国刑法》（以下简称《刑法》）的规定追究；是否追究行政责任则由国家特定的行政机关依照有关法律的规定决定。
- **承担法律责任的后果不同**：追究刑事责任是最严厉的制裁，可以判处死刑，比追究行政责任更加严厉。

2. 我国刑法规定的刑事责任

我国《刑法》规定，刑事责任分为主刑和附加刑两种。

- **主刑**：主刑只能独立适用，不能附加适用，对犯罪分子只能判处一种主刑。主刑分为管制、拘役、有期徒刑、无期徒刑和死刑。
- **附加刑**：附加刑既可独立适用又可附加适用。也就是说，对同一犯罪行为，既可以在主刑之后判处一个或两个以上的附加刑，也可以独立判处一个或两个以上的附加刑。附加刑分为罚金、剥夺政治权利、没收财产。对犯罪的外国人，也可以独立或附加适用驱逐出境。

二、不依法设置会计账簿等会计违法行为的法律责任

（一）违反会计制度规定应承担法律责任的违法行为

根据《中华人民共和国会计法》规定，应承担法律责任的违法会计行为有如下几项。

- **不依法设置会计账簿的行为：**不依法设置会计账簿的行为是指违反《会计法》和国家统一的会计制度的规定，应当设置会计账簿的单位不设置会计账簿或者未按规定的种类、形式及要求设置会计账簿的行为。
- **私设会计账簿的行为：**私设会计账簿的行为是指不在依法设置的会计账簿上对经济业务事项进行统一会计核算，而另外私自设置会计账簿进行会计核算的行为，即常说的“账外账”。
- **未按照规定填制、取得原始凭证或者填制、取得的原始凭证不符合规定的行为：**原始凭证不能涂改、挖补，如果出现错误，应当由出具单位重开或者更正，更正处应加盖出具单位的印章。原始凭证金额错误，则只能由出具单位重开，不能在原始凭证上更正。
- **以未经审核的会计凭证为依据登记会计账簿或登记会计账簿不符合规定的行为：**会计人员应当根据审核无误的会计凭证登记会计账簿，并将会计凭证日期、编号、业务内容摘要、金额等事项逐项记入账内，在登记完成后，由记账人员在记账凭证上签名或盖章，不得采取挖补等手段更正，应当按照规定采取划线更正等方法进行更正。
- **随意变更会计处理方法的行为：**会计处理方法的变更会直接影响会计资料的质量和可比性，按照《会计法》和国家统一的会计制度的规定，不得随意变更会计处理方法。
- **向不同的会计资料使用者提供的财务会计报告编制依据不一致的行为：**财务会计报告应当根据登记完整、核对无误的会计账簿记录和其他有关会计资料编制，使用的计量方法、确认原则、统计标准应当一致，做到数字真实、计算准确、内容完整、说明清楚。不得向不同的会计资料使用者提供编制依据不一致的财务会计报告。
- **未按照规定使用会计记录文字或者记账本位币的行为：**根据《会计法》的规定，会计记录的文字应使用中文；在民族自治地区，可以同时使用当地通用的一种民族文字；在我国境内的外商投资企业、外国企业和其他外国组织则可以同时使用一种外国文字。记账本位币以人民币为主，业务收支以人民币以外的货币为主的单位，可选定其中一种货币作为记账本位币，但编报的财务会计报告应当折算为人民币。
- **未按照规定保管会计资料，致使会计资料损毁、灭失的行为：**根据《会计法》的规定，各单位对会计凭证、会计账簿、财务会计报告和其他会计资料应当建立档案，妥善保管。
- **未按照规定建立并实施单位内部会计监督制度，或者拒绝依法实施监督，或者不如实提供有关会计资料及有关情况的行为：**各单位应如实提供会计凭证、会计账

簿、财务会计报告和其他会计资料以及有关情况，不得拒绝、隐匿、谎报。

- **任用会计人员不符合《会计法》规定的行为**：根据《会计法》的规定，从事会计工作的人员必须取得会计从业资格证书。担任单位会计机构负责人和会计主管人员的，还应具备会计师以上专业技术职务资格或从事会计工作3年以上的经历。设置总会计师的单位，任用的总会计师也应当符合国家规定的资格条件。

案例阅读与思考

某企业为一家专门经营运输的民营企业，该企业为少缴纳税款，除企业内部按照正规途径取得发票进行登记记账外，还以企业的名义将账务承包给一家代理记账公司，为自己炮制一本“外账”供税务机关检查。该地税务机关发现这一情况后，要求企业财务主管人员将企业真实账簿交出检查，该企业账务主管人员以账簿为企业内部资料为由，拒绝交出。

在本案例中，该企业为了少缴纳税款而私设会计账簿的行为违反了《会计法》的规定，导致国家税务收入的流失。另外，企业有义务将财务会计报告或会计账簿提交相关执法部门检查，该企业拒绝交出真实账簿违反了《会计法》的规定。

试题精讲

【多选题】下列各项中，属于违反会计制度规定应承担法律责任的违法行为有（　　）。

A. 未按照规定使用会计记录文字或者记账本位币的行为

B. 未按照规定保管会计资料，致使会 计资料毁损、灭失的行为

C. 不依法设置会计账簿的行为

D. 私设会计账簿的行为

【答案】A、B、C、D

【解析】选项A、B、C、D均属于违反会计制度应承担法律责任的违法行为。

（二）违反会计制度规定的行为应承担的法律责任

根据《会计法》的规定，各种违法行为应当承担以下法律责任。

- **责令限期改正**：责令限期改正是指要求违法行为人在一定期限内停止违法行为并恢复到合法状态。县级以上人民政府财政部门有权责令违法行为人限期改正，停止违法行为。
- **罚款**：罚款是指县级以上人民政府财政部门根据违法行为人的违法性质、情节及危害程度，在责令限期改正的同时，有权对单位并处3 000元以上5万元以下的罚款，对其直接负责的主管人员和其他直接责任人员，处2 000元以上2万元以下的罚款。
- **给予行政处分**：给予行政处分是指对上述违法行为直接负责的主管人员和其他直接责任人员中的国家工作人员，视情节轻重，由其所在单位或者其上级单位或者行政监察部门给予警告、记过、记大过、降级、降职、撤职、留用察看和开除等行政处分。
- **吊销会计从业资格证书**：会计工作人员有上述所列行为之一、情节严重的，由县级以上人民政府财政部门吊销会计从业资格证书。
- **依法追究刑事责任**：我国《刑法》并没有将以上所列的行为单独明确规定为犯罪，但行为人为了偷逃税款、骗取出口退税、贪污、挪用公款等目的，从事了上述行为，造成了严重的后果，按照《刑法》的有关规定，构成犯罪的，应当依法分别定罪和量刑。

三、其他会计违法行为的法律责任

（一）伪造、变造会计凭证、会计账簿，编制虚假财务报告，隐匿或故意销毁依法应保存的会计资料行为的法律责任

《刑法》并未明确将伪造、变造会计凭证、会计账簿或者编制虚假财务会计报告的行为作为单独犯罪加以规定，而只是在其已经造成严重后果后，按照犯罪情节、手段，分别以偷税罪、公司提供虚假会计报告罪、中介组织人员提供虚假证明文件罪及其他犯罪追究刑事责任。

伪造、变造会计凭证、会计账簿或者编制虚假财务会计报告，隐匿或故意销毁依法应保存的会计资料，情节较轻、社会危害不大，根据《刑法》的有关规定，尚不构成犯罪的，应当按照《会计法》的规定予以处罚。具体包括以下几点。

- **通报**：由县级以上人民政府财政部门采取通报的方式对违法行为人予以批评、公告。通报决定由县级以上人民政府财政部门送达被通报人，并通过一定的媒介在一定的范围内公布。
- **罚款**：县级以上人民政府财政部门对违法行为视情节轻重，在予以通报的同时，可以对单位并处5 000元以上10万元以下的罚款，对其直接负责的主管人员和其他直接责任人员，可以处3 000元以上5万元以下的罚款。
- **行政处分**：对违法行为直接负责的主管人员和其他直接责任人员中的国家工作人员，应当由其所在单位或者其上级单位或者行政监察部门给予撤职、留用察看直至开除的行政处分。
- **吊销会计从业资格证书**：对违法行为中的会计人员，由县级以上人民政府财政部门吊销会计从业资格证书。

试题精讲

【多选题】根据《中华人民共和国会计法》的规定，对于“随意变更会计处理方法”的行为，应当承担的法律责任有（　　）。

A. 由县级以上人民政府财务部门责令限期改正

B. 对单位处以5 000元以上10万元以下的罚款

C. 对其直接负责的主管人员可以处以2 000元以上2万元以下的罚款

D. 构成犯罪的，依法追究刑事责任

【答案】A、C、D

【解析】随意变更会计处理方法属于违反会计制度规定的违法行为，根据《会计法》的规定，该种违法行为应承担的法律责任包括选项A、C、D所描述的内容，选项B应该为对单位并处3 000元以上5万元以下的罚款。

（二）隐匿或故意销毁依法应保存的会计资料行为的法律责任

隐匿是指故意转移、隐藏依法应当保存的会计凭证、会计账簿、财务会计报告的行为；故意销毁是指故意将依法应当保存的会计凭证、会计账簿、财务会计报告予以销毁的行为。

对多次出于贪污、挪用公款、侵占企业财产及其他非法目的，实施隐匿、故意销毁依法应当保存的会计凭证、会计账簿、财务会计报告的行为，构成犯罪的，可以按照《刑法》的有关规定，分别定罪和处罚。

根据《会计法》的规定，隐匿或者故意销毁依法应当保存的会计凭证、会计账簿、财

务会计报告，构成犯罪的，依法追究刑事责任。尚不构成犯罪的，由县级以上人民政府财政部门予以通报，可以对单位并处5 000元以上10万元以下的罚款；对其直接负责的主管人员和其他直接责任人员，可以处3 000元以上5万元以下的罚款；属于国家工作人员的，还应当由其所在单位或者有关单位依法给予撤职直至开除的行政处分；对其中的会计人员，由县级以上人民政府财政部门吊销会计从业资格证书。

（三）授意、指使、强令会计机构、会计人员及其他人员伪造、变造会计凭证、会计账簿，编制虚假财务会计报告或者隐匿、故意销毁依法应当保存的会计凭证、会计账簿、财务会计报告行为的法律责任

授意是指暗示他人按某人意思行事；指使是指通过明示方式，指示他人按某人意思行事；强令是指明知某人命令是违反法律的，而强迫他人执行其命令的行为。

对授意、指使、强令他人伪造、变造会计凭证、会计账簿，编制虚假财务会计报告或者隐匿、故意销毁依法应当保存的会计凭证、会计账簿、财务会计报告的，应当依照《会计法》的规定和《刑法》的有关规定，根据行为人在共同犯罪中所起的作用定罪处罚。

对有上述违法行为，情节较轻，社会危害不大，不构成犯罪的，应当按照《会计法》的规定予以下列处罚。

- **罚款**：县级以上人民政府财政部门可以视违法行为的情节轻重，对违法行为人处以5 000元以上5万元以下的罚款。
- **行政处分**：对授意、指使、强令会计机构或会计人员及其他人员伪造、变造会计凭证和会计账簿，编制虚假财务会计报告或者隐匿、故意销毁依法应当保存的会计凭证、会计账簿、财务会计报告的国家工作人员，还应当由其所在单位或者其上级单位或者行政监察部门给予降级、撤职或者开除的行政处分。

（四）单位负责人对会计人员实行打击报复行为的法律责任

根据《刑法》的规定，公司、企业、事业单位、机关、团体的领导人对依法履行职责，抵制违反《会计法》规定行为的会计人员实行打击报复，情节恶劣的，构成打击报复会计人员罪。根据《刑法》的规定，对犯打击报复会计人员罪的，处3年以下有期徒刑或者拘役。

单位负责人对依法履行职责，抵制违反《会计法》规定行为的会计人员实行打击报复，情节轻微，危害性不大，不构成犯罪的，由其所在单位或者有关单位依法给予行政处分。

对受打击报复的会计人员的补救措施有以下两点。

- **恢复名誉**：受打击报复的会计人员的名誉受到损害的，其所在单位或者其上级单位及有关部门应当要求打击报复者向遭受打击报复的会计人员赔礼道歉，并澄清事实，消除影响，恢复名誉。
- **恢复原有职位、级别**：会计人员受到打击报复，被调离工作岗位、解聘或者开除的，应当在征得会计人员同意的前提下，恢复其工作；被撤职的，应当恢复其原有职务；被降级的，应当恢复其原有级别。

【任务实施】

1. 法律责任的种类有哪些？

2. 结合前文的讲解，在图1-4的空白矩形框中填写完善各类行为下对单位和个人的罚款金额。

- 伪造、变造会计凭证、会计账簿等行为
  - ①对单位处罚：5 000元以上10万元以下
  - ②对个人处罚：
- 隐匿或故意销毁依法应保存的会计资料
  - ①对单位处罚：
  - ②对个人处罚：
- 授意、指使、强令伪造、变造会计资料
  - ①对单位处罚：
  - ②对个人处罚：

图 1-4 各种违法行为的罚款金额

项目总结

本项目主要介绍了会计的相关法律制度。本项目的内容是作为一名会计人员最基本的认知以及应当掌握的最基本的法律知识。对于会计法律责任的主体以及各类违法行为应受到的处罚等知识，读者可以将其进行总结和归纳，重点掌握几种违法行为对单位和个人的处罚金额，由于各类违法行为中单位和个人的处置有所不同，且容易产生混淆，所以这也是比较容易出现考题的知识点。

项目实训 会计法律制度案例阅读与分析

会计法律制度与一般的法律制度存在一定的联系，但也有所区别。众所周知，会计人员的工作是与金钱“打交道”的职业，具有专业的会计法律知识是必不可少的，对于会计法律知识的理解与掌握有助于会计人员在工作中遇到有关的问题能合理合法地解决。下面通过实训练习，将前面所讲的会计法律制度与实际工作相结合，加深读者对会计法律制度的认识和理解。

【实训目标】

能够从给出的案例中分析出涉及的会计法律制度，在此基础上对会计法律制度进行更加深刻的剖析，最后得出正确的处理办法。

【实训资料】

某公司有关会计法律制度的资料如下。

（1）公司接受上级有关单位审核，发现一张购买计算机的发票，其金额栏中的数字有更改迹象，经查阅相关买卖合同和单据，确认更改后的金额是正确的，更改处盖有出具单位的相关印章。公司以该发票为原始凭证进行账务处理并入账。

（2）公司对保管会计资料的保管室没有相对健全的制度，导致一批会计资料在一次大火中被烧毁；公司是外商投资企业，业务收支以外币（美元）为主，将美元作为记账本位币，编报的财务会计报告仍以美元的形式记录。

（3）公司对外报送2014年年度会计报表，公司董事会研究决定，公司对外报送的财务报表由公司财务总监签字并盖章后报出。

（4）公司财务部门搬入新的办公室，财务人员将保管期满的会计档案全部销毁。在销毁的会计档案中，有保管期满但尚在使用的一台机器的原始凭证。

（5）该公司原出纳张某在担任出纳工作期间的有些资料存在一些问题，而接替者刘某在交接时并未发现。检查人员在了解情况时，原出纳张某说："已经办理了会计交接手续，自己不再承担任何责任，责任由接替者刘某承担。"

要求：根据上述情况和有关法律规定分析以上资料中哪些情况符合规定，哪些不符合。

【实训指导】

STEP 1 仔细阅读资料，注意每种情况下涉及的相关当事人的做法。

STEP 2 情形（1）应关注金额更改的做法是否符合规定。

情形（2）应关注会计资料的损毁和以外币作为本位币，并编制报表仍以外币的形式是否符合规定。

情形（3）应关注财务报表对外报送的签章是否符合要求。

情形（4）应关注会计凭证的保管是否符合要求。

情形（5）应关注会计工作交接应注意的事项（答案参见：光盘\项目实训\项目一\会计法律制度案例阅读与分析.doc）。

拓展知识

代理记账

一、代理记账的概念

代理记账是指将本企业的会计核算、记账、报税等一系列的工作全部委托给专业记账公司完成，本企业只设立出纳人员，负责日常货币收支业务和财产保管等工作。

二、代理记账的业务范围

代理记账的业务范围有以下4项。

- 会计核算（审核原始凭证、填制记账凭证、登记会计账簿、编制财务会计报告）。
- 对外提供财务会计报告。经代理记账机构负责人和委托人签名并盖章对外提供财务会计报告。
- 向税务机关提供税务资料。
- 其他会计业务。

三、代理记账机构及其从业人员的义务

代理记账机构从业人员的义务有以下4项。

- 遵守有关法律、行政法规和国家统一的会计制度的规定。
- 对在执行业务中知悉的商业秘密应当保密。
- 对委托人示意其作出不当的要求，应当拒绝。
- 对委托人提出的有关会计处理原则问题应当予以解释。

四、申请代理记账的资格和流程

我国对企业是否可以申请代理记账并没有明确的判断标准，一般可以根据注册资本、

销售额、从业人员及资产总额等情况进行综合判断。一个单位是否选择“代理记账”取决于该单位是否具备配备专职会计人员的条件，这应该由各单位根据自身会计业务的需要自主决定。一般而言，单位规模的大小、经济业务和财务收支的繁简程度、经营管理的要求等，是决定单位是否配备专职会计人员的主要因素。企业申请代理记账的流程如图1-5所示。

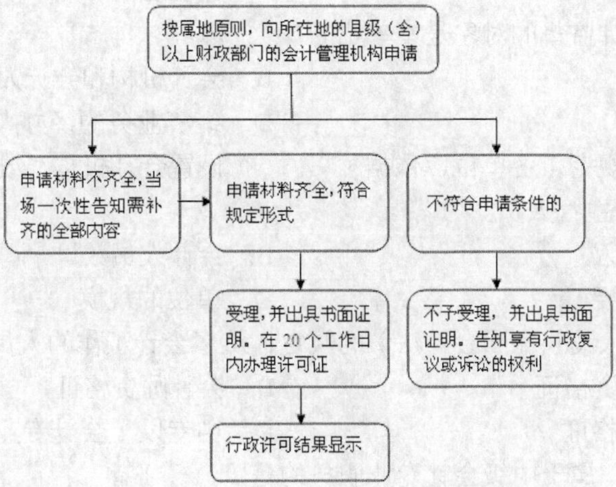

图1-5 申请代理记账的流程

真题精练

一、单选题

1. 会计法律是指由（ ）经过一定立法程序制定的有关会计工作的法律。

A. 国务院

B. 财政部

C. 全国人民代表大会及其常委会

D. 地方人民代表大会

2. 《会计法》规定，国务院财政部主管全国的会计工作，（ ）管理本行政区域内的会计工作。

A. 地方人民政府财政部门

B. 审计部门

C. 县级以上地方人民政府财政部门

D. 县级以上地方人民政府

3. 下列经济业务事项不需要办理会计手续的是（ ）。

A. 款项及有价证券的收付

B. 财物的收发、增减和使用

C. 经济合同的签订

D. 资本、基金的增减

4. 根据《会计法》的规定，我国法定会计年度的期间是（ ）。

A. 公历1月1日起至12月31日止

B. 公历4月1日起至3月31日止

C. 公历7月1日起至6月30日止

D. 由企业根据经营特点自行确定的会计年度期间

5. 下列各项中，不属于会计档案的是（　　）。

A. 支出预算　　B. 会计凭证

C. 会计账簿　　D. 财务会计报告

6. 单位内部会计监督的对象是本单位的（　　）。

A. 负责人　　B. 会计机构和会计人员

C. 经济活动　　D. 经济业务的经办人员

7. 《会计法》规定，各单位应依据（　　）设置会计机构，或者在有关机构中设置会计人员并指定会计主管人员。

A. 单位营业收入　　B. 会计人员数量

C. 会计业务需要　　D. 单位的规模

8. 根据《中华人民共和国会计法》的规定，从事会计工作的人员必须取得（　　）。

A. 注册会计师资格证　　B. 会计师资格证

C. 会计从业资格证　　D. 中专以上会计专业毕业

9. 下列各项中，属于中级会计专业职务的是（　　）。

A. 助理会计师　　B. 会计师

C. 注册会计师　　D. 会计从业资格

10. 违反《中华人民共和国会计法》已构成犯罪的应追究其（　　）。

A. 政治责任　　B. 行政责任

C. 刑事责任　　D. 民事责任

二、多选题

1. 我国会计法律制度包括（　　）。

A. 会计法律　　B. 会计行政法规

C. 会计部门规章　　D. 地方性会计法规

2. 我国会计行业自律组织主要有（　　）。

A. 中国审计学会　　B. 中国总会计师协会

C. 中国注册会计师协会　　D. 中国会计学会

3. 下列各项中属于财务报表的有（　　）。

A. 资产负债表　　B. 利润表

C. 现金流量表　　D. 年度生产计划表

4. 根据《会计法》和《企业财务会计报告条例》的规定，下列各项中，属于财务报表组成部分的有（　　）。

A. 财务报表

B. 财务报表附注

C. 财务情况说明书

D. 注册会计师出具的审计报告

5. 财政部门对各单位实施监督的主要事项包括（　　）。

A. 是否依法设置会计账簿

B. 从事会计工作的人员是否具备会计专业技术资格

C. 会计资料是否真实、完整

D. 会计核算是否符合《会计法》和国家统一的会计制度的规定

6. 会计机构负责人、会计主管人员办理交接由（　　）监交。

A. 单位负责人

B. 主管单位派人会同

C. 本单位其他部门负责人

D. 主管会计工作的副经理

7. 《会计法》规定的法律责任形式有（　　）。

A. 赔偿责任　　B. 连带责任

C. 行政责任　　D. 刑事责任

8. 下列关于注册会计师审计与内部审计的关系表述正确的有（　　）。

A. 都关注内部控制的健全性和有效性

B. 审计独立性不同，注册会计师的独立性强于内部审计人员的独立性

C. 都是现代审计体系的重要组成部分

D. 接受审计的自愿程度不同，委托人可自由选择会计师事务所

9. 各单位可以根据会计业务的需要，设置会计机构，或者（　　）。

A. 不设置会计账簿

B. 在有关机构中设置会计人员并指定会计主管人员

C. 委托经批准设立从事会计代理记账业务的中介机构代理记账

D. 委托其他具有会计师资格的人员记账

10. 担任会计机构负责人（会计主管人员）的，必须同时具备（　　）。

A. 取得会计从业资格

B. 具备会计师以上专业技术职务资格或者从事会计工作3年以上经历

C. 取得大学本科学历

D. 取得大学专科学历

三、判断题

1. 会计法律制度指的是全国人大及其常委会制定的《中华人民共和国会计法》。（　　）

2. 《会计法》所指对本单位会计资料的真实性负责的单位负责人，是指该单位财务部门的负责人。（　　）

3. 所谓变造会计凭证、会计账簿及其他会计资料，是指以虚假的事项为前提编造不真实的会计凭证、会计账簿及其他会计资料。（　　）

4. 单位内部会计监督是指会计机构、会计人员依照法律的规定，通过会计手段对经济活动的合法性、合理性和有效性进行的一种监督。（　　）

5. 规模小、业务人员不多、财务收支数额不大、会计业务比较简单的企业、机关、团体、事业单位等，可以在有关机构中配备专职会计人员。（　　）

6. 会计人员如有侵占企业财产，私分国有财产和罚没财产行为应当按照会计法的有关规定给予处罚。（　　）

7. 担任单位会计机构负责人的，除取得会计从业资格外，还应具备会计师以上专业

技术职务资格或从事会计工作两年以上经历。（　　）

8. 国有的和国有资产控股地位或者主导地位的大、中型企业必须设置总会计师，总会计师必须具备高级会计师专业技术资格证书。（　　）

9. 2014年1月，A公司会计人员王某出差学习一周，会计科长指定出纳李某临时接替王某的工作。因时间很短，王某和李某可以不办理会计工作的交接手续。（　　）

10. 对于隐匿或者故意销毁依法应当保存的会计凭证、会计账簿、财务会计报告的行为，尚不构成犯罪的，由县级以上人民政府财政部门予以通报，可以对单位并处五千元以上十万元以下的罚款；对其直接负责的主管人员和其他直接责任人员，可以处三千元以上五万元以下的罚款。（　　）

四、案例分析题

某国有独资公司的生产经营规模不大，当地财政部门在对该公司进行执法检查的过程中发现下列问题。

（1）该公司未设置总会计师，但设置了专门的会计机构。

（2）该公司会计机构负责人李某是该公司法定代表人王某的配偶。

（3）该公司出纳是单位办公室主任的女儿小王，小王刚刚取得会计学本科学历，已报名参加当年的会计从业资格考试，同时她还兼管稽核、会计档案保管和固定资产账簿的登记工作。

（4）该公司会计人员赵某1月份离职，办理工作交接时未发现任何异常，至6月份，接替人员张某方发现其中有部分会计资料不真实，张某和赵某互相推卸责任，此事目前仍未解决。

要求：根据上述资料，回答下列问题。

1. 针对事项（1），下列说法中正确的有（　　）。

A. 该国有独资公司应当设置总会计师

B. 该国有独资公司可以不设置总会计师

C. 如果设置总会计师，则该公司不得再设置与总会计师职责重叠的副职

D. 如果设置总会计师，则应当将其作为单位领导成员

2. 针对事项（2），下列说法中不正确的有（　　）。

A. 该公司由于生产经营规模不大，可以不实行会计人员回避制度

B. 会计机构负责人由李某担任不符合会计人员回避制度

C. 李某不得在该公司会计机构中担任出纳工作

D. 李某可以在该公司会计机构中担任出纳工作

3. 针对事项（3），下列说法中正确的有（　　）。

A. 根据回避制度，办公室主任的女儿不得担任出纳工作

B. 从事出纳工作必须取得会计从业资格证书，该公司任用小王担任出纳不符合规定

C. 根据内部牵制制度，出纳不得兼管稽核、会计档案保管的工作

D. 出纳可以兼管固定资产账目的登记工作

4. 根据事项（4），会计人员赵某离职办理交接时，应由（　　）监交。

A. 单位负责人　　B. 人事部门主管人员

C. 会计机构负责人　　D. 其他岗位会计人员

5. 根据事项（4），对交接时未发现的不真实会计资料，（　　）应当承担相应的责任。

A. 法定代表人王某　　B. 会计机构负责人李某

C. 移交人员赵某　　D. 接替人员张某

PART 2

项目二
结算法律制度

项目引入

杜老师：小叶，你知道企业除了使用现金结算外，还可以使用哪些结算方式吗？

叶丽娜：还有票据结算。

杜老师：对，企业还可以使用支票、汇票、银行本票、汇兑、委托收款、托收承付和国内信用证等方式进行结算。每种结算方式都有自己的优缺点，企业需要根据自己的情况选择适合本企业的结算方式。

叶丽娜：原来有这么多的结算方式，我得好好学习一下。

杜老师：每种结算方式在使用时都必须遵守相关的规定，下面我们就详细讲解有关结算的法律制度。

学习目标

- 掌握现金结算的概念、特点、渠道、范围和限额。
- 掌握支付结算的概念、特征、法律依据、基本原则和要求。
- 熟悉银行结算账户的概念、分类、管理的基本原则、开立、变更与撤销以及违反银行账户管理法律制度的法律责任。
- 掌握票据结算的概述、支票、商业汇票、银行汇票和银行本票。
- 掌握银行卡的概念、分类、账户与交易。
- 掌握汇兑、委托收款、托收承付和国内信用证。

考情分析

- 题型与分值：单选题、多选题、判断题和案例分析题，所占分值为20%~30%。
- 复习重点与建议：该项目需要重点掌握的内容有现金结算、支付结算概述、银行结算账户、票据结算方式、银行卡和其他结算方式6个方面的内容，可采用比较的方法对各种结算方式的内容进行对比学习。

任务一 现金结算

现金结算是相对于转账结算而言的，是货币结算的一种。为改善现金管理，促进商品的生产和流通，加强对社会经济活动的监督，国务院于1988年8月16日通过了《现金管理暂行条例》。下面将对现金结算的相关知识进行介绍。

【任务目标】

本任务的目标是了解现金结算的概念与特点，掌握现金结算的渠道、开户单位现金结算的范围和现金使用的限额，在此基础上学会判断在具体事项中现金的使用是否符合《现金管理暂行条例》的相关规定。

【知识讲解】

一、现金结算的概念与特点

（一）现金结算的概念

现金结算是指在商品交易、劳务供应等经济往来中，直接使用现金进行应收应付款结算的一种行为。现金结算在我国主要适用于单位与个人之间的款项收付，以及单位之间的转账结算起点金额以下的零星小额收付。

（二）现金结算的特点

现金结算具有直接便利、不安全性、不易宏观控制和管理、费用较高等特点。

1. 直接便利

在现金结算方式下，买卖双方一手交钱，一手交货，当面钱货两清，无需通过中介，因而对买卖双方来说是最为直接和便利的结算方式。同样，在劳务供应、信贷存放和资金调拨方面，现金结算也是最为直接和便利的，因而被社会大众广泛接受。

2. 不安全性

由于现金使用极为广泛和便利，因而成为不法分子觊觎的最主要目标，很容易被偷盗、贪污和挪用。在现实经济生活中，绝大多数的经济犯罪活动都和现金有关。此外，现金还容易因火灾、虫蛀和鼠咬等发生损失。

3. 不易宏观控制和管理

由于现金结算大部分不通过银行进行，因而国家很难对其进行控制。过多的现金结算会使流通中的现钞过多，从而容易造成通货膨胀，加大对物价的压力。

4. 费用较高

使用现金结算，各单位虽然可以减少银行的手续费用，但其清点、运送、保管的费用很高。对于整个国家来说，过多的现金结算会增加国家印制、保管、运送现金和回收废旧现钞等工作的费用和损失，浪费人力、物力和财力。因此，我国实行现金管理，限制现金结算的范围。

二、现金结算的渠道

现金结算的渠道有两种，具体如图2-1所示。

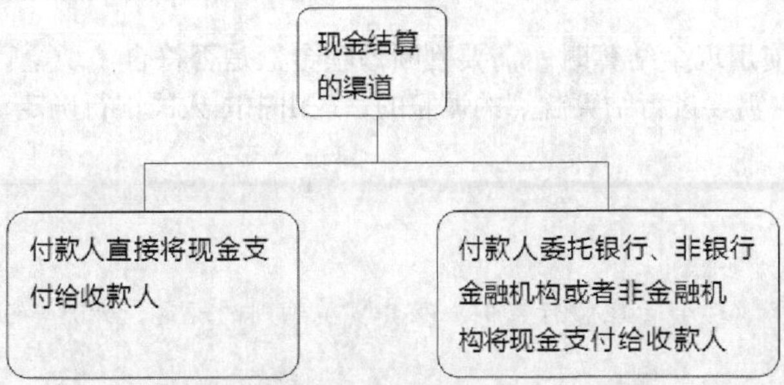

图2-1 现金结算的渠道

知识补充

非银行金融机构是指不经营一般银行业务的金融机构，如信托投资公司、租赁公司、保险公司等。非金融机构是指邮局等事业单位。

三、现金结算的范围

现金通常是指存放于单位财会部门，由出纳人员经管的货币。现金是流动性最强的资产，各单位应严格遵守国家现金管理制度，监督现金使用的合法性与合理性。

凡在银行和其他金融机构（以下简称“开户行”）开立账户的机关、团体、部队、企业、事业单位和其他单位（以下简称“开户单位”），必须依照《现金管理暂行条例》的规定收支和使用现金，并接受开户银行的监督。

开户单位可以使用现金的范围如图2-2所示。

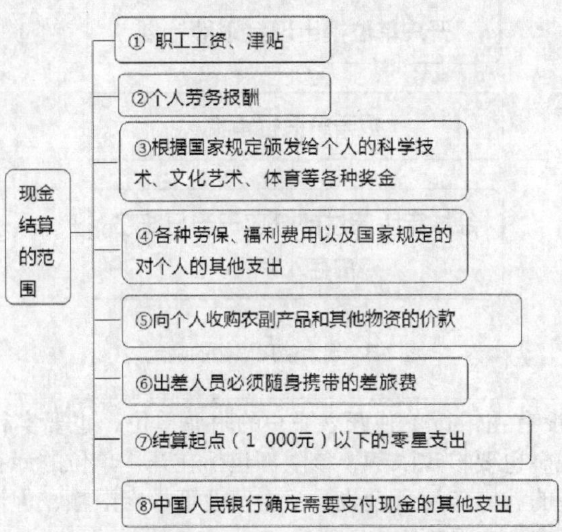

图2-2 现金结算的范围

除上述情况可以使用现金外，其他款项的支付应通过银行转账结算。例如，向供货单位支付3 500元货款时就不能使用现金支付。

除图2-2中第⑤、⑥项外，开户单位支付给个人的款项中，支付现金每人一次不得超过1 000元，如支付公司临时工张某的800元劳务报酬可以使用现金。超过限额部分，根据提款人的要求，在指定的银行转为储蓄存款或以支票、银行本票支付。确需全额支付现金的，应经开户银行审查后予以支付。

知识补充

使用现金结算时，需要判断该项金额是否符合《现金管理暂行条例》的规定。需要进行结算起点的调整的，应由中国人民银行确定，报国务院备案。

试题精讲

【多选题】根据《现金管理暂行条例》及其实施细则的规定，开户单位可以使用现金的情形有（　　）。

A. 收购单位向个人收购农副产品和其他物资支付的价款

B. 支付个人的各种奖金

C. 向供货单位支付1 500元货款

D. 职工工资

【答案】A、B、D

【解析】向供货单位支付1 500元货款应通过银行转账结算，不属于现金的使用范围。

四、现金使用的限额

现金使用的限额是指为了保证开户单位日常零星开支的需要，允许单位保存现金的最高数额。现金使用的限额，由开户行根据单位的实际需要核定，一般按照单位3~5天日常零星开支所需确定。边远地区和交通不便地区的开户单位的库存现金限额，可按多于5天，但不得超过15天的日常零星开支的需要确定。经核定的库存现金限额，开户单位必须严格遵守。现金使用限额的确定如图2-3所示。

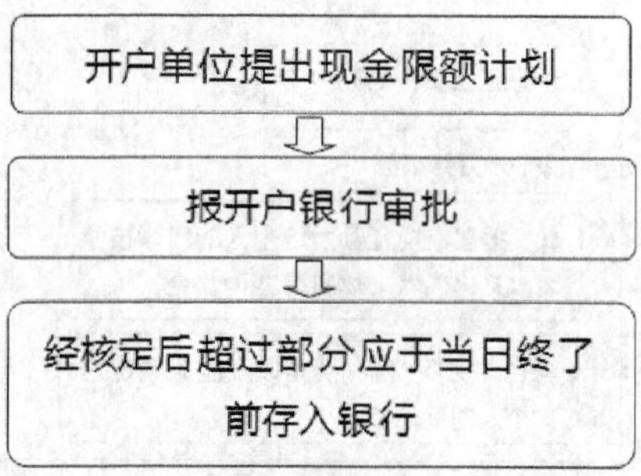

图2-3　现金使用限额的确定

知识补充

对没有在银行单独开立账户的附属单位，也要实行现金管理，其必须保留的现金也要核定限额，该限额包括在开户单位的库存限额之内。商业和服务行业的找零备用现金也要根据营业额核定限额，但该限额不包括在开户单位的库存现金限额之内。

试题精讲

【单选题】现金使用的限额，由开户行根据单位的实际需要核定，一般按照单位（　　）日常零星开支所需确定。

A. 3~5天　　B. 3~6天　　C. 5~6天　　D. 5~15天

【答案】A

【解析】一般按照单位3~5天日常零星开支所需确定。

【任务实施】

1. 结合前面的讲解，回答下列问题。

（1）现金结算的特点有哪些？

（2）对现金使用的限额有哪些规定？

2. 结合前文的讲解，判断下列事项哪些属于现金结算的范围，用“√”或“×”分别表示“属于”“不属于”。

①向农民收购棉花的支出	（ ）	②外出采购人员的差旅费	（ ）
③零星支出2 000元	（ ）	④在建工程人员的工资支出	（ ）
⑤职工工资、津贴	（ ）	⑥大宗物资采购	（ ）
⑦上缴税金	（ ）	⑧购置固定资产	（ ）

第2小题的具体分析如下：

根据《现金管理暂行条例》对使用现金范围的规定，职工工资、津贴，向个人收购农副产品和其他物资的价款，出差人员必须随身携带的差旅费，可使用现金，因此①、③、⑤的答案为“√”，其余项均不属于使用现金的情况。

任务二 支付结算概述

支付结算有广义和狭义之分，广义的支付结算包括现金结算和银行转账结算。为了规范支付结算工作，我国制定了一系列支付结算方面的法律、法规和制度。下面将对支付结算的相关知识进行介绍。

【任务目标】

本任务的目标是了解支付结算的概念、特征、法律依据、基本原则以及办理要求等相关知识，掌握填写支付结算凭证的基本要求，能够区分伪造、变造的票据和结算凭证，学会判断某经济事项是否符合支付结算的基本原则。

【知识讲解】

一、支付结算的概念和特征

（一）支付结算的概念

支付结算是指单位、个人在社会经济活动中使用票据、信用卡和汇兑、托收承付、委托收款等结算方式进行货币给付及其资金清算的行为。其主要功能是完成资金从一方当事人向另一方当事人的转移。

支付结算工作的任务是根据经济往来业务组织支付结算，准确、及时、安全地办理支付结算，并按照有关法律、行政法规和支付结算办法的规定管理支付结算，保障支付结算活动的正常运行。

银行、城市信用合作社、农村信用合作社（以下简称银行）以及单位（含个体工商户）和个人是办理支付结算的主体，其中，银行是支付结算和资金清算的中介机构。

（二）支付结算的特征

支付结算作为一种法律行为，具有以下法律特征。

1. 支付结算必须通过经中国人民银行批准的金融机构进行

支付结算行为必须通过经中国人民银行批准的金融机构才能进行，未经中国人民银行批准的非银行金融机构和其他单位不得作为中介机构经营支付结算业务，但法律、行政法规另有规定的除外。

通过中国人民银行批准的金融机构主要有政策性银行、商业银行（如中国农业银行、中国工商银行等）及其分支机构、合作银行、城市或农村信用合作社、城市或农村信用合作社联合社及邮政储蓄网点等。

> **知识补充**
>
> 保险公司及其分支机构、证券公司及其分支机构、信托投资公司等也属于金融机构，但必须是由中国人民银行批准的金融机构才能进行支付结算行为。

2. 支付结算的发生取决于委托人的意志

银行在支付结算中充当中介机构的角色，因此，银行只要以符合规定的正常操作程序审查，对伪造、变造的票据和结算凭证上的签章以及需要交验的个人有效身份证件，未发现异常而支付金额的，对出票人或付款人不再承担受委托付款的责任，对持票人或收款人不再承担付款的责任。

3. 实行统一领导，分级管理

支付结算是一项政策性强、与当事人利益息息相关的活动，因此必须对其实行统一的领导。所谓统一领导，是指中国人民银行总行负责制定统一的支付结算制度，组织、协调、管理、监督全国的支付结算工作，调解、处理银行之间的支付结算纠纷。分级管理主要包括以下内容。

- 对于中国人民银行各分行，根据统一的支付结算制度制定实施细则，报总行备案。根据需要，可以制定单项支付结算办法，报中国人民银行总行批准后执行。中国人民银行分、支行负责组织、协调、管理、监督本辖区的支付结算工作，协调、处理本辖区银行之间的支付结算纠纷。
- 对于政策性银行、商业银行总行，根据统一的支付结算制度，结合本行情况，制定具体管理实施办法，报经中国人民银行总行批准后执行，并负责组织、管理、协调本行内的支付结算工作，调解、处理本行内分支机构之间的支付结算纠纷。

4. 支付结算是一种要式行为

要式行为是指法律规定必须依照一定形式进行的行为。如果该行为不符合法定的形式要件，即为无效。根据《支付结算办法》的规定，“票据和结算凭证是办理支付结算的工具。单位、个人和银行办理支付结算，必须使用按中国人民银行统一规定印制的票据凭证和统一规定的结算凭证”，“未使用按中国人民银行统一规定印制的票据，票据无效；未使用中国人民银行统一规定格式的结算凭证，银行不予受理”。

为了保证支付结算的准确、及时和安全，以使其业务正常进行，中国人民银行除对票据和结算凭证的格式有统一的要求外，还就正确填写票据和结算凭证作出了基本规定，具体的内容将在后面进行详细的讲解。

5. 支付结算必须依法进行

《支付结算办法》第5条规定：银行、城市信用合作社、农村信用合作社（以下简称银行）及单位和个人（含个体工商户），办理支付结算必须遵守国家的法律、行政法规和本办法的各项规定，不得损害社会公共利益。因此，支付结算的当事人必须严格依法进行支付结算活动。

试题精讲

【单选题】根据支付结算办法的规定，下列各项中，可作为支付结算和资金清算的中介机构的是（　　）。

A. 城市信用合作社　　B. 农村信用合作社

C. 银行　　D. 个体工商户

【答案】C

【解析】本题考核支付结算的概念。根据规定，银行是支付结算和资金清算的中介机构。

二、支付结算的主要法律依据

为了规范支付结算行为，保障支付结算活动中当事人的合法权益，我国制定了一系列支付结算方面的法律、法规和制度，它们共同构成了支付结算的法律依据。

有关支付结算的法律、法规和制度主要包括《中华人民共和国票据法》（以下简称《票据法》）《票据管理实施办法》《支付结算办法》《中国人民银行银行卡业务管理办法》《人民币银行结算账户管理办法》《异地托收承付结算办法》和《电子支付指引（第一号）》等。此外，中国人民银行不时颁布的有关支付结算的政策性文件也是当事人进行支付结算活动时必须遵守的规定。

上述适用支付结算的法律、行政法规以及部门规章和政策性规定的相关介绍如表2-1所示。

表 2-1 支付结算的主要法律依据

法律依据	备　注
《中华人民共和国票据法》	1995年5月10日八届全国人大常委会第十三次会议通过，于1996年1月1日起实施，2004年8月28日第十届全国人大常委会第十一次会议修订
《票据管理实施办法》	1997年8月21日经国务院批准，由中国人民银行发布，于同年10月1日起施行
《支付结算办法》	1997年9月19日由中国人民银行发布，于同年12月1日起施行
《中国人民银行银行卡业务管理办法》	1999年3月1日起施行，原《中国人民银行信用卡业务管理办法》同时废止
《人民币银行结算账户管理办法》	2003年4月10日中国人民银行发布，于同年9月1日起施行，1994年10月9日中国人民银行发布的《银行账户管理办法》同时废止
《异地托收承付结算办法》	于1994年10月9日修订，1995年1月1日起施行
《电子支付指引（第一号）》	由中国人民银行于2005年10月26日制定并公布，自公布之日起施行

三、支付结算的基本原则

支付结算的基本原则是单位、个人和银行在进行支付结算活动时必须遵循的行为准则。行业主管部门针对支付结算行为，确立了以下3项基本原则。

- **恪守信用，履约付款**：各单位之间、单位与个人之间发生交易往来，产生支付结算行为时，结算当事人必须依照双方共同约定的民事法律关系内容依法承担义务和行使权利，严格遵守信用，履行付款义务，特别是应当按照约定的付款金额和付款日期进行支付。该原则要求结算双方办理款项收付完全建立在自觉自愿、相互信任的基础上，是对当事人经济利益的重要保证。

- **谁的钱进谁的账，由谁支配**：银行作为资金结算的中介机构，在办理结算时，必须遵循存款人的委托，将款项支付给其指定的收款人。对存款人的资金，除国家法律另有规定外，必须由其自由支配。这一原则主要在于维护存款人对存款资金的所有权或经营权，保证其对资金支配的自主权。
- **银行不垫款**：银行在办理结算过程中，只负责办理结算当事人之间的款项划拨，不承担垫付任何款项的责任。该原则主要在于划清银行资金与存款人资金的界限，有利于保护银行资金的所有权或经营权，也有利于促使单位和个人直接对自己的债权债务负责。

案例阅读与思考

甲公司于2014年12月3日在当地工商银行开立了银行结算账户，2015年1月因公司业务发展需要购买了一台价值200万元的机械设备，在通过工商银行开立的账户进行支付时，遭到拒绝，理由是该账户余额不足。

上述案例即体现了银行在办理支付结算过程中履行了“银行不垫款”的原则。

试题精讲

【单选题】在支付结算的基本原则中，既保护了存款人的合法权益，又加强了银行办理结算的责任的原则是（　　）。

A. 恪守信用、履约付款　　B. 谁的钱进谁的账，由谁支配

C. 守法合规　　D. 银行不垫款

【答案】B

【解析】“谁的钱进谁的账，由谁支配”这一原则规范了存款人与银行的行为，既保护了存款人的合法权益，又加强了银行办理结算的责任。

四、办理支付结算的要求

（一）办理支付结算的基本要求

根据《支付结算办法》的规定，单位、个人和银行办理支付结算时应符合下列基本要求。

- 办理支付结算必须使用中国人民银行统一规定的票据和结算凭证，未使用中国人民银行统一规定的票据，票据无效；未使用中国人民银行统一规定的结算凭证，银行不予受理。
- 办理支付结算必须按统一的规定开立和使用账户。在银行开立存款账户的单位和个人办理支付结算，账户内需有足够的资金保证支付。单位银行结算账户的存款人只能在银行开立一个基本存款账户。
- 填写票据和结算凭证应当全面规范，做到数字正确、要素齐全、不错不漏、字迹清楚，防止涂改。票据和结算凭证金额以中文大写和阿拉伯数字同时记载，二者必须一致，否则，银行不予受理。少数民族地区和外国驻华使领馆根据实际需要，金额大写可以使用少数民族文字或者外国文字记载。
- 票据和结算凭证上的签章和记载事项必须真实，不得变造伪造，具体内容如表2-2所示。

表 2-2 签章及伪造、变造

事项	内容
签章	单位、银行在票据上的签章和单位在结算凭证上的签章，为该单位、银行的盖章和其法定代表人或者其授权的代理人的签名或者盖章；个人在票据和结算凭证上的签章，为个人本名的签名或盖章
伪造	伪造是指无权限人假冒他人或以虚构人名义签章的行为
变造	变造是指无权更改票据内容的人对票据上签章以外的记载事项加以改变的行为，变造票据的方法多是在合法票据的基础上对票据加以剪接、挖补、涂改，从而非法改变票据的记载事项

伪造、变造票据属于欺诈行为，应追究其刑事责任。票据上有伪造、变造的签章的，不影响票据上其他当事人真实签章的效力。

票据和结算凭证上的签章和其他记载事项还有以下两点要求。

- 票据和结算凭证的金额、出票或签发日期、收款人名称不得更改，更改的票据无效；如果是更改的结算凭证，银行不予受理。
- 对票据和结算凭证上的其他记载事项，原记载人可以更改，更改时应当由原记载人在更改处签章证明。

名师点睛

读者应注意区分伪造、变造票据和结算凭证的区别，同时还要注意此处的伪造、变造票据和结算凭证与项目一中的伪造、变造会计凭证的定义和处罚是有区别的。

（二）支付结算凭证填写的要求

票据和结算凭证是银行、单位和个人据以记载账务的会计凭证，是办理支付结算和现金收付的重要依据，是记载经济业务和明确经济责任的一种书面证明。因此，填写票据和结算凭证，必须做到标准化、规范化。根据《正确填写票据和结算凭证的基本规定》的规定，具体应符合以下基本要求。

- 票据的出票日期必须使用中文大写。大写日期未按要求规范填写的，银行可予受理，由此造成的损失，由出票人自行承担。票据出票日期的具体填写要求如表2-3所示。

表 2-3 票据日期的填写要求

实际日期	票据日期填写
月为壹、贰和壹拾的	在其前加“零”
日为壹至玖和壹拾、贰拾、叁拾的	
日为拾壹至拾玖的	在其前加“壹”

- 中文大写金额数字应用正楷或行书填写，不得自造简化字。如果金额数字书写中使用繁体字，也应受理。
- 中文大写金额数字前应标明“人民币”字样，大写金额数字应紧接“人民币”字样填写，不得留有空白。大写金额数字前未印“人民币”字样的，应加填“人民币”三字，图2-4所示为支付结算凭证填写示意图。

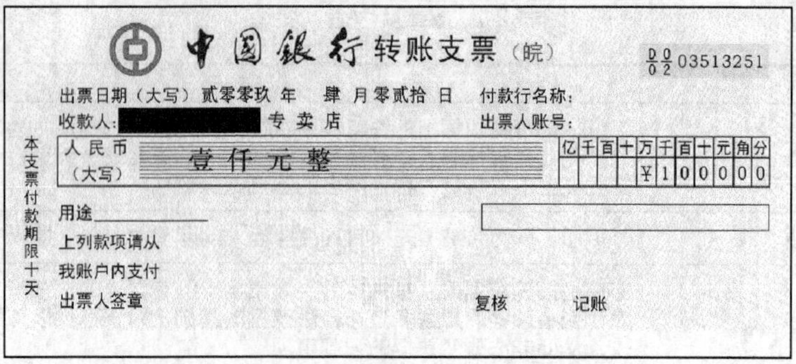

中国银行 转账支票（皖）

$\frac{DO}{02}$03513251

出票日期（大写）贰零零玖 年 肆 月零贰拾 日 付款行名称：

收款人：[redacted]专卖店 出票人账号：

本支票付款期限十天

人民币（大写）	壹仟元整	亿	千	百	十	万	千	百	十	元	角	分
						¥	1	0	0	0	0	0

用途______

上列款项请从

我账户内支付

出票人签章 复核 记账

图2-4 支付结算凭证填写示意图

- 中文大写金额数字到“元”为止的，在“元”之后应写“整”或“正”字，到“角”为止的，在“角”之后可以不写“整”或“正”字。大写金额数字有“分”的，“分”后面不写“整”或“正”字。如6 254应写为人民币陆仟贰佰伍拾肆元整。
- 阿拉伯小写金额数字前面均应填写人民币符号“¥”。
- 阿拉伯小写金额数字中有“0”的，中文大写应按照汉语语言规律、金额数字构成和防止涂改的要求进行书写。具体要求如表2-4所示。

表 2-4 票据金额中阿拉伯数字有 0 的填写要求

有0的情况	填写要求
阿拉伯数字中间有“0”	中文大写金额要写“零”字，如“¥1 209.30”应写成“人民币壹仟贰佰零玖元叁角”
阿拉伯数字中间连续有几个“0”	中文大写金额中间应只写一个“零”字，如“¥5 006.12”应写成“人民币伍仟零陆元壹角贰分”
阿拉伯数字角位是“0”，而分位不是“0”	中文大写金额“元”后面应写“零”字，如“¥16 409.02”应写成“人民币壹万陆仟肆佰零玖元零贰分”；又如“¥325.04”应写成“人民币叁佰贰拾伍元零肆分”
阿拉伯数字万位或元位是“0”，或数字中间连续有几个“0”，万位、元位也是“0”，但千位、角位不是“0”	中文大写金额中可以只写一个“零”字，也可以不写“零”字。如“¥106 000.23”应写成“人民币壹拾万陆仟元零贰角叁分”，或写成“人民币壹拾万零陆仟元贰角叁分”

试题精讲

【单选题】票据出票日期为3月20日，其中文大写的正确填写为（　　）。

A. 零叁月贰拾日　　B. 叁月零贰拾日　　C. 零三月二十日　　D. 叁月贰拾日

【答案】B

【解析】在填写月、日时，月为壹、贰和壹拾的，日为壹至玖和壹拾、贰拾和叁拾的，应在其前加“零”。

【任务实施】

根据甲单位开出的支票所涉及的日期及金额的阿拉伯数字，将其阿拉伯数字转换为中文大写。

甲单位于2014年开出的部分支票如下。

（1）2月12日开出一张107 000.50元的支票。

（2）3月13日开出一张1 520元的支票。

（3）10月20日开出一张4 005.13元的支票。

（4）11月20日开出一张10 056元的支票。

上述日期及金额中文大写的填写要求分析如下。

出票日期中月为壹、贰和壹拾的，日为壹至玖和壹拾、贰拾、叁拾，其前应加零，因此“2月”“10月”在转换成中文大写时应在前加“零”，“20日”在转换成中文大写时，应在前面加零；日为拾壹至拾玖的，在其前加“壹”，因此“13日”前面应加“壹”；出票金额中阿拉伯数字中间有“0”，中文大写金额要写“零”字，因此“107 000.50”“40 005.13”“10 056”转换成中文大写时应写“零”；阿拉伯数字中间连续有几个“0”的，中文大写金额中间只写一个“零”字，因此“40 005.13”“10 056”转换成中文大写时，中间只写一个“零”字，中文大写金额数字到“元”为止的，在“元”后应写“整”或“正”字，因此“1 520”“10 056”在转换成中文大写时，元后应写“整”或“正”字。

综上，上述支票中日期及金额的大写的正确写法如下。

（1）日期为“贰零壹肆年零贰月壹拾贰日”，金额为“人民币壹拾万柒仟零伍角整”。

（2）日期为“贰零壹肆年叁月壹拾叁日”，金额为“人民币壹仟伍百贰拾元整”。

（3）日期为“贰零壹肆年零壹拾月零贰拾日”，金额为“人民币肆仟零伍元壹角叁分”。

（4）日期为“贰零壹肆年壹拾壹月零贰拾日”，金额为“人民币壹万零伍拾陆元整”。

任务三 银行结算账户

银行结算账户是为了记录单位和个人办理资金收付等各项业务,便于其从事经济活动而设置的。银行结算账户的使用有利于连接社会资金，维持社会经济正常的运行,确保企业及社会资金正常周转流通。

【任务目标】

本任务的目标是学习并掌握银行结算账户的概念和分类、管理银行结算账户应当遵守的基本原则，以及银行结算账户的开立、变更和撤销。另外，本任务还应了解违反银行账户管理法律制度的法律责任。

【知识讲解】

一、银行结算账户的概念与分类

（一）银行结算账户的概念

银行结算账户是指存款人在经办银行开立的办理资金收付结算的人民币活期存款账户。存款人是指在中国境内开立银行结算账户的机关、团体、部队、企业、事业单位、其他组织（以下统称“单位”）、个体工商户和自然人。银行结算账户具有以下特点。

- **办理人民币业务**：这与外币存款账户不同，外币存款账户办理的是外币业务。
- **办理资金收付结算业务**：这与储蓄账户不同，储蓄账户只是存取本金和支取利息，不具有办理资金收付结算的功能。
- **是活期存款账户**：这与单位定期存款账户不同，单位的定期存款账户不具有结算功能。

（二）银行结算账户的分类

银行结算账户按存款人的不同，分为单位银行结算账户和个人银行结算账户。根据《人民币银行结算账户管理办法》（以下简称《账户管理办法》）的规定，个体工商户凭营业执照以字号或经营者姓名开立的银行结算账户纳入单位银行结算账户管理；邮政储蓄机构办理银行卡业务开立的账户纳入个人银行结算账户管理。单位银行结算账户按用途和开户地的不同进行划分，单位银行结算账户的分类如图2-5所示。

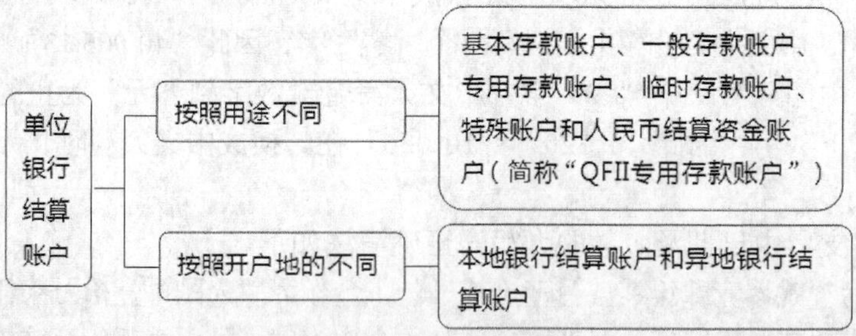

图 2-5　单位银行结算账户的分类

综上所述，银行结算账户可分为基本存款账户、一般存款账户、专用存款账户、临时存款账户、个人银行结算账户、异地银行结算账户6种类型，具体内容如下。

- **基本存款账户**：基本存款账户是指存款人因办理日常转账结算和现金收付需要开立的银行结算账户。基本存款账户是存款人的主要账户。存款人日常经营活动的资金收付及其工资、奖金和现金的支取，应通过该账户办理。
- **一般存款账户**：一般存款账户是指存款人因借款或其他结算需要，在基本存款账户开户银行以外的银行营业机构开立的银行结算账户。一般存款账户用于办理存款人借款转存、借款归还和其他结算的资金收付。该账户可以办理现金缴存，但不得办理现金支取。
- **专用存款账户**：专用存款账户是指存款人按照法律、行政法规和规章，对有特定用途资金进行专项管理和使用而开立的银行结算账户。
- **临时存款账户**：临时存款账户是指存款人因临时需要并在规定期限内使用而开立的银行结算账户。临时存款账户用于办理临时机构以及存款人临时经营活动发生的资金收付。
- **个人银行结算账户**：个人银行结算账户是指自然人因投资、消费、结算等开立的可办理支付结算业务的存款账户。个人银行结算账户用于办理个人转账收付和现金支取，储蓄账户仅限于办理现金存取业务，不得办理转账结算。
- **异地银行结算账户**：异地银行结算账户是指存款人符合法定条件，根据需要在异地开立相应的银行结算账户。异地银行结算账户应按照开设的不同账户的使用规定进行使用。

知识补充

为了实施《人民币银行结算账户管理办法》（以简称《账户管理办法》），中国人民银行于2005年1月19日发布了《人民币银行结算账户管理办法实施细则》（以下简称《账户管理办法实施细则》），该实施细则自2005年1月31日起施行。

试题精讲

【单选题】银行存款结算账户按存款人不同，分为单位银行结算账户和（　　）结算账户。

A. 基本存款　　B. 专用存款　　C. 个人银行　　D. 一般存款

【答案】C

【解析】银行结算账户按存款人的不同，分为单位银行结算账户和个人银行结算账户。

二、银行结算账户管理的基本原则

银行结算账户管理应当遵守以下基本原则。

- **一个基本账户原则**：单位银行结算账户的存款人只能在银行开立一个基本存款账户。
- **自主选择原则**：存款人可以根据需要自主选择银行，除国家法律、行政法规和国务院另有规定外，任何单位和个人不得强令存款人到指定银行开立银行结算账户。
- **守法合规原则**：不得利用银行结算账户进行偷逃税款、逃避债务、套取现金及其他违法犯罪活动。
- **存款信息保密原则**：除国家法律、行政法规另有规定外，银行有权拒绝任何单位或个人查询存款信息。

名师点睛

中国人民银行是银行结算账户的监督管理部门，负责对银行结算账户的开立、使用、变更和撤销进行检查监督。开户银行负责所属营业机构银行结算账户开立和使用的管理，监督和检查其执行《账户管理办法》的情况，纠正违规开立和使用银行结算账户的行为。

三、银行结算账户的开立、变更与撤销

（一）银行结算账户的开立

存款人开立的银行结算账户，需要核准的，应及时报送中国人民银行当地分、支行核准；不需要核准的，应在开户之后的法定期限内向中国人民银行当地分、支行备案。

1. 银行结算账户的开立程序

银行结算账户的类别不同，其开立要求也各不相同，通用开立程序如图2-6所示。

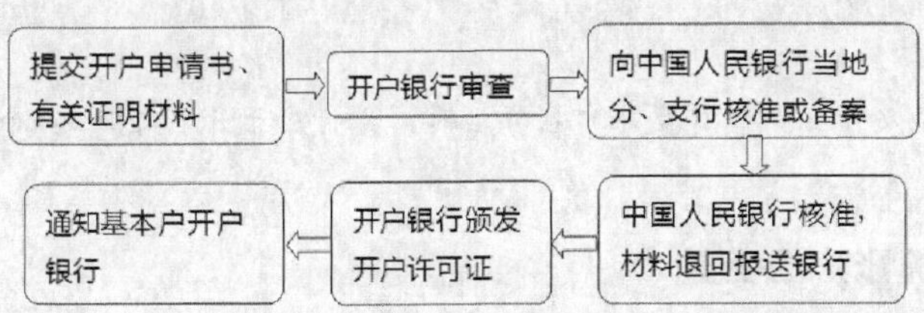

图2-6 银行结算账户的通用开立程序

结合图2-2现金结算的范围，对银行结算账户开立程序的要求如下。

- 存款人开立银行结算账户应当以实名开立，并对其出具的开户申请资料实质内容的真实性负责，但法律、行政法规另有规定的除外。
- 银行应对存款人的开户申请书填写事项和证明材料的真实性、完整性和合规性进行认真审查。对符合开立基本存款账户、临时存款账户和预算单位专用存款账户条件的，银行应将存款人的开户申请书、相关的证明文件和银行审核意见等开户资料报送中国人民银行当地分行，经其核准后办理开户手续；对符合开立一般存

款账户、其他专用存款账户和个人银行结算账户条件的，银行应办理开户手续，并于开户之日起5个工作日内向中国人民银行当地分行备案。

- 中国人民银行应于2个工作日内对银行报送的基本存款账户、临时存款账户和预算单位专用存款账户的开户资料的合规性予以审核，符合开户条件的，予以核准；不符合开户条件的，应在开户申请书上签署意见，连同有关证明文件一并退回报送银行。
- 银行为存款人开立银行结算账户，应与存款人签订银行结算账户管理协议，明确双方的权利与义务。
- 银行为存款人开立一般存款账户、其他专用存款账户，应自开户之日起3个工作日内书面通知基本存款账户的开户银行。

2. 开立银行结算账户应注意的问题

根据《账户管理办法实施细则》的有关规定，存款人在开立银行结算账户的过程中，应当注意以下问题。

- 除中国人民银行另有规定的外，银行应建立存款人预留签章卡片，并将签章式样和有关证明文件的原件或复印件留存归档。存款人为单位的，其预留签章为该单位的公章或财务专用章和其法定代表人（单位负责人）或其授权的代理人的签名或盖章；存款人为个人的，其预留签章为该个人的签名或者盖章。
- 账户名称、存款人名称与预留银行签章中的公章或财务专用章的名称应一致。
- 存款人因注册验资或增资验资开立临时存款账户后，需要在临时存款账户有效期届满前退还资金的，应出具工商行政管理部门的证明；无法出具证明的，应于账户有效期届满后办理销户退款手续。
- 存款人可以向中国人民银行当地分、支行或者基本存款账户开户行，在提交基本存款账户开户许可证后，使用密码查询其已经开立的所有银行结算账户的相关信息。

试题精讲

【单选题】符合开立一般存款账户、其他专用存款账户和个人银行结算账户条件的，银行办理开户手续，并于开户之日起（　　）个工作日内向中国人民银行当地分行备案。

A. 3　　B. 5　　C. 7　　D. 10

【答案】B

【解析】实行备案制银行结算类账户在办理时，银行应于开户之日起5个工作日内向中国人民银行当地分行备案。

（二）银行结算账户的变更

银行结算账户的变更是指存款人名称、单位法定代表人或主要负责人、住址以及其他开户资料（邮编和电话号码等）发生的变更，变更要求如下。

- **存款人更改名称，但不改变开户银行及账号的：**存款人应于5个工作日内向开户银行提出银行结算账户的变更申请，并出具有关部门的证明文件。
- **单位的法定代表人或主要负责人、住址以及其他开户资料发生变更的：**存款人应于5个工作日内书面通知开户银行并提供有关证明。
- **银行接到存款人的变更通知后：**银行应及时办理变更手续，并于2个工作日内向中国人民银行报告。

（三）银行结算账户的撤销

银行结算账户的撤销是指存款人因开户资格或其他原因终止银行结算账户使用的行为。

1. 银行结算账户的撤销情形

存款人有以下情形之一的，应向开户银行提出撤销银行结算账户的申请。

- 被撤并、解散、宣告破产或关闭的。
- 注销、被吊销营业执照的。
- 因迁址，需要变更开户银行的。
- 其他原因需要撤销银行结算账户的。

存款人有上述前两项情形的，应于5个工作日内向开户银行提出撤销银行结算账户的申请。

> **知识补充** 开户银行对已开户1年，但未发生任何业务的账户，应通知存款人自发出通知起30日内到开户银行办理销户手续，逾期未办理的，视同自愿销户，未划转款项列入“久悬未取专户”管理。

2. 银行结算账户的撤销手续办理

存款人因主体资格终止、地址变更或其他原因需要办理银行结算账户的撤销，存款人主体资格终止后，应当先撤销一般存款账户、专用存款账户、临时存款账户，将账户资金转入基本存款账户后，方可办理基本存款账户的撤销。银行结算账户撤销的相关手续办理如图2-7所示。

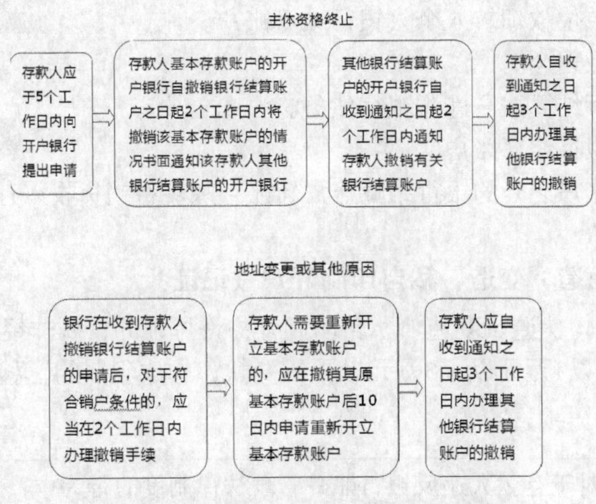

图2-7 银行结算账户的撤销手续办理

3. 办理银行结算账户撤销手续的注意事项

办理银行结算账户撤销手续应注意以下事项。

- 未获得工商行政管理部门核准登记的单位，申请撤销注册验资临时存款账户，其账户资金应退还给原汇款人账户，并以现金方式存入。出资人需提取现金的，应出具缴存现金时的现金缴款单原件及其有效身份证件。
- 存款人尚未清偿其开户银行债务的，不得申请撤销银行结算账户。
- 存款人撤销银行结算账户，必须与开户银行核对银行结算账户存款余额，交回各种重要空白票据及结算凭证和开户登记证，银行核对无误后方可办理销户手续。

- 银行撤销单位银行结算账户时，应在其基本存款账户开户许可证上注明销户日期并签章，同时于撤销银行结算账户之日起2个工作日内向中国人民银行报告。

四、违反银行账户管理法律制度的法律责任

（一）存款人在开立、撤销银行结算账户时有法定违法行为

存款人在开立、撤销银行结算账户过程中，有下列行为之一的，对于非经营性的存款人，给予警告并处以1 000元的罚款；对于经营性的存款人，给予警告并处以1万元以上3万元以下的罚款；构成犯罪的，移交司法机关依法追究刑事责任。

- 违反规定开立银行结算账户。
- 伪造、变造证明文件欺骗银行开立银行结算账户。
- 违反规定不及时撤销银行结算账户。

知识补充

经营性存款人是指以有经营性收支为条件在银行开户的存款人，如企业、个体户等。非经营性存款人是指以没有经营性收支为条件在银行开户的存款人，如储蓄存款，此类存款人的收支主要是个人的收支，没有经营性业务。

（二）存款人在使用银行结算账户过程中有法定违法行为

存款人在使用银行结算账户过程中，有下列行为之一的，对于非经营性的存款人，给予警告并处以1 000元的罚款；对于经营性的存款人，给予警告并处以5 000元以上3万元以下的罚款。存款人未在法定期限内将变更事项通知银行的，给予警告并处以1 000元的罚款。

- 违反规定将单位款项转入个人银行结算账户。
- 违反规定支取现金。
- 利用开立银行结算账户逃避银行债务。
- 出租、出借银行结算账户。
- 从基本存款账户之外的银行结算账户转账存入、将销货收入存入或现金存入单位信用卡账户。

（三）存款人伪造、变造、私自印制开户登记证

存款人违反规定，伪造、变造、私自印制开户许可证的，属非经营性的处以1 000元的罚款；属经营性的处以1万元以上3万元以下的罚款；构成犯罪的，移交司法机关依法追究刑事责任。

名师点睛

对于存款人违反银行账户管理法律制度的行为中，对非经营性的存款人的罚款金额都是1 000元；对经营性的存款人的罚款金额有3种：1万元以上3万元以下（开立、撤销账户，伪造、变造开户许可证），5 000元以上3万元以下（使用账户），1 000元（资料变更）。

（四）银行在银行结算账户的开立中有法定违法行为

银行在银行结算账户的开立过程中，有下列行为之一的，给予警告，并处以5万元以上30万元以下的罚款；对该银行直接负责的高级管理人员、其他直接负责的主管人员、直接责任人员按规定给予纪律处分；情节严重的，中国人民银行有权停止对其开立基本存款

账户的核准，责令该银行停业整顿或者吊销经营金融业务许可证；构成犯罪的，移交司法机关依法追究刑事责任。

- 违反规定为存款人多头开立银行结算账户。
- 明知或应知是单位资金，而允许以自然人名称开立账户存储。

（五）银行在银行结算账户的使用中有法定违法行为

银行在银行结算账户的使用中，有下列行为之一的，给予警告，并处以5 000元以上3万元以下的罚款；对该银行直接负责的高级管理人员、其他直接负责的主管人员、直接责任人员按规定给予纪律处分；情节严重的，中国人民银行有权停止对其开立基本存款账户的核准；构成犯罪的，移交司法机关依法追究刑事责任。

- 提供虚假开户申请资料欺骗中国人民银行许可开立基本存款账户、临时存款账户、预算单位专用存款账户。
- 开立或撤销单位银行结算账户，未按《账户管理办法》规定在其基本存款账户开户许可证上予以登记、签章或通知相关开户银行。
- 违反规定办理个人银行结算账户转账结算。
- 为储蓄账户办理转账结算。
- 违反规定为存款人支付现金或办理现金存入。
- 超过期限或未向中国人民银行报送账户开立、变更、撤销等资料。

试题精讲

【多选题】下列选项中，哪些属于银行在银行结算账户使用中的违法行为（　　）。

A. 为储蓄账户办理转账结算

B. 违反规定办理个人银行结算账户转账结算

C. 违反规定为存款人支付现金或办理现金存入

D. 向中国人民银行报送账户开立、变更、撤销等资料

【答案】A、B、C

【解析】根据规定，选项A、B、C都属于银行在银行结算账户的使用中的违法行为。选项D是合法的银行结算账户使用方法，如果是超过期限或未向中国人民银行报送账户开立、变更、撤销等资料，才是违法行为。

【任务实施】

甲公司有关银行账户的开立及使用资料如下。

2014年12月10日，甲公司财务科长李某持有关证件到F银行开立基本存款账户，F银行在审查了其开户的证明文件，并留存了相关证件的复印件后为其办理了开户手续，同日李某持以上证件及与G银行签订的贷款合同到G银行开立了一个一般存款账户。12月13日，F银行向当地中国人民银行分支机构报送甲公司的基本存款账户开户资料并申请核准。12月16日，李某签发了一张现金支票，同日向G银行提示付款，要求提取现金20万元，G银行工作人员对该支票进行审查后，拒绝为其办理现金取款业务。

要求：根据上述材料回答下列问题。

（1）F银行为甲公司开立基本存款账户的做法是否符合规定？

（2）G银行是否可以为甲公司开立一般存款账户，开立时需要向谁备案？

（3）G银行拒绝付款的做法是否合理？

（4）开立一般存款账户是否有数量限制，如果甲公司有异地结算的需要，该公司可

以开立哪类银行结算账户？

对上述问题的具体分析如下。

（1）甲公司申请开立基本存款账户，对于F银行而言，应将甲公司提供的开户资料报送当地中国人民银行核准并颁发基本存款账户许可证之后，才能为其办理开立基本存款账户，因此F银行的做法不符合规定。

（2）由于甲公司已开立了基本存款账户，且持相关证件合法，所以G银行可以为甲公司开户，开立一般存款账户需要中国人民银行当地分支行备案。

（3）一般存款账户可以办理现金缴存但不能办理现金支取，G银行的做法正确。

（4）开立一般存款账户没有数量限制，如甲公司有异地结算的需要，可以开立异地结算账户。

任务四 票据结算方式

票据作为有价证券，其具有结算功能，即债务抵消功能。票据结算相对于现金结算，更加方便、安全。随着《票据法》等法律的实施，我国的票据使用和发展也进入了一个更加规范和完善的时期。

【任务目标】

本任务的目标是熟悉票据的概念、种类、特征与功能，掌握支票、商业汇票、银行汇票和银行本票等的基本概念和办理事项，学会填写相关的票据。

【知识讲解】

一、票据结算概述

票据结算是支付结算的重要内容，票据具有信用、支付、汇兑和结算等多种经济功能，下面对票据的相关内容进行介绍。

（一）票据的概念和种类

1. 票据的概念

票据是指《票据法》所规定的，由出票人依法签发的，约定自己或者委托付款人在见票时或指定的日期向收款人或持票人无条件支付一定金额的有价证券。

2. 票据的种类

《票据法》中规定的票据包括汇票、本票和支票三种，其中，汇票包括银行汇票和商业汇票，本票即银行本票。因此，在我国，票据包括银行汇票、商业汇票、银行本票和支票。

> **名师点睛** 广义的票据包括各种有价证券和凭证，如股票、国库券、企业债券、发票、提单等都属于广义票据的范畴；狭义的票据仅指《票据法》中规定的票据，即汇票、本票和支票。

（二）票据的特征与功能

1. 票据的特征

票据具有如下特征。

- **票据是债权凭证和金钱凭证**：票据签发以后，在出票人和持票人之间成立了债权债务关系，因此票据是债权凭证和金钱凭证。
- **票据是设权证券**：票据权利是基于出票人的出票行为而产生的，即由出票行为设立票据权利，因此票据是设权证券。
- **票据是文义证券**：票据上的权利义务只依票据上所记载的文意来确定，票据文义以外的任何事实与证据均不能用来作为认定票据上的权利和义务的证据，因此票据是文义证券。

2. 票据的功能

票据具有如下功能。

- **汇兑功能**：随着商品经济的发展和市场范围的扩大，人们在异地贸易中携带现金不方便、不安全，还存在不同种类货币之间的兑换困难。为了解决这一困难，票据最初的功能即汇兑功能由此产生了。商品交易当事人通过货币经营者（现为银行）的汇款业务和货币兑换业务，在本地将现金交付货币经营者，并取得票据作为汇款和货币兑付凭证，并凭该票据在异地向货币经营者兑换现金，从而克服了现金支付的空间困难。
- **支付功能**：由于票据有汇兑功能，可异地兑换现金，是一种金钱给付的债权凭证，因而它逐渐发展为具有支付功能，即可以通过法定流通转让程序，代替现金在交易中进行支付。在市场经济中，货币作为支付手段，通常会发生大量收付行为，存在极大的不安全因素。而用票据代替现金作为支付工具，即可很好地解决这一问题。因此，在现代经济中，票据支付在货币支付中所占的比重正逐步上升。
- **信用功能**：票据可作为信用工具，在商业和金融中发挥融资等作用。其中，在商品交易中，票据可作为预付货款或延期付款的工具，发挥商业信用功能。例如，在甲方向乙方开出票据后，乙方可先期交付商品或者先行预付货款，即提供商业信用；然后，乙方再在票据指定日期，向甲方收回已经交货的货款或者收回已经预付货款的商品。
- **结算功能**：票据作为货币给付的手段，可以用它在同城或异地的经济往来中，抵销不同当事人之间相互的收款、欠款或相互的支付关系，即通过票据交换，使各方收付相抵，相互债务冲减。采用票据结算的方式，和使用现金结算相比，更加便捷、安全、经济。因而，票据成为现代经济中银行结算的主要方式。
- **融资功能**：票据的融资作用就是票据筹集资金的作用，这主要通过票据贴现来实现。所谓票据贴现，是指对未到期票据的买卖行为，也就是说持有未到期票据的人通过卖出票据来得到现款。在汇票、本票的付款期日未到之前，持票人可能发生资金运转困难的情况，为了调动资金，持票人可寻求将手中未到期的票据以买卖的方式转让给他人。收买未到期的票据，再将其卖给需用票据进行支付或结算的人，可以从买卖票据的差价中获利，这样，买卖票据的业务便发展起来。

案例阅读与思考

由于资金周转困难，甲企业决定将拥有的尚未到期的价值205万元的额票据向银行进行贴现，并最终取得200万元资金，解决了资金周转问题。

上述情形中，甲企业将票据向银行贴现的过程即体现了票据的信用功能。

试题精讲

【多选题】下列关于票据特征的表述中，正确的有（　　）。

A. 票据是债权凭证　　B. 票据是金钱凭证

C. 票据是设权凭证　　D. 票据是文义证券

【答案】A、B、C、D

【解析】票据的特征有：①票据是债权凭证和金钱凭证；②票据是设权证券；③票据是文义证券

（三）票据行为

《票据法》规定的票据行为是指票据当事人以发生票据债务为目的、以在票据上签名或盖章为权利与义务成立要件的法律行为，包括出票、背书、承兑和保证4种。

1. 出票

出票是指出票人签发票据并将其交付给收款人的行为。出票包括如下两个行为，这两者缺一不可。

- **出票人依照《票据法》的规定做成票据**：即出票人在原始票据上记载法定事项并签章。
- **交付票据**：即出票人将做成的票据交付给他人占有。

2. 背书

背书是指持票人为将票据权利转让给他人或者将一定的票据权利授予他人行使，而在票据背面或者粘单上记载有关事项并签章的行为。背书按照目的不同，分为转让背书和非转让背书。

- 转让背书是以持票人将票据权利转让给他人为目的。
- 非转让背书是将一定的票据权利授予他人行使，包括委托收款背书和质押背书。委托收款背书被背书人不得再背书转让票据权利，质押背书被背书人依法实现其债权时，可以行使票据权利。以背书转让的汇票，背书应当连续。

3. 承兑

承兑是指汇票付款人承诺在汇票到期日支付汇票金额并签章的行为。

4. 保证

保证是指票据债务人以外的人，为担保特定债务人履行票据债务而在票据上记载有关事项并签章的行为。被保证的票据，保证人应当与被保证人对持票人承担连带责任。保证人为两人以上的，保证人之间承担连带责任。票据到期后得不到付款的，持票人有权向保证人请求付款，保证人应当足额付款。保证人清偿票据债务后，可以行使持票人对被保证人及其前手的追索权。

知识补充

出票人在票据上的签章不符合《票据法》等规定的，票据无效；承兑人、保证人在票据上的签章不符合《票据法》等规定的，其签章无效，但不影响其他符合规定的签章的效力；背书人在票据上的签章不符合《票据法》等规定的，其签章无效，但不影响其他符合规定的签章的效力。

（四）票据当事人

票据当事人是指票据法律关系中享有票据权利、承担票据义务的当事人，也称票据法律关系主体。票据当事人包括基本当事人和非基本当事人。

1. 基本当事人

基本当事人是指在票据做成和交付时就已存在的当事人，是构成票据法律关系的必要主体，包括出票人、付款人和收款人。

- **出票人**：出票人是指依法定方式签发票据并将票据交付给收款人的法人、其他组织或者个人。
- **收款人**：收款人是指票据到期后有权收取票据所载金额的法人、其他组织或者个人，又称票据权利人。
- **付款人**：付款人是指由出票人委托付款或自行承担借款责任的法人、其他组织或个人。付款人付款后，票据上的一切债务责任解除。

由于本票是出票人自己付款，因此本票的基本当事人只有出票人和收款人。而在汇票和支票中，基本当事人有出票人、付款人（银行承兑后付款）和收款人（汇票中的商业承兑汇票其出票人和付款人可为同一人），如图2-8所示。

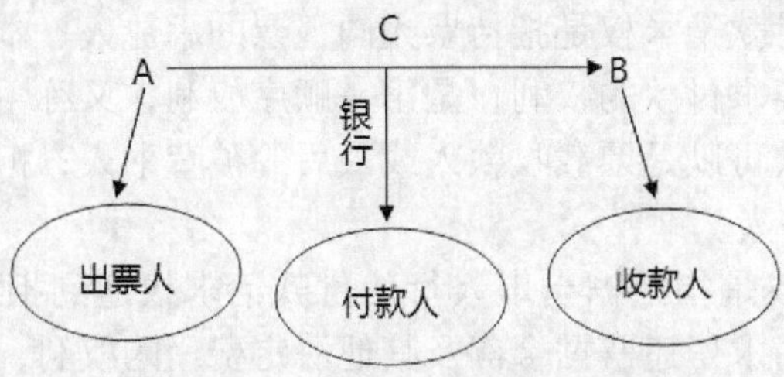

图2-8 基本当事人关系示意图

2. 非基本当事人

非基本当事人是在票据做成并交付后，通过一定的票据行为加入票据关系而享有一定权利，承担一定义务的当事人，包括承兑人、背书人、被背书人、保证人等。

- **承兑人**：承兑人是指接受汇票出票人的付款委托，同意承担支付票款义务的付款人。
- **背书人**：背书人是指在转让票据时，在票据背面签字或盖章并将该票据交付给受让人的票据收款人或持有人。
- **被背书人**：被背书人是指被记名受让票据或接受票据转让的法人、其他组织或个人。
- **保证人**：保证人是指为票据债务提供担保的法人、其他组织或个人，由票据债务人以外的其他人担当。

除基本当事人之外，非基本当事人是否存在，取决于相应票据行为是否发生。非基本当事人在各种票据行为中都有自己特定的名称，因此，同一当事人可以有两个名称，即双重身份，如汇票中的付款人在汇票承兑后称为承兑人，第一次背书中的被背书人就是第二次背书中的背书人。

案例阅读与思考

出票人A开具银行承兑汇票给收款人B，付款人是丙银行，B将票据背书转让给C，C又将该票据背书转让给D，D是票据的最终持票人。则出票人A、付款银行丙和收款人B是基本当事人；背书人C与被背书人D是非基本当事人。

试题精讲

【单选题】在票据当事人中，接受汇票出票人的付款委托，同意承担支付票款义务的人是（　　）。

A. 出票人　　B. 背书人　　C. 承兑人　　D. 保证人

【答案】C

【解析】非基本当事人包括承兑人、背书人、被背书人和保证人。承兑人是指接受汇票出票人的付款委托，同意承担支付票款义务的人。

（五）票据权利与责任

票据权利与责任是指票据关系主体（票据当事人）所享有的权利和应承担的责任。

1. 票据权利的概念

票据权利是指票据持票人向票据债务人请求支付票据金额的权利，包括付款请求权和追索权。

- **付款请求权**：付款请求权是指持票人向汇票的承兑人、本票的出票人、支票的付款人出示票据要求付款的权利，是第一顺序权利，又称主要票据权利。行使付款请求权的持票人可以是票载收款人或最后的被背书人；担负付款请求权付款义务的主要是主债务人。
- **追索权**：追索权是指票据当事人行使付款请求权遭到拒绝或其他法定原因存在时，向其前手请求偿还票据金额及其他法定费用的权利，是第二顺序权利，又称偿还请求权利。行使追索权的当事人除票载收款人和最后被背书人外，还可能是代为清偿票据债务的保证人、背书人。

2. 票据权利的时效

票据权利的时效如表2-5所示。

表2-5　票据权利的时效

类型	时间
持票人对票据的出票人和承兑人的权利	自票据到期日起2年，见票即付的汇票、本票，自出票日起2年
持票人对支票出票人的权利	自出票日起6个月
持票人对前手的追索权	自票据被拒绝承兑或者被拒绝付款之日起6个月
持票人对前手的再追索权	自票据被清偿或者被提起诉讼之日起3个月

票据的出票日、到期日由票据当事人依法确定。持票人因超过票据权利时效或者因票据记载事项欠缺而丧失票据权利的，仍享有民事权利，可以请求出票人或者承兑人返还其与未支付的票据金额相当的利益。

3. 票据权利的行使

票据权利的行使是指持票人请求票据的付款人支付票据金额的行为。不同种类的票据，其权利的行使有不同的程序，票据权利的行使包括票据的提示承兑、提示付款、行使追索权等。

- **提示承兑**：提示承兑是持票人向付款人出示汇票，并要求付款人承诺付款的行为。定日付款或出票后定期付款的汇票持票人要行使票据权利时，首先要在汇票到期日前向付款人提示承兑；见票后定期付款的汇票，持票人应当自出票日起1个月内向付款人提示承兑；见票即付的汇票无需提示承兑。
- **提示付款**：提示付款是持票人在法定期限内向付款人请求付款的行为。其中，支票自出票日起10日内向付款人提示付款；本票自出票日起2个月内向付款人提示付款；银行汇票自出票日起1个月内向付款人提示付款；定日付款、出票后定期付款或者见票后定期付款的商业汇票，自到期日起10日内向承兑人提示付款。
- **行使追索权**：票据到期被拒绝付款的，持票人可以对背书人、出票人以及票据的其他债务人行使追索权；在票据到期日前，如汇票被拒绝承兑或被拒绝付款的，承兑人或者付款人死亡、逃匿的，承兑人或者付款人有被依法宣告破产的，以及因违法被责令终止业务活动的，持票人也可行使追索权。

4. 票据权利行使的时间和地点

票据权利的行使场所一般是银行营业点，其行使时间即银行营业的时间，而不能以当日的24小时为限。

5. 票据权利的保全

票据权利的保全是指持票人为了防止票据权利丧失而采取的措施。例如，可以按照规定期限提示票据、要求承兑人或付款人提供拒绝承兑或拒绝付款的证明，以保全追索权等。

6. 票据权利的抗辩

抗辩是指票据债务人根据《票据法》的规定，对票据债权人拒绝履行义务的行为。

票据债务人可以在下列情况下对持票人行使抗辩权。

- 与票据债务人有直接债权债务关系并且不履行约定义务的。
- 以欺诈、偷盗或者胁迫等非法手段取得票据，或者明知有前列情形，而出于恶意取得票据的。
- 明知票据债务人与出票人或者持票人的前手之间存在抗辩事由而取得票据的。
- 因重大过失取得票据的。
- 其他依法不得享有票据权利的。

7. 票据责任

票据责任是指票据债务人向持票人支付票据金额的责任。它是基于债务人特定的票据行为（如出票、背书、承兑等）而应承担的义务，不具有制裁性质，主要包括付款义务和偿还义务。票据债务人承担票据义务一般有4种情况。

- 汇票承兑人因承兑而应承担付款义务。
- 本票出票人因出票而承担自己付款的义务。
- 支票付款人在与出票人有资金关系时承担付款义务。
- 汇票、本票、支票的背书人，汇票、支票的出票人、保证人，在票据不获承兑或不获付款时的付款清偿义务。

试题精讲

【判断题】行使票据追索权的当事人除票据上记载的收款人和最后被背书人之外，还可能是代为清偿票据债务的保证人、背书人。（　　）

【答案】✓

【解析】行使付款请求权遭到拒绝时，可行使票据的追索权。票据追索权的当事人除票载收款人和最后被背书人之外，还可能是代为清偿票据债务的保证人、背书人。

（六）票据签章

票据签章是指票据有关当事人在票据上签名、盖章或签名加盖章的行为。票据签章是票据行为生效的重要条件，也是票据行为表现形式中不可缺少的应载事项。如果票据缺少当事人的签章，则该项票据行为无效。

票据行为的性质不同，票据上的签章当事人也不相同。票据签发时，由出票人签章；票据转让时，由背书人签章；票据承兑时，由承兑人签章；票据保证时，由保证人签章；持票人行使票据权利时，由持票人签章。

二、支票

（一）支票的概念及适用范围

支票是出票人签发的，委托办理支票存款业务的银行在见票时无条件支付确定的金额给收款人或者持票人的票据。支票的基本当事人包括出票人、付款人和收款人。

单位和个人在同一票据交换区域的各种款项结算，均可以使用支票。2007年7月8日，中国人民银行宣布，支票可以实现全国范围内互通使用。

支票与汇票和本票相比，有以下3个特点。

- 以银行等金融机构作为付款人。
- 见票即付。
- 支票可以背书转让，单支取现金的支票不能背书转让。

（二）支票的种类

按照支付票款的方式，可以将支票分为现金支票、转账支票和普通支票。

- **现金支票**：现金支票是指支票上印有“现金”字样且只能用于支取现金的支票，如图2-9所示。
- **转账支票**：转账支票是指只能用于转账，不得支取现金的支票，如图2-4所示。
- **普通支票**：普通支票是指可以用于支取现金和又可以用于转账的支票。在普通支票左上角划两条平行线的，为划线支票，划线支票只能用于转账，不能支取现金。普通支票如图2-10所示。

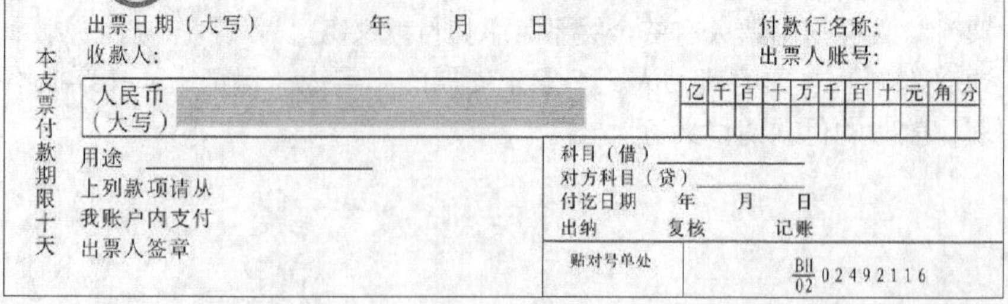

图2-9　现金支票示意图

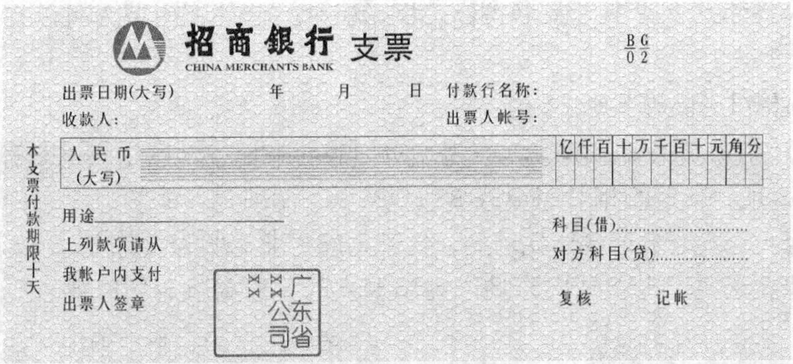

图2-10 普通支票示意图

试题精讲

【判断题】支票是由银行签发的，由存款人委托办理支票存款业务的银行在见票时无条件支付确定的金额给收款人或者持票人的票据。（ ）

【答案】×

【解析】支票是出票人签发的、委托办理支票存款业务的银行在见票时无条件支付确定的金额给收款人或者持票人的票据。本题中“支票是由银行签发的”说法是错误的。

（三）支票的出票

支票的出票是指出票人签发支票并交付的行为。出票人即存款人，是在批准办理支票业务的银行机构开立可以使用支票的存款账户的单位和个人；付款人是出票人的开户银行，持票人可以是票面上填明的收款人，也可以是经背书转让的被背书人。

知识补充

根据《票据法》的规定，开立支票存款账户时，申请人必须使用其本名，并提交证明其身份的合法证件；开立支票存款账户和领用支票，应当有可靠的资信，并存入一定的资金；开立支票存款账户时，申请人应当预留其本名的签名式样和印鉴。

1. 支票的绝对应记载事项

绝对应记载事项是指《票据法》中规定必须记载的，如不记载即为无效的事项。签发支票必须记载下列事项，欠缺记载任何一项的，支票无效。

- 表明“支票”的字样。
- 无条件支付的委托。这是支票有关支付文句的记载事项。我国现行使用的支票记载支付的文句，一般是支票上已印好的“上列款项请从我账户内支付”的字样。
- 确定的金额。
- 付款人名称。
- 出票日期。
- 出票人签章。具体为与该单位在银行预留签章一致的财务专用章或者公章和其法定代表人或其授权代理人的签名或者盖章。

为了发挥支票灵活、便利的特点，签发的支票有两项绝对应记载事项可以通过授权补记的方式记载。

- **支票的金额**：支票上的金额可以由出票人授权补记，未补记前的支票不得使用。出票人可以授权收款人就支票金额补记，收款人以外的其他人不得补记。
- **收款人的名称**：支票上未记载收款人名称的，经出票人授权，可以补记。未补记这一内容的，支票不得背书转让、提示付款。此外，出票人可以在支票上记载自己为收款人。

2. 支票的相对应记载事项

相对应记载事项是指《票据法》中规定应记载而未记载，适用法律的有关规定而不使得票据失效的事项。支票的相对应记载事项包括以下两项。

- 付款地。支票上未记载付款地的，付款人的营业场所为付款地。
- 出票地。支票上未记载出票地的，出票人的营业场所、住所或者经常居住地为出票地。

此外，支票上可以记载非法定记载事项，但这些事项并不发生效力。

3. 出票的效力

出票人做成支票并交付后，对出票人产生相应的法律效力。出票人必须按照签发的支票金额承担保证向该持票人付款的责任。该责任表现为以下两种形式。

- 出票人必须在付款人处存有足够可处分的资金，以保证支票票款的支付。
- 当付款人对支票拒绝付款或者超过支票付款提示期限时，出票人应向持票人承担付款责任。

试题精讲

【多选题】下列（　　）属于签发支票必须记载的事项，欠缺记载任何一项的，支票无效。

A. 无条件支付的委托　　B. 表明“支票”的字样

C. 确定的金额　　D. 付款人的名称

【答案】A、B、C、D

【解析】支票的绝对应记载事项除选项A、B、C、D之外，还包括出票日期和出票人签章，因此本题所有选项均符合题意。

（四）支票的付款

支票的付款是指付款人根据持票人的请求向其支付金额的行为。支票限于见票即付，不得另行记载付款日期。另行记载付款日期的，该记载无效。

关于支票的付款要求还包括以下3项。

- **提示付款期限**：支票的持票人应当自出票日起10日内提示付款；异地使用的支票，其提示付款的期限由中国人民银行另行规定。超过提示付款期限的，付款人可以不予付款，但是付款人不予付款的，出票人仍应当对持票人承担票据责任。
- **付款**：《票据法》第89条第2款规定：出票人在付款人处的存款足以支付支票金额时，付款人应当在当日足额付款。
- **付款责任的解除**：付款人依法支付支票金额的，对出票人不再承担受委托付款的责任，对持票人不再承担付款的责任。但是，付款人以恶意或者有重大过失付款的除外。

（五）支票的办理要求

存款人领购支票必须填写“票据和结算凭证领用单”并签章，签章应与预留银行的签章相符。存款账户结清时，必须将全部剩余空白支票交回银行注销。

1. 签发支票的要求

对于支票的签发有非常严格的规定，其具体要求如下。

- 签发支票应当使用碳素墨水或墨汁填写，中国人民银行另有规定的除外。

- 签发现金支票和用于支取现金的普通支票，必须符合国家现金管理的规定。
- 支票的出票人签发支票的金额不得超过付款时在付款人处实有的存款金额，即禁止签发空头支票。例如，出票人要签一张90万元的转账支票，那么存款账户中必须有90万元以上的存款，如实际只有80万元，则在付款时提示金额不足，待出票人补齐后才能付款。
- 支票的出票人预留银行签章是银行审核支票付款的依据；银行也可以与出票人约定使用支付密码，作为银行审核支付支票金额的条件。
- 出票人签发空头支票、签章与预留银行签章不符的支票，使用支付密码的地区支付密码错误的支票，银行应予以退票，并按票面金额处以5%但不低于1 000元的罚款；持票人有权要求出票人赔偿支票金额2%的赔偿金。对屡次签发的，银行应停止其签发支票。

2. 兑付支票的要求

《票据法》关于兑付支票有严格的规定，具体要求主要有以下几点。

- 持票人可以委托开户银行收款或直接向付款人提示付款。用于支取现金的支票仅限于收款人向付款人提示付款。
- 持票人委托开户银行收款时，应做委托收款背书，在支票背面背书人签章栏签章，记载“委托收款”字样、背书日期，在被背书人栏记载开户银行名称，并将支票和填制的进账单送交开户银行。
- 持票人持用于转账的支票向付款人提示付款时，应在支票背面背书人签章栏中签章，并将支票和填制的进账单送交出票人开户银行。
- 收款人持用于支取现金的支票向付款人提示付款时，应在支票背面“收款人签章”处签章，持票人为个人的，还需交验本人身份证件，并在支票背面注明证件名称、号码及发证机关。

试题精讲

【单选题】甲公司发现其持有乙公司签发的15万元的转账支票为空头支票，甲公司可以向乙公司要求赔偿的金额是（　　）元。

A. 1 500　　B. 2 500　　C. 2 000　　D. 3 000

【答案】D

【解析】按规定，出票人签发空头支票，持票人有权要求出票人赔偿支票金额2%的赔偿金。本题中甲公司可以向乙公司要求赔偿的金额是15万元的2%，即3 000元。

三、商业汇票

汇票是出票人签发的、委托付款人在见票时或者在指定日期无条件支付确定的金额给收款人或者持票人的票据。

汇票分为银行汇票和商业汇票，银行汇票是指银行签发的汇票，商业汇票则是银行之外的企事业单位、机关、团体等签发的汇票。

（一）商业汇票的概念和种类

商业汇票是指由收款人或付款人（或承兑申请人）签发，经承兑人承兑，并于到期日向收款人或被背书人支付款项的票据。

商业汇票按承兑人的不同，分为商业承兑汇票和银行承兑汇票，其格式如图2-11所示。

- **商业承兑汇票**：商业承兑汇票是指由收款人签发，经付款人承兑，或由付款人签发并承兑的票据。
- **银行承兑汇票**：银行承兑汇票是指由收款人或承兑申请人签发，并由承兑申请人向开户银行申请，经银行审查同意承兑的票据。

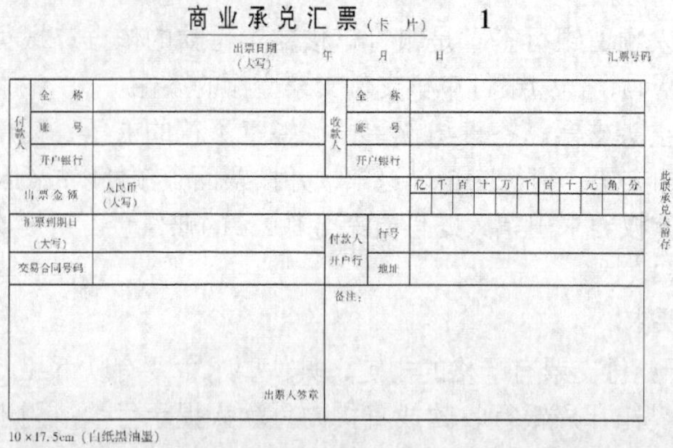

商业承兑汇票（卡 片） 1

出票日期（大写） 年 月 日

汇票号码

付款人	全称		收款人	全称	
	账号			账号	
	开户银行			开户银行	
出票金额	人民币（大写）			亿 千 百 十 万 千 百 十 元 角 分	
汇票到期日（大写）			付款人开户行	行号	
交易合同号码				地址	
出票人签章			备注：		

此联承兑人留存

10×17.5cm（白纸黑油墨）

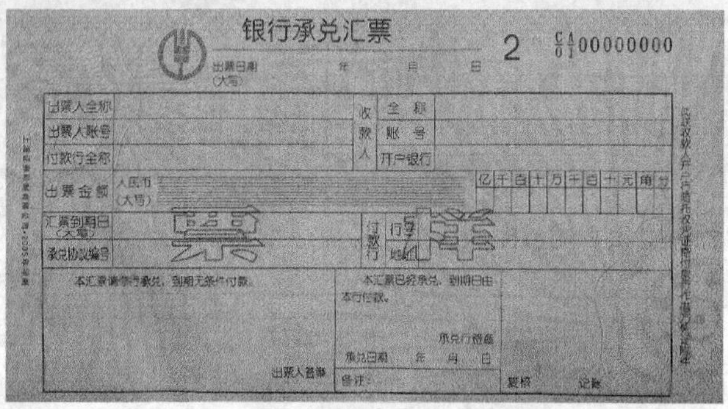

图2-11 商业承兑汇票和银行承兑汇票的格式

> **知识补充**
>
> 根据有关规定，商业汇票的付款期限，最长不超过6个月；商业汇票的提示付款期限，为自汇票到期日起10日内。

（二）商业汇票的出票

商业汇票的出票是指出票人签发商业汇票并交付给收款人的票据行为。

1. 汇票出票人的资格

商业汇票的出票人为在银行开立存款账户的法人以及其他组织，其与付款人具有真实的委托付款关系，具有支付汇票金额的可靠资金来源。出票人不得签发无对价的商业汇票用以骗取银行或其他票据当事人的资金。

银行承兑汇票的出票人必须是在承兑银行开立存款账户的法人以及其他组织，与承兑银行具有真实的委托付款关系，而且资信状况良好，具有支付汇票金额的可靠资金来源。

2. 商业汇票的绝对记载事项

商业汇票的记载事项分为绝对应记载事项、相对应记载事项和非法定记载事项3种。商业汇票的绝对应记载事项是指由《票据法》规定的必须在票据上记载的事项，若欠缺该类事项之一者，商业汇票无效。商业汇票的绝对应记载事项包括以下内容。

- **表明商业承兑汇票或银行承兑汇票的字样**：票据上必须记载足以表明该票据是汇票的文字，即表明“商业承兑汇票”或“银行承兑汇票”的字样，如果没有，则票据无效。
- **无条件支付的委托**：票据上须表明出票人委托付款人支付汇票金额是不附带任何条件的。
- **确定的金额**：汇票上记载的金额必须是固定的数额，若票据金额为“10万元以下”，则汇票无效。
- **付款人名称**：付款人是汇票的主债务人，因此汇票上未记载付款人的，汇票便无效。
- **收款人名称**：收款人是出票人在汇票上记载的受领汇票金额的最初票据权利人。
- **出票日期**：出票日期是指出票人必须在汇票上记载签发汇票的日期。
- **出票人签章**：出票人签章为该法人或者该单位的财务专用章或者公章，加其法定代表人、单位负责人或授权代理人的签名或者盖章。

3. 汇票的相对记载事项

下列相对记载事项也是汇票上应记载的内容，但如果未在汇票上记载相对记载事项，并不影响汇票本身的效力，汇票仍然有效。

- **付款日期**：付款日期是指支付汇票金额的日期，根据《票据法》的规定，如果汇票上未记载付款日期，则为见票即付。
- **付款地**：付款地是指汇票金额的支付地点，未记载付款地的，依据法律的规定确定付款地。
- **出票地**：出票地是指出票人签发票据的地点，未记载出票地的，出票人的营业场所、住所或者经常居住地为出票地。

名师点睛

汇票的绝对和相对应记载事项可以与前面支票的绝对和相对应记载事项对比起来记忆，两者的主要区别在于，汇票的相对应记载事项多了一项“付款日期”。

4. 商业汇票的非法定记载事项

汇票上可以记载法定事项以外的其他出票事项，如签发票据的原因或用途等，但是该类记载事项不具有汇票上的效力。

5. 商业汇票出票的效力

出票是以创设票据权利为目的的票据行为。所以，出票人依照《票据法》的规定完成出票行为之后，即产生票据上的效力。这一效力表现为创设票据权利和引起票据债务的发生，这种权利义务因汇票当事人的地位不同而不相同，其对各当事人的效力的区别如下。

- **对收款人的效力**：收款人取得出票人签发的汇票后，即享有付款请求权，而在该请求权不能得到满足时，即享有追索权。同时，收款人还享有依法转让票据的权利。
- **对付款人的效力**：出票行为是单方行为，付款人并不因此而具有付款义务。但基于出票人的付款委托，使其具有承兑人的地位，在其对汇票进行承兑后，即成为汇票上的主债务人。
- **对出票人的效力**：出票人签发汇票后，即承担保证该汇票承兑和付款的责任，如果付款人不予付款，出票人就应该承担票据责任。

试题精讲

【单选题】甲公司签发一张商业汇票，根据《票据法》的规定，该公司的下列签章行为中，正确的是（　　）。

A. 公司盖章

B. 公司法定代表人张某盖章

C. 公司法定代表人张某签名加盖章

D. 公司盖章加公司法定代表人张某盖章

【答案】D

【解析】商业汇票的出票人签章是汇票的绝对应记载事项，为该法人或者该单位的财务专用章或者公章，加其法定代表人、单位负责人或授权代理人的签名或者盖章。本题中的公司盖章加公司法定代表人张某盖章符合上述要求。

（三）商业汇票的承兑

只有经过承兑的商业汇票才具有法律效力，承兑人负有到期无条件付款的责任。

1. 承兑的概念

承兑是指汇票付款人承诺在汇票到期日支付汇票金额的票据行为。承兑是汇票特有的制度。汇票是一种出票人委托他人付款的委托证券，但是出票人的出票行为完成之后，由于它是一种单方法律行为，因此对付款人并不产生约束，只有在付款人表示愿意向收款人或持票人支付汇票金额后，持票人才可于汇票到期日向付款人行使付款请求权。承兑就是这样一种明确付款人的付款责任，确定持票人票据权利的制度。

2. 承兑的程序

承兑主要包括提示承兑和承兑成立两个程序。

（1）提示承兑

提示承兑是指持票人向付款人出示汇票，并要求付款人承诺付款的行为。根据《票据法》的有关规定，因汇票付款日期的形式不同，提示承兑的期限也不一样。主要包括以下3种形式。

- **定日付款和出票后定期付款汇票的提示承兑期限：**定日付款或者出票后定期付款的汇票，持票人应当在汇票到期日前向付款人提示承兑。
- **见票后定期付款汇票的提示承兑期限：**见票后定期付款的汇票，持票人应当自出票日起1个月内向付款人提示承兑。见票后定期付款汇票的付款日期，是以见票日为起算日期来确定的，汇票不经提示承兑，也就无法确定付款日期，持票人便无法行使票据权利，因此，该种汇票属于必须提示承兑的汇票。若汇票未按照规定期限提示承兑的，持票人即丧失对其前手的追索权。
- **见票即付汇票的提示承兑期限：**见票即付的汇票无需提示承兑。

案例阅读与思考

甲公司1月2日开出一张商业汇票，票据的付款日期为3月2日。根据上述资料，该商业汇票为定日付款的商业汇票，持票人须在3月2日前提示承兑。某商业汇票于1月3日出票，定于3个月后付款，则在4月3日前提示承兑。该商业汇票即为出票后定期付款。某商业汇票于1月4日出票，1月20日提示承兑（2月4日前承兑即可），从见票起3个月付款，即4月20日到期。该商业汇票即为见票后定期付款。

（2）承兑成立

关于承兑的时间、接受承兑、承兑的格式和退回已承兑的汇票都有严格要求，具体介绍如下。

- **承兑时间**：持票人向付款人提示承兑后，付款人应决定是否承兑。付款人对向其提示承兑的汇票，应当自收到提示承兑的汇票之日起3日内承兑或者拒绝承兑。一般来说，如果付款人在3日内不作承兑与否的表示，则应视为拒绝承兑，持票人可以请求其作出拒绝承兑证明，向其前手行使追索权。
- **接受承兑**：接受承兑是指持票人向付款人提示承兑时，付款人需要向持票人办理的收取汇票的手续。付款人收到持票人提示承兑的汇票时，应当向持票人签发收到汇票的回单，回单上应当记明汇票提示承兑日期并签章。
- **承兑的格式**：根据规定，付款人承兑汇票的，应当在汇票正面记载“承兑”字样和承兑日期并签章；见票后定期付款的汇票，应当在承兑时记载付款日期。付款人办理承兑手续时，应在汇票上记载承兑的事项，包括承兑文句、承兑日期、承兑人签章，其中承兑文句和承兑人签章是绝对应记载事项，缺一不可。

> **名师点睛**
>
> 上述应记载事项必须记载于汇票的正面，而不能记载于汇票的背面或粘单上，更不能以口头方式或电报、传真等书面方式来表示。在实务中，上述应记载事项一般已全部印在正式的标准格式上，因此只需付款人在相应位置填写即可。

- **退回已承兑的汇票**：付款人依承兑格式填写完毕应记载事项后，并不意味着承兑生效，只有在其将已承兑的汇票退回持票人后才产生承兑的效力。

3. 承兑的效力

承兑生效后，即对付款人产生相应的效力。《票据法》第四十四条规定：付款人承兑汇票后，应当承担到期付款的责任。承兑的效力具体表现在以下几个方面。

- 承兑人于汇票到期日必须向持票人无条件地支付汇票上的金额，否则必须承担迟延付款责任。
- 承兑人必须对汇票上的一切权利人承担责任，该等权利人包括付款请求权人和追索权人。
- 承兑人不得以其与出票人之间的资金关系来对抗持票人，拒绝支付汇票金额。
- 承兑人的票据责任不因持票人未在法定期限提示付款而解除。

4. 承兑不得附有条件

付款人承兑汇票不得附有条件，承兑附有条件的，视为拒绝承兑。这里所指的附有条件的承兑是指不单纯承兑。付款人作出的承兑如果附有条件，持票人可以请求做成拒绝证明，向其前手行使追索权。

> **知识补充**
>
> 银行承兑汇票的出票人或持票人向银行提示承兑时，银行的信贷部门负责按照有关规定和审批程序，对出票人的资格、资信、购销合同和汇票记载的内容进行认真审查，必要时可由出票人提供担保。符合规定承兑条件的，与出票人签订承兑协议。承兑汇票的承兑银行，应按票面金额向出票人收取万分之五的手续费。

试题精讲

【判断题】付款人承兑汇票的，应当在汇票正面或粘单上记载“承兑”字样和承兑日期并签章。（　　）

【答案】×

【解析】付款人承兑汇票的，应当在汇票正面记载“承兑”字样和承兑日期并签章，而不能记载于汇票的背面或粘单上。

（四）商业汇票的付款

商业汇票的付款是指付款人依据票据文义支付票据金额，以消灭票据关系的行为。付款的程序分为付款提示与支付票款，其具体介绍如下。

1. 付款提示

付款提示是指持票人向付款人或承兑人出示票据，请求付款的行为。持票人只有在法定期限内进行付款提示，才产生法律效力。持票人提示付款的法定期限如下。

- 见票即付的汇票，自出票日起1个月内向付款人提示付款（无需承兑）。
- 定日付款、出票后定期付款或者见票后定期付款的汇票，自到期日起10日内向承兑人提示付款。

如果持票人未在上述法定期限内进行付款提示，则丧失对其前手的追索权。但是，持票人丧失的追索权仅限于其前手，而对于承兑人并不发生失权的效果。持票人未按照规定期限提示付款的，在作出说明后，承兑人或者付款人仍应当继续对持票人承担付款责任。

2. 支付票款

持票人依照上述规定提示付款的，付款人必须无条件地在当日按票据金额将票款足额支付给持票人。如果付款人或承兑人不能当日足额付款的，应承担迟延付款的责任。

在支付票款的过程中，持票人必须向付款方履行一定的手续。即持票人获得付款的，应当在汇票上签收，并将汇票交给付款人。签收是指持票人在票据的正面签章，表示持票人已获得付款。持票人委托银行收款的，受委托的银行将代收的汇票金额转入持票人账户，视同签收。

知识补充

银行承兑汇票的出票人应于汇票到期日前将票款足额交存其开户银行，承兑银行应在汇票到期日或到期日后的见票当日支付票款。银行承兑汇票的出票人于汇票到期日未能足额交存票款时，承兑银行除凭票向持票人无条件付款外，对出票人尚未支付的汇票金额按照每天万分之五计收利息。

3. 付款的效力

付款人依法足额付款后，全体汇票债务人的责任解除。但是，如果付款人付款存在瑕疵，即未尽审查义务而对不符合法定形式的票据付款，或其存在恶意或重大过失而付款的，则不发生上述法律效力，付款人的义务不能免除，其他债务人也不能免除责任。

试题精讲

【判断题】商业汇票的提示付款期限，自汇票到期日起3日。（　　）

【答案】×

【解析】见票即付的汇票提示付款期限为自出票日起1个月内。定日付款、出票后定期付款的汇票的提示付款期限为自到期日起10日。

（五）商业汇票的背书

1. 概念

商业汇票的背书是指以转让商业汇票权利或者将一定的商业汇票权利授予他人行使为目的，按照法定的事项和方式在商业汇票背面或者粘单上记载有关事项并签章的票据行为。出票人在汇票上如记载“不得转让”字样，则该汇票不得转让。

2. 背书的形式

背书是一种要式行为，因此必须符合法定的形式，即其必须做成背书并交付，才能有效成立。就背书的记载事项而言，其应与出票一样，符合有关出票时应记载的事项，具体说明如下。

（1）背书签章和背书日期的记载

背书由背书人签章并记载背书日期。背书未记载日期的，视为在汇票到期日前背书。背书人背书时，必须在票据上签章，背书才能成立，否则背书行为无效。

（2）被背书人名称的记载

汇票以背书转让或者以背书将一定的汇票权利授予他人行使时，必须记载被背书人名称，否则，背书行为无效。因此，被背书人名称是背书的绝对应记载事项。

（3）禁止背书的记载

背书人的禁止背书是背书行为的一项任意记载事项，如果背书人不愿意对其后手以后的当事人承担票据责任，便可在背书时记载禁止背书。背书人在汇票上记载“不得转让”字样，其后手再背书转让的，原背书人对后手的被背书人不承担保证责任。

（4）背书时粘单

使用票据凭证如不能满足背书人记载事项的需要，可以加附粘单，黏附于票据凭证上。粘单上的第一记载人应当在汇票和粘单的黏结处签章，否则该粘单记载的内容即为无效。

（5）背书不得记载的内容

背书不得记载的内容包括附有条件的背书和部分背书。

- **附有条件的背书**：附有条件的背书是指背书人在背书时，记载一定的条件，以限制或者影响背书效力。背书时附有条件的，所附条件不具有汇票上的效力，但不影响背书行为本身的效力，即被背书人仍可依该背书取得票据权利。
- **部分背书**：部分背书是指背书人在背书时，将汇票金额的一部分或者将汇票金额分别转让给两人以上的背书，该行为下的背书无效。

3. 背书连续

背书连续是指在票据转让过程中，转让汇票的背书人与受让汇票的被背书人在汇票上的签章依次前后衔接，即第一次背书的背书人是票据上记载的收款人，第二次背书的背书人是第一次背书的被背书人，依此类推，最后一次背书转让的被背书人是票据的最后持票人。图2-12所示为背书连续的示意图。

图2-12　背书连续的示意图

如果背书是不连续的，则付款人可以拒绝向持票人付款，否则付款人须自行承担责任。同时，背书连续主要是指背书在形式上的连续，如果背书在实质上不连续，如有伪造签章等，付款人仍应对持票人付款，但是如果付款人明知持票人不是真正票据权利人，则不得向持票人付款，否则应自行承担责任。

4. 法定禁止背书

法定禁止背书是指根据《票据法》的规定而禁止背书转让的情形。按规定，汇票被拒绝承兑、被拒绝付款或者超过付款提示期限的，不得背书转让；背书转让的，背书人应当承担汇票责任。

试题精讲

【判断题】背书人可以将部分票据金额转让给被背书人。（　　）

【答案】×

【解析】将票据金额的一部分转让，则该行为下的背书无效。

（六）商业汇票的保证

保证是指票据保证，即票据债务人以外的第三人以担保特定债务人履行票据债务为目的，而在票据上所作的一种附属票据行为。保证的作用在于加强持票人票据权利的实现，确保票据付款义务的履行，促进票据流通。

1. 保证的当事人

保证的当事人为保证人与被保证人。保证人由汇票债务人以外的他人担当。因此，保证人是指票据债务人以外的，为票据债务的履行提供担保而参与票据关系中的第三人。已成为票据债务人的，不得再充当票据上的保证人。

2. 保证的格式

办理保证手续时，保证人必须在汇票或粘单上记载的事项如图2-13所示。

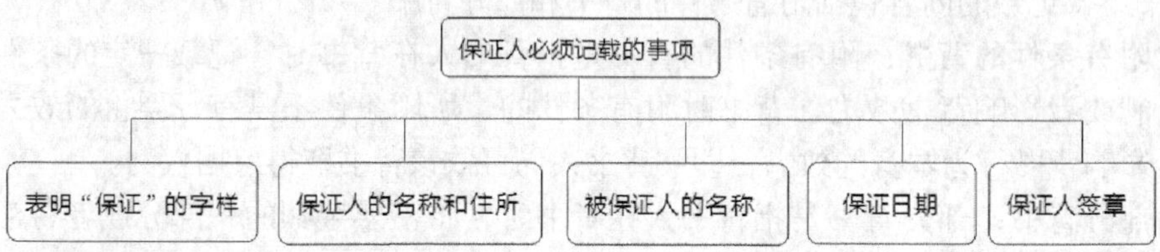

图2-13　保证人必须记载的事项

有关保证的记载事项和记载方法的说明如下。

- **票据保证必须做成于汇票或粘单之上**：保证是一种书面行为，并须做成于汇票或粘单之上，如果另行签订保证合同或者保证条款，则不属于票据保证。
- **票据保证记载的事项有绝对应记载事项和相对应记载事项**：绝对应记载事项包括保证文句和保证人签章两项；相对应记载事项包括被保证人的名称、保证日期和保证人住所。未记载被保证人的已承兑的汇票，承兑人为被保证人；未承兑的汇票，出票人为被保证人。未记载保证日期的，出票日期为保证日期。未记载保证人住所的，保证人住所为保证人的营业场所或住所。
- **保证的记载方法**：如果是为出票人、承兑人保证的，保证应记载于汇票的正面；如果是为背书人保证的，保证则应记载于汇票的背面或者粘单上。
- **保证不得记载的内容**：保证不得附有条件，附有条件的，不影响对汇票的保证责任。

3. 保证的效力

保证一旦成立，保证人必须对保证行为承担相应的责任。

- **保证人的责任**：保证人对合法取得汇票的持票人所享有的汇票权利承担保证责任。但是，被保证人的债务因汇票记载事项欠缺而无效的除外。被保证的汇票，保证人应当与被保证人对持票人承担连带责任，汇票到期后得不到付款的，持票人有权向保证人请求付款，保证人应当足额付款。
- **共同保证人的责任**：保证人为2人以上的，保证人之间承担连带责任。也就是说，在共同保证的情况下，持票人可以不分先后向保证人中的一人或者数人或者全体，就全部票据金额及有关费用行使票据权利，共同保证人不得拒绝。
- **保证人的追索权**：追索权是指保证人在向持票人清偿债务后，依照法律规定取得持票人对被保证人及被保证人之前手的偿还请求权。

试题精讲

【多选题】商业汇票的保证人必须在汇票或粘单上记载的事项包括（　　）。

A. 表明“保证”的字样　　B. 保证人名称和住所

C. 被保证人的名称　　D. 保证日期

【答案】A、B、C、D

【解析】本题所有选项都符合题目要求，除此以外，保证人签章也属于商业汇票的保证人必须在汇票或粘单上记载的事项。

四、银行汇票

（一）银行汇票的概念和适用范围

银行汇票是由出票银行签发的，在见票时按照实际结算金额无条件支付给收款人或者持票人的票据，银行汇票的样式如图2-14所示。

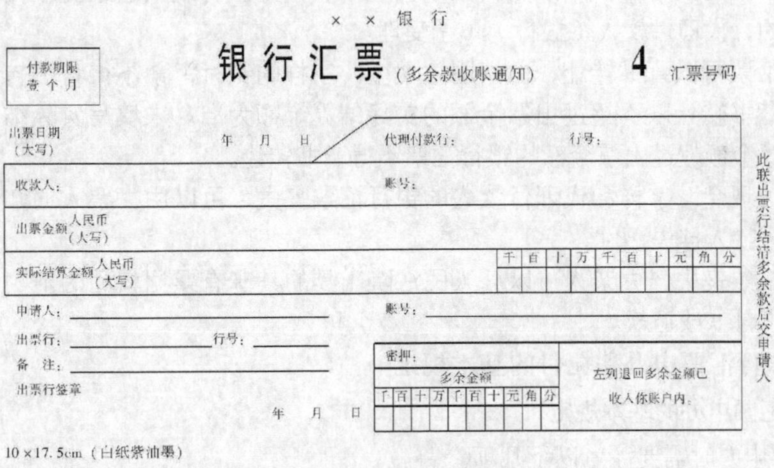
××银行
付款期限 壹个月
银行汇票（多余款收账通知） 4 汇票号码
出票日期（大写） 年 月 日 代理付款行： 行号：
收款人： 账号：
出票金额 人民币（大写）
实际结算金额 人民币（大写） 千 百 十 万 千 百 十 元 角 分
申请人： 账号：
出票行： 行号：
备 注：
出票行签章 年 月 日
密押：
多余金额 千 百 十 万 千 百 十 元 角 分
左列退回多余金额已收入你账户内。
此联出票行结清多余款后交申请人
10×17.5cm（白纸紫油墨）

图2-14　银行汇票的样式

银行汇票属于自付票据，出票人和付款人都是同一家银行，且仅限于见票即付。单位和个人在异地、同城或同一票据交换区域的各种款项结算，均可使用银行汇票。

（二）银行汇票的记载事项

银行汇票的记载事项如图2-15所示。

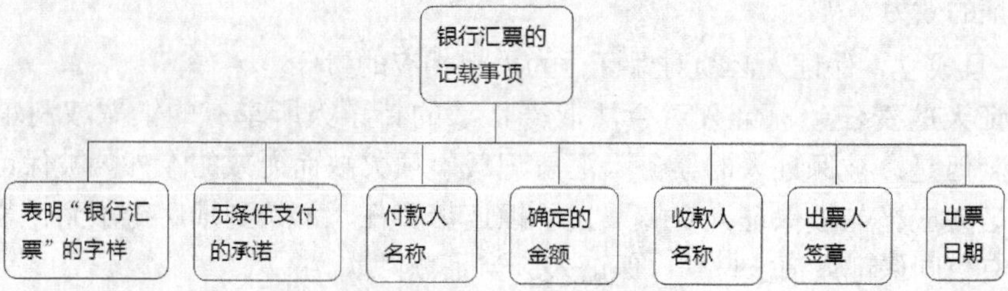

图2-15 银行汇票的记载事项

汇票上未记载上述事项之一的，汇票无效。即上述事项均为绝对应记载事项。

试题精讲

【单选题】下列各项中，不属于银行汇票的绝对应记载事项的是（ ）。

A. 表面“银行汇票”字样　　B. 无条件支付的承诺

C. 付款地　　D. 出票金额

【答案】C

【解析】银行汇票的绝对记载事项有：①表明“银行汇票”的字样；②无条件支付的承诺；③确定的金额；④付款人名称；⑤收款人名称；⑥出票日期；⑦出票人签章。

（三）银行汇票的基本规定

银行汇票的基本规定主要包括以下几项。

- 银行汇票可以用于转账，标明“现金字”样的银行汇票也可以提取现金。
- 银行汇票的付款人为银行汇票的出票银行，银行汇票的付款地为代理付款人或出票人所在地。
- 银行汇票的出票人在票据上的签章，应为经中国人民银行批准使用的该银行汇票专用章加其法定代表人或其授权经办人的签名或者盖章。
- 银行汇票的提示付款期限为自出票日起一个月内。持票人超过提示付款期限提示付款的，代理付款人（银行）不予受理。
- 银行汇票可以背书转让，但填明“现金”字样的银行汇票不得背书转让。银行汇票的背书转让以不超过出票金额的实际结算金额为准。未填写实际结算金额或实际结算金额超过出票金额的银行汇票不得背书转让。
- 填明“现金”字样和代理付款人的银行汇票丧失，可以由失票人通知付款人或者代理付款人挂失止付。
- 银行汇票丧失，失票人可以凭人民法院出具的其享有票据权利的证明，向出票银行请求付款或退款。

（四）银行汇票申办和兑付的基本规定

1. 银行汇票申办的基本规定

银行汇票申办时需要注意以下几项。

- 申请人使用银行汇票，应向出票银行填写“银行汇票申请书”，填明收款人名称、汇票金额、申请人名称、申请日期等事项并签章，其签章为预留银行印鉴。申请人或收款人为单位的，不得在“银行汇票申请书”上填明“现金”字样。
- 出票银行受理银行汇票申请书，收妥款项后签发银行汇票，并用压数机压印出票金额，将银行汇票和解讫通知一并交给申请人。

- 签发转账银行汇票，不得填写代理付款人名称，但由中国人民银行代理兑付银行汇票的商业银行，向设有分支机构地区签发转账银行汇票的除外；申请人或收款人为单位的，银行不得为其签发现金银行汇票。
- 申请人应将银行汇票和解讫通知一并交付给汇票上记明的收款人。
- 银行汇票的实际结算金额低于出票金额的，其多余金额由出票银行退交申请人。
- 申请人因银行汇票超过付款提示期限或其他原因要求退款时，应将银行汇票和解讫通知同时提交到出票银行，并提供本人身份证件或单位证明。申请人缺少解讫通知要求退款的，出票银行应于银行汇票提示付款期满1个月后办理。

2. 银行汇票兑付的基本规定

银行汇票兑付时需要注意以下几项。

（1）收款人受理银行汇票时，应审查下列事项。

- 银行汇票和解讫通知是否齐全、汇票号码和记载的内容是否一致。
- 收款人是否确为本单位或本人。
- 银行汇票是否在提示付款期限内。
- 必须记载的事项是否齐全；出票人签章是否符合规定，是否有压数机压印的出票金额，并与大写出票金额一致。
- 出票金额、出票日期、收款人名称是否更改，更改的其他记载事项是否有原记载人签章证明。

> **知识补充**
>
> **被背书人受理银行汇票时，除审查上述收款人应审查的事项外，还应审查银行汇票是否记载实际结算金额、有无更改、其金额是否超过出票金额；背书是否连续，背书人签章是否符合规定，背书使用粘单的是否按规定签章；背书人为个人的，应验证其个人身份证件。**

（2）收款人对申请人交付的银行汇票审查无误后，应在出票金额以内，根据实际需要的款项办理结算，并将实际结算金额和多余金额准确、清晰地填入银行汇票和解讫通知的有关栏内。未填明实际结算金额和多余金额或实际结算金额超过出票金额的，银行不予受理。银行汇票的实际结算金额不得更改，更改实际结算金额的银行汇票无效。

（3）持票人向银行提示付款时，必须同时提交银行汇票和解讫通知，缺少任何一联，银行不予受理。在银行开立存款账户的持票人向开户银行提示付款时，应在汇票背面“持票人向银行提示付款签章”处签章，签章须与预留银行签章相同，并将银行汇票和解讫通知、进账单送交开户银行。银行审查无误后办理转账。

（4）持票人超过期限向代理付款银行提示付款不获付款的，必须在票据权利时效内向出票银行作出说明，并提供本人身份证或单位证明，持银行汇票和解讫通知向出票银行请求付款。

试题精讲

【单选题】银行汇票持票人向银行提示付款时，必须同时提交银行汇票和（　　）。

A. 进账单　　B. 个人身份证　　C. 解讫通知　　D. 收款凭证

【答案】C

【解析】银行汇票持票人向银行提示付款时，必须同时提交银行汇票和解讫通知，缺少任何一联，银行不予受理。

五、银行本票

（一）银行本票的概念

银行本票是出票人签发的，承诺自己在见票时无条件支付确定的金额给收款人或者持票人的票据。我国的银行本票为记名式本票和即期本票。银行本票的格式如图2-16所示。

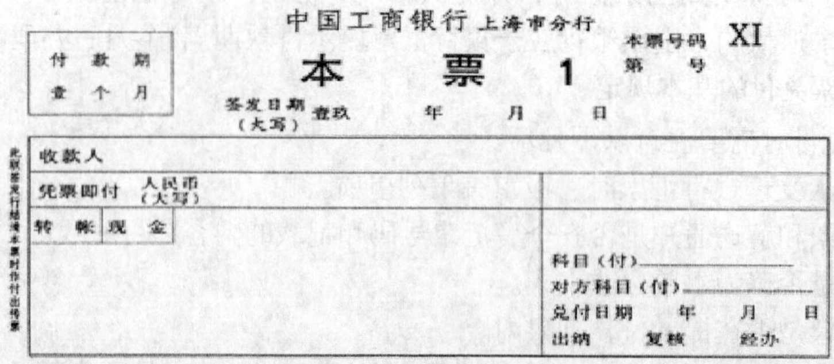

图2-16 银行本票的格式

（二）银行本票的适用范围

单位和个人在同一票据交换区域需要支付的各种款项，均可以使用银行本票。银行本票可以用于转账，注明“现金”字样的银行本票可以用于支取现金。

（三）银行本票的记载事项

银行本票必须记载的事项如图2-17所示。

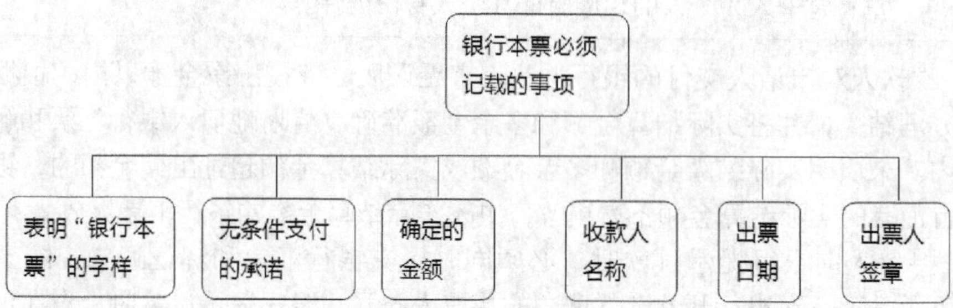

图2-17 银行本票必须记载的事项

未记载上述事项之一的，银行本票无效。申请人或收款人为单位的，不得申请签发现金银行本票。

银行本票的相对记载事项包括付款地和出票地。

- **付款地**：银行本票上未记载付款地的，出票人的营业场所为付款地。
- **出票地**：银行本票上未记载出票地的，出票人的营业场所为出票地。

案例阅读与思考

甲公司营业地设在C市，1月2日，公司购入一排材料，由于资金紧张，甲公司开出一张银行本票，但票据上未记载出票地。根据本票相对记载事项的规定，甲公司开出的银行本票的出票地即为C市。

试题精讲

【单选题】下列各项中，不属于银行本票的绝对记载事项的是（　　）。

A. 表明“银行本票”的字样　　B. 无条件支付的承诺

C. 出票日期　　D. 出票地

【答案】D

【解析】银行本票的绝对记载事项包括：①表明“银行本票”的字样；②无条件支付的承诺；③确定的金额；④收款人名称；⑤出票日期；⑥出票人签章。出票地属于相对记载事项。

（四）银行本票的提示付款期限

银行本票的提示付款期限自出票日起最长不得超过2个月。持票人超过付款期限提示付款的，代理付款人不予受理。本票的持票人未按照规定期限提示见票的，丧失对出票人以外的前手的追索权。

【任务实施】

丙公司2014年3月发生的关于票据使用的事项如下。

（1）3月10日，材料供应商丁到丙公司催要8万元的材料货款。财务人员为了尽快让供应商离开，便向其开出了一张8万元的转账支票，丙公司银行存款账户余额为5万元。

（2）3月11日，材料供应商丁将丙公司开出的支票到银行兑现时，遭到拒绝。

（3）3月20日，丙公司签发一张商业汇票，未填写日期。

（4）3月23日，丙公司收到戊公司签发一张商业汇票，3月24日发现该汇票不慎遗失。

要求：根据上述资料回答下列问题。

（1）丙公司签发的支票是否符合规定，若不符合会受到怎样的处罚？

（2）丁公司该如何维护自己的权利？

（3）丙公司签发的商业汇票是否符合规定？

（4）丙公司遗失的商业汇票应如何补救？

对上述问题的具体分析如下。

（1）丙公司签发的支票金额为8万元，但其银行存款账户余额仅为5万元，小于支票金额，所以其签发的支票不符合规定，属于签发空头支票，银行可以对其处以票面金额5%即4 000元的罚金。

（2）出票人签发空头支票的，持票人有权要求出票人赔偿支票金额2%的赔偿金。丁公司可要求丙公司按票面金额2%即1 600元进行赔偿。

（3）丙公司签发的商业汇票不符合规定，出票日期是汇票的必须记载事项，未记载该事项的汇票无效。

（4）丙公司遗失的商业汇票可以采取挂失止付、公示催告、普通诉讼3种形式进行补救。

任务五 银行卡

随着科学技术的发展以及电子计算机的运用，银行卡的使用范围不断扩大。使用银行卡既减少了现金和支票的流通，同时，由于突破了时间和空间的限制从而使得银行业务发生了巨大的变化。

【任务目标】

本任务的目标是理解银行卡的概念和分类，重点掌握银行卡账户和交易的各种操作，并注意区分银行卡、借记卡和信用卡。

【知识讲解】

一、银行卡的概念与分类

（一）银行卡的概念

银行卡是指经批准由商业银行（含邮政金融机构）向社会发行的具有消费信用、转账结算、存取现金等全部或部分功能的信用支付工具。

（二）银行卡的分类

根据不同的划分方式，银行卡有不同的分类。

- 按照发行主体是否在境内，分为境内卡和境外卡。
- 按照账户币种的不同，分为人民币卡、外币卡和双币种卡。
- 按信息载体不同，分为磁条卡和芯片卡。
- 按发卡对象不同，分为单位卡（商务卡）和个人卡。
- 按照是否给予持卡人授信额度，分为信用卡和借记卡。

信用卡按是否向发卡银行交存备用金分为贷记卡和准贷记卡两类。贷记卡是指发卡银行给予持卡人一定的信用额度，持卡人可在信用额度内先消费、后还款的信用卡。准贷记卡是指持卡人须先按发卡银行要求交存一定金额的备用金，当备用金账户余额不足支付时，可在发卡银行规定的信用额度内透支的信用卡。

借记卡是指先存款后消费（或取现），没有透支功能的银行卡。按功能不同，借记卡可分为转账卡（含储蓄卡）、专用卡及储值卡。借记卡是一种具有转账结算、存取现金、购物消费等功能的信用工具，它附加了转账、买卖基金、炒股、缴费等众多功能，还提供了大量增值服务。借记卡可以通过ATM机转账和提款，但不能透支。信用卡和借记卡的比较如表2-6所示。

表 2-6 信用卡和借记卡的比较

银行卡		区别
信用卡	贷记卡	发卡银行给予持卡人一定的信用额度，持卡人可以在信用额度内先消费、后还款
	准贷记卡	持卡人须先交存一定金额的备用金，当备用金账户余额不足支付时，可在发卡银行规定的信用额度内透支
借记卡	转账卡	具有转账结算、存取现金和消费功能
	专用卡	具有专门用途，在特定区域使用，具有转账结算、存取现金等功能
	储值卡	发卡银行根据持卡人要求将其资金转至卡内存储，交易时直接从卡内扣款

试题精讲

【多选题】下列各项中，表述正确的是（　　）。

A. 贷记卡可以先消费后还款　　B. 准贷记卡需要先存钱后消费

C. 转账卡和专用卡都能存取现金　　D. 储值卡在交易时直接从卡内扣款

【答案】A、B、C、D

【解析】本题所有选项的说法都是正确的。

二、银行卡的账户与交易

（一）银行卡交易的基本规定

银行卡交易的基本规定如下。

- 单位人民币卡可办理商品交易和劳务供应款项的结算，但不得透支。单位卡的持卡人不得用于10万元以上的商品交易、劳务供应款项的结算，并一律不得支取现金。个人卡在使用过程中仅限于合法持卡人使用，不得转借或出租。
- 发卡银行对贷记卡的取现应当每笔进行授权，每卡每日累计取现不得超过限定额度，即2 000元人民币；对持卡人在自动柜员机（ATM机）上取款设定交易上限，每卡每日累计取款不得超过5 000元人民币。
- 发卡银行应当依照法律规定，遵守信用卡业务风险控制指标。
- 准贷记卡的透支期限最长为60天。贷记卡的首月最低还款额不得低于当月透支余额的10%。

试题精讲

【判断题】单位人民币卡可办理商品交易和劳务供应款项的结算，并可支取现金，但不得透支。（　　）

【答案】×

【解析】单位人民币卡可办理商品交易和劳务供应款项的结算，但不得透支。单位卡不得支取现金。

（二）银行卡的资金来源

单位卡账户的资金，一律从其基本存款账户转账存入，不得交存现金，不得将销货收入的款项存入其账户。

个人卡在使用过程中，需要向其账户续存资金的，只限于其持有的现金存入和工资性款项以及属于个人的劳务报酬收入转账存入。严禁将单位的款项存入个人卡账户。

案例阅读与思考

1月4日，甲公司会计人员到开户银行A银行将单位银行卡账户中的3万元转入该公司总经理在B银行开立的个人银行卡账户。该案例中的会计人员的行为即违背了上述规定，属于公款私存，应追究其责任。

（三）银行卡的计息和收费

银行卡的计息和收费的具体内容如下。

1. 计息

（1）发卡银行对准贷记卡及借记卡（不含储值卡）账户内的存款，按照中国人民银行规定的同期同档次存款利率及计息办法计付利息。

（2）发卡银行对贷记卡账户的存款、储值卡（含IC卡的电子钱包）内的币值不计付利息。

（3）贷记卡持卡人进行非现金交易时享受如下优惠条件。

- **免息还款期待遇**：银行记账日至发卡银行规定的到期还款日之间为免息还款期。免息还款期最长为60天。持卡人在到期还款日前偿还所使用全部银行款项即可享受免息还款期待遇，无需支付非现金交易的利息。
- **最低还款额待遇**：持卡人在到期还款日前偿还所使用全部银行款项有困难的，可按照发卡银行规定的最低还款额还款。

但是，贷记卡持卡人选择最低还款额方式或超过发卡银行批准的信用额度用卡时，不再享受免息还款期待遇，应当支付未偿还部分自银行记账日起按规定利率计算的透支利息。

贷记卡持卡人支取现金、准贷记卡透支的，不享受免息还款期和最低还款额待遇，应当支付现金交易额或透支额自银行记账日起按规定利率计算的透支利息。

信用卡透支利息自签单日或银行记账日起15日内按日息万分之五（日利率0.05%）计算，超过15日按日息万分之十计算，超过30日或透支金额超过规定限额的，按日息万分之十五计算。透支计息不分段，按最后期限或者最高透支额的最高利率档次计息。

2. 收费

收费是指商业银行办理银行卡收单业务，向商户收取结算手续费。商业银行办理银行卡收单业务应当按下列标准向商户收取结算手续费。

- 宾馆、餐饮、娱乐、旅游等行业不得低于交易金额的2%。
- 其他行业不得低于交易金额的1%。

试题精讲

【单选题】贷记卡透支按月计收复利，准贷记卡透支按月计收单利，透支利率为（　　）。

A. 日利率千分之三　　B. 年利率万分之五

C. 日利率万分之五　　D. 月利率万分之五

【答案】C

【解析】根据规定，贷记卡透支按月记收复利，准贷记卡透支按月计收单利，透支利率为日利率0.05%（即万分之五），并根据中国人民银行的此项利率的调整而调整。

（四）银行卡的申领、注销和挂失

1. 银行卡的申领

单位或个人申领信用卡，应按规定填制申请表，连同有关资料一并送交发卡银行。单位卡和个人卡的申请有下列不同之处。

- **单位卡的申领**：凡申领单位卡的单位，必须在中国境内金融机构开立基本存款账户，并按要求交存一定金额的备用金。符合条件后，银行为申领人开立信用卡存款账户，并发放信用卡。单位卡可申领若干张，持卡人资格由申领单位法定代表人或其委托的代理人书面指定和注销。
- **个人卡的申领**：凡具有完全民事行为能力的公民可申领个人卡，个人卡的主卡持卡人可为其配偶及年满18周岁的亲属申领附属卡，申领的附属卡最多不得超过两张，主卡持卡人也有权要求注销其附属卡。

2. 银行卡的注销

持卡人不需要继续使用信用卡的，应持银行卡主动到发卡银行办理**注销**。持卡人办理注销时，如果账户内还有余额，属单位卡的，则应将该账户内的余额转入其基本存款账户，不得提取现金；个人卡账户可以转账结清，也可以提取现金。

持卡人透支后，只有在还清透支本息后，才可在下列情况下办理注销。

- 信用卡有效期满45天后，持卡人不更换新卡的。
- 信用卡挂失满45天后，没有附属卡又不更换新卡的。
- 信用卡被列入止付名单，发卡银行已收回其信用卡45天的。
- 持卡人死亡，发卡银行已收回其信用卡45天的。
- 持卡人要求销户或担保人撤销担保，并已交回全部信用卡45天的。
- 信用卡账户两年（含）以上未发生交易的。
- 持卡人违反其他规定，发卡银行认为应该取消资格的。

发卡银行办理销户，应当收回信用卡。有效信用卡无法收回的，应当将其止付。

3. 银行卡的挂失

持卡人丧失银行卡，应立即持本人身份证件或其他有效证明，并按规定提供有关情况，向发卡银行或代办银行申请挂失。

试题精讲

【判断题】信用卡销户时，单位卡账户余额转入其专用存款账户，不得提取现金；个人卡账户可以转账结清，也可以提取现金。（　　）

【答案】×

【解析】办理销户时，如果账户内还有余额，属单位卡的，则应将该账户内的余额转入其基本存款账户，本题的其他表述是正确的。

【任务实施】

某宾馆2014年有关信用卡的资料如下。

该宾馆于2014年3月向C银行申请了一张信用卡，以下为申请该信用卡及申请后发生的相关业务：

（1）3月8日，该宾馆向C银行交存备用金，申领信用卡。

（2）8月10日，因经营不善该宾馆停业并将该信用卡注销。

要求：根据上述资料回答下列问题。

（1）该宾馆申请的信用卡属于哪类信用卡?

（2）信用卡单位卡使用的范围有哪些?

（3）个人信用卡持卡人可通过哪些方式向其账户续存资金?

（4）银行在向该宾馆收取结算手续费时，应按何种标准收取，按相同标准收费的行业有哪些?

（5）该宾馆在进行信用卡注销时，其余额该如何处理?

对上述问题的具体分析如下。

（1）由资料可知，该宾馆向银行存了备用金，所以该宾馆申请的信用卡是准贷记卡，当备用金账户余额不足支付时，可在发卡银行规定的信用额度内透支。

（2）信用卡单位卡可用于在特约商户购物、用于支付货款、转入销货款项等。

（3）个人信用卡持卡人可通过其持有的现金、工资性款项的转账、劳务报酬收入的转账向其账户续存资金的。

（4）银行在向该宾馆收取结算手续费时，应按不低于交易金额的2%的标准收取，按相同标准收费的行业还要有餐饮、娱乐、旅游等行业。

（5）该宾馆在进行信用卡销户时，其余额可转入基本存款账户，不得提取现金。

任务六 其他结算方式

其他结算方式主要包括汇兑、委托收款、托收承付和国内信用证4种结算方式。在处理与其他企业之间的业务交往时，需要会计人员能够了解与认识各种结算方式，并能正确的区分与运用。合理选择结算方式，将有助于降低企业的财务风险。

【任务目标】

本任务的目标是理解汇兑、委托收款、托收承付和国内信用证结算方式的概念，重点掌握汇兑的办理程序、撤销和退汇，以及其他3种结算方式的结算规定和办理方法等。

【知识讲解】

一、汇兑

（一）汇兑的概念和分类

汇兑是指汇款人委托银行将其款项支付给收款人的结算方式。汇兑便于汇款人向异地的收款人主动付款，汇兑结算适用于各种经济内容的异地提现和结算。

汇兑分为信汇和电汇两种，适用于单位和个人在同城、异地的各种款项结算。其中，信汇是以邮寄方式将汇款凭证转给外地收款人指定的汇入行，而电汇则是以电报方式将汇款凭证转给外地收款人指定的汇入行。电汇的汇款速度比信汇快，汇款人可以根据实际需要进行选择。

（二）办理汇兑的程序

当事人应按以下程序办理汇兑。

1. 签发汇兑凭证

汇款人应按要求签发汇兑凭证，汇款人签发汇兑凭证时，必须记载下列事项。

- 表明“信汇”或“电汇”的字样。
- 无条件支付的委托。
- 确定的金额。
- 收款人名称。
- 汇款人名称。
- 汇入地点、汇入行名称。
- 汇出地点、汇出行名称。
- 委托日期。
- 汇款人签章。

2. 银行受理

汇出银行受理汇兑凭证并进行认真审查。汇出银行审查汇兑凭证的内容包括汇兑凭证填写的各项内容是否齐全、正确；汇款人账户内是否有足够支付的余额；汇款人的印章是否与预留银行印鉴相符。汇出银行受理汇款人签发的汇兑凭证，经审查无误后，应及时向汇入银行办理汇款，并向汇款人签发汇款回单。汇款回单只能作为汇出银行受理汇款的依据，不能作为该笔汇款已转入收款人账户的证明。

3. 汇入处理

汇入银行接收汇出银行的汇兑凭证之后，应审查汇兑凭证上联行专用章与联行报单印章是否一致，审查无误后，根据收款人的不同情况进行审查并办理付款手续。主要有以下几种办理付款的情况。

- 汇入银行对开立存款账户的收款人，应将汇给其的款项直接转入收款人账户，并向其发出收账通知，收账通知是银行将款项确已收入收款人账户的凭据。
- 未在银行开立存款账户的收款人，凭信汇、电汇的取款通知或留行待取的，向汇入银行支取款项，必须交验本人的身份证件，在信汇、电汇凭证上注明证件名称、号码及发证机关，并在“收款人签盖章处”签章；信汇凭签章支取的，收款人的签章必须与预留信汇凭证上的签章相符。银行审查无误后，以收款人的姓名开立应解汇款及临时存款账户，该账户只付不收，付完清户，不计付利息。
- 如果收款人需要委托他人向汇入银行支取款项，应在取款通知上签章，注明本人身份证件名称、号码、发证机关和代理字样以及代理人姓名。代理人代理取款时，也应在取款通知上签章，注明其身份证件名称、号码及发证机关，并同时交验代理人和被代理人的身份证件。
- 如果收款人办理转账支付，应由原收款人向银行填制支款凭证，并由本人交验其身份证件办理支付款项。该账户的款项只能转入单位或个体工商户的存款账户，严禁转入储蓄和银行卡账户。

办理转汇的，应由原收款人向银行填制信汇、电汇凭证，并由本人交验其身份证件。转汇的收款人必须是原收款人。原汇入银行必须在信汇、电汇凭证上加盖“转汇”戳记。

汇兑的基本办理程序如图2-18所示。

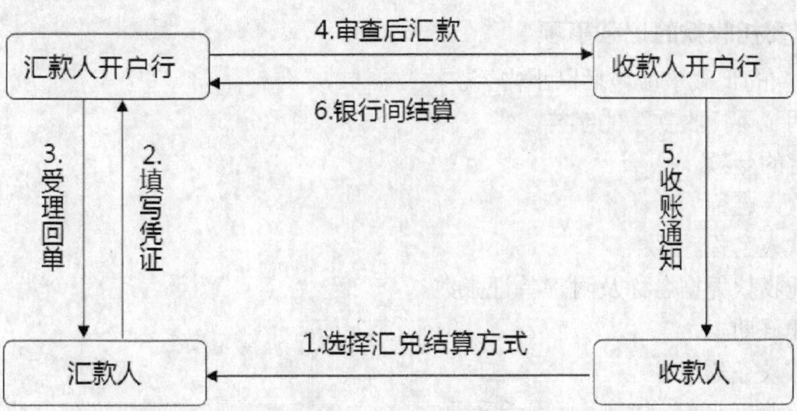

图2-18 汇兑的基本办理程序

（三）汇兑的撤销和退汇

1. 汇兑的撤销

汇兑的撤销是指汇款人对汇出银行尚未汇出的款项，向汇出银行申请撤销的行为。汇款人申请撤销汇款必须是该款项未从汇出银行汇出。汇款人申请撤销时，应出具正式函件或本人身份证件及原信汇、电汇回单；汇出银行只有在查明确未汇出款项，并收回原信汇、电汇回单时，方可办理撤销手续。但转汇银行不得受理汇款人或汇出银行对汇款的撤销。

2. 汇兑的退汇

汇兑的退汇是指汇款人对汇出银行已经汇出的款项申请退回汇款的行为。汇款人申请退汇必须是该款项已从汇出银行汇出。

- 对在汇入银行开立存款账户的收款人，由汇款人与收款人自行联系退汇。也就是说，如果汇款人与收款人不能达成一致退汇意见，则不能办理退汇。
- 对在汇入银行未开立存款账户的收款人，经汇入银行核实汇款确未支付，并将款项退回汇出银行后，方可办理退汇。但转汇银行不得受理汇款人或汇出银行对汇款的退汇。
- 汇入银行对于收款人拒绝接受的汇款，应立即办理退汇。
- 汇入银行对于向收款人发出取款通知，经过2个月无法交付的汇款，应主动办理退汇。

试题精讲

【判断题】汇兑的撤销是指汇款人对汇出银行已经汇出的款项申请退回汇款的行为。（　　）

【答案】×

【解析】汇兑的撤销是指汇款人对汇出银行尚未汇出的款项申请退回汇款的行为，题干描述的为退汇的概念。

二、委托收款

（一）委托收款的概念

委托收款是指收款人委托银行向付款人收取款项的结算方式。单位和个人凭已承兑的商业汇票、债券、存单等付款人债务证明办理款项的结算，均可以使用委托收款结算方式，委托收款在同城、异地均可以使用，其结算款项的划回方式分为邮寄和电报两种，由收款人选用。

（二）委托收款的记载事项

委托收款的记载事项包括以下内容。

- 表明“委托收款”的字样。
- 确定的金额。
- 付款人名称。
- 收款人名称。
- 委托收款凭据名称及附寄单证张数。
- 委托日期。
- 收款人签章。

欠缺上列事项之一的，银行不予受理。

（三）委托收款的结算规定

委托收款的结算规定有以下几点。

1. 委托收款办理方法

委托收款办理方法如下。

- **以银行为付款人的**：以银行为付款人的，银行应在当日将款项主动支付给收款人。
- **以单位为付款人的**：以单位为付款人的，银行通知付款人后，付款人应于接到通知当日以书面形式通知银行付款。

知识补充

银行在办理划款时，付款人存款账户不能足额支付的，应通过被委托银行向收款人发出未付款项通知书。

2. 委托收款的注意事项

委托收款的注意事项如下。

- 付款人审查有关债务证明后，对收款人委托收取的款项需要拒绝付款的，有权提出拒绝付款。
- 收款人收取公用事业费，必须具有收付双方事先签订的经济合同，由付款人向开户银行授权，并经开户银行同意，报经中国人民银行当地分支行批准，可以使用同城特约委托收款。

3. 委托收款的程序

委托收款的程序如图2-19所示。

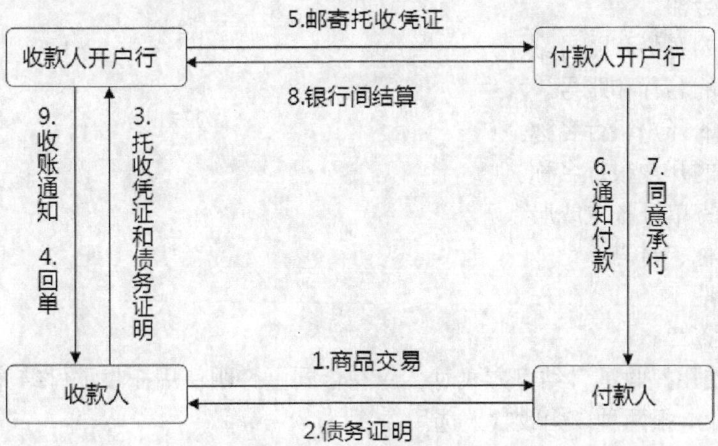

图2-19 委托收款的程序

试题精讲

【单选题】委托收款以（　　）为付款人的，银行应在当日将款项主动支付给收款人。

A. 银行　　B. 单位

C. 公司　　D. 企业

【答案】A

【解析】委托收款的办理办法规定：以银行为付款人的，银行应在当日将款项主动支付给收款人。

三、托收承付

（一）托收承付的概念

托收承付是指根据购销合同，由收款人发货后委托银行向异地付款人收取款项，由付款人向银行承付的结算方式。

使用托收承付的结算方式，必须符合以下条件。

- 使用托收承付结算方式的收款单位和付款单位，必须是国有企业、供销合作社以及经营管理较好，并经开户银行审查同意的城乡集体所有制工业企业。
- 办理托收承付结算的款项，必须是商品交易以及因商品交易而产生的劳务供应的款项。代销、寄销、赊销商品的款项不得办理托收承付结算。
- 托收承付结算每笔的金额起点为10 000元，新华书店系统每笔的金额起点为1 000元。
- 必须签有符合《合同法》的购销合同，并定名使用异地托收承付结算方式。
- 收款人办理托收，必须具有商品确已发运的证件。
- 收付双方必须尊重合同和讲信用。如果收款人对同一付款人发货托收累计3次收不回货款的，收款人开户银行应暂停收款人向付款人办理托收；付款人累计3次提出无理拒付的，付款人开户银行应暂停其向外办理托收。

（二）托收承付的结算规定

托收承付凭证记载事项有以下几项。

- 表明“托收承付”的字样。
- 确定的金额。
- 付款人的名称和账号。
- 收款人的名称和账号。
- 付款人的开户银行名称。
- 收款人的开户银行名称。
- 托收附寄单证张数或册数。
- 合同名称、号码。
- 委托日期。
- 收款人签章。

收付双方使用托收承付结算方式时，应在合同上订明使用托收承付结算款项的划回方法，分为邮寄和电报两种，由收款人选用。

（三）托收承付的办理方法

1. 托收

收款人按照签订的购销合同发货后，应将托收凭证并附发运凭证或其他符合托收承付结算的有关证明和交易单证送交银行。

2. 承付

购货单位承付货款有验单承付和验货承付两种方式。验单承付期为3天，从购货单位开户银行发出通知的次日算起（承付期内遇法定节假日顺延）。验货付款的承付期为10天，从运输部门向付款人发出提货通知的次日算起，付款人在承付期内未向银行表示拒绝付款的，银行即视作承付，并在承付期满的次日上午将款项划给收款人。

3. 托收承付的程序

托收承付的基本流程如图2-20所示。

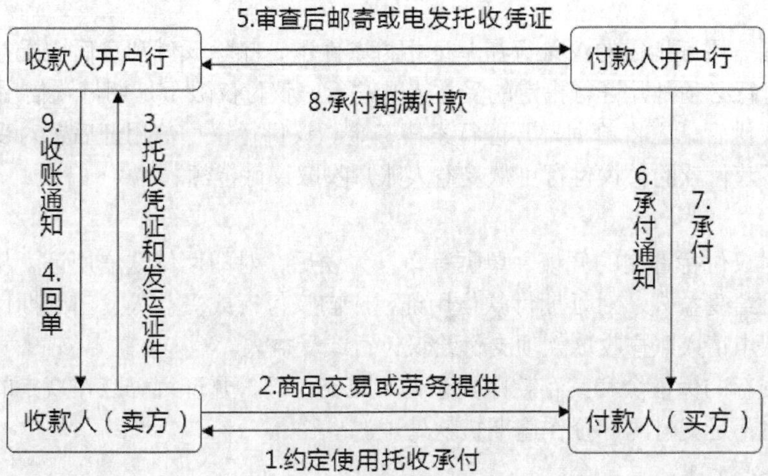

图2-20　托收承付的基本流程

四、国内信用证

（一）国内信用证的概念

国内信用证（简称信用证）是适用于国内贸易的一种支付结算方式，是开证银行依照申请人（购货方）的申请向受益人（销货方）开出的有一定金额、在一定期限内凭信用证规定的单据支付款项的书面承诺。

（二）国内信用证的结算方式

国内信用证的结算方式包括以下几点。

- 国内信用证结算方式只适用于国内企业之间商品交易产生的货款结算。
- 我国的信用证为不可撤销、不可转让的跟单信用证。
- 信用证有效期为受益人向银行提交单据的最迟期限，最长不得超过6个月。
- 国内信用证只能用于转账结算，不得支取现金。
- 只有经中国人民银行批准经营结算业务的商业银行总行以及经总行批准开办信用证结算业务的分支机构可以办理信用证结算业务。

试题精讲

【单选题】信用证有效期为受益人向银行提交单据的最迟期限，最长不得超过（　　）。

A. 10天　　B. 1个月　　C. 3个月　　D. 6个月

【答案】D

【解析】信用证有效期为受益人向银行提交单据的最迟期限，最长不得超过6个月。

（三）国内信用证的基本办理程序

国内信用证的基本办理程序如下。

1. 开证

开证行决定受理开证业务时，应向申请人收取不低于开证金额20%的保证金，并可根据申请人的资信情况要求其提供抵押、质押或由其他金融机构出具保函。

2. 通知

通知行收到信用证审核无误后，应填制信用证通知书，连同信用证交付受益人。

3. 议付

议付是指信用证指定的议付行在单证相符条件下，扣除议付利息后向受益人给付对价的行为。议付行必须是开证行指定的受益人开户行。议付仅限于延期付款信用证。

议付行议付后，应将单据寄开证行索偿资金。议付行议付信用证后，对受益人具有追索权。到期不获付款的，议付行可从受益人账户收取议付金额。

4. 付款

开证行对议付行寄交的凭证、单据等审核无误后，对即期付款信用证，从申请人账户收取款项支付给受益人；对延期付款信用证，应向议付行或受益人发出到期付款确认书，并于到期日从申请人账户收取款项支付给议付行或受益人。

申请人交存的保证金和其存款账户余额不足支付的，开证行仍应在规定的付款时间内进行付款。对不足支付的部分作逾期贷款处理。

【任务实施】

1. 根据前文的讲解，回答下列问题。

（1）什么是汇兑和托收承付?

（2）委托收款的记载事项包括哪些内容?

2. 根据已掌握的有关汇兑、委托收款、托收承付和国内信用证的知识，将表2-7中的括号内的内容补充完整。

表 2-7　各列结算方式的特点

结算方式	特点
汇兑	未在银行开立账户的（　　），其转账汇兑款严禁转入储蓄和信用卡账户；用于异地提现和结算
委托收款	委托收款主要是用于同城或（　　）方式办理
托收承付	每笔托收承付结算的起点金额为10 000元，新华书店系统为（　　）元；用于异地
国内信用证	国内信用证的保证金不低于开征金额的（　　）

项目总结

本项目主要介绍了现金结算、支付结算、银行结算账户、票据结算方式、银行卡和其他结算方式等内容，本项目的知识需要读者全面的理解和掌握。根据本项目的特点，建议读者利用对比的方法进行学习，注意对各类结算方式进行区分。

此外，信用卡发卡银行追偿透支款项和诈骗款项的途径以及办理汇兑的一些注意事项，将在后面的“拓展知识”板块中进行介绍。

项目实训一 票据日期及金额中文大写填写训练

要想成为一名合格的会计人员，必须运用所学知识，正确地填写相关的票据。在票据的填写中最容易出错的就是有关票据的日期和金额数字，接下来就将对这一易错点进行集中训练。

【实训目标】

通过公司开出票据的资料，关注各类票据的开票日期及涉及金额，熟悉票据涉及的日期及金额的中文大写的填写要求，掌握其填写的方法。

【实训资料】

2014年甲公司开出的部分票据情况如下：

（1）2月10日，支付丙公司货款，开出一张2 607元的转账支票；

（2）3月13日，购买F材料，开出了一张20 050.37元的转账支票；

（3）10月19日，向丁公司购买专用设备，开出了一张109 000.62元的商业汇票；

（4）10月30日，为购买一项固定资产支付定金，开出了一张107 000.53元的商业汇票。

要求：

根据上述资料，填写各类票据中的日期及金额的中文大写。

【实训指导】

STEP 1 仔细阅读材料，注意每张票据的日期及金额。

STEP 2 根据已掌握的相关知识，分析各类数字的金额大写分别满足哪一类。如日期中日为拾壹至拾玖的，需在其前加壹等。

STEP 3 在上述步骤的基础上，正确写出相关日期及金额的中文大写（答案参见：光盘\项目实训\项目二\票据日期及金额中文大写填写训练.doc）。

项目实训二 填写一张现金支票

企业支付员工工资、差旅费及提取备用金时，都可以使用现金支票向开户银行提取现金。现金支票也是一种最基本的支付结算业务品种，其使用范围相当广泛。因此，正确地填写现金支票，对于每一位会计人员来说都是非常重要的。

【实训目标】

通过现金支票的填写练习，掌握现金支票的填写方法。

【实训资料】

2015年1月3日，丙公司开出一张10 000元，开户行为工商银行玉林路支行的现金支票，用于支付管理人员张某的差旅费，请在图2-21中为该公司完成该支票的填写。

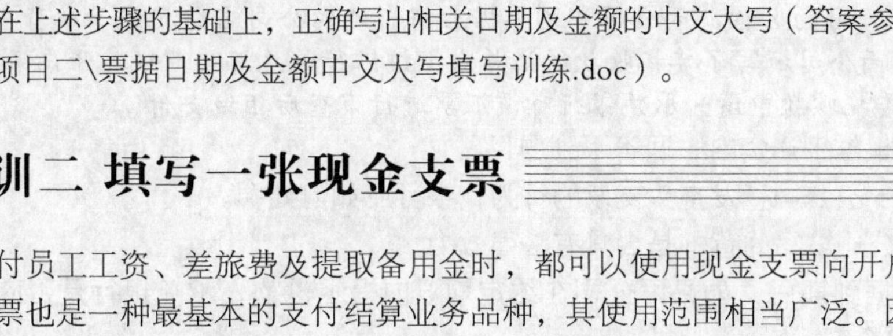
中国工商银行 现金支票（沪） BH/02 02492116
出票日期（大写） 年 月 日 付款行名称：
收款人： 出票人账号：
本支票付款期限十天
人民币（大写）
亿	千	百	十	万	千	百	十	元	角	分

用途
上列款项请从
我账户内支付
出票人签章
科目（借）
对方科目（贷）
付讫日期 年 月 日
出纳 复核 记账
贴对号单处
BH/02 02492116

图2-21 填写现金支票

【实训指导】

STEP 1 仔细阅读材料，注意材料中给出的日期及时间。

STEP 2 结合所学知识，将资料中给出的信息输入支票中的相应位置（答案参见：光盘\项目实训\项目二\填写一张现金支票.doc）。

项目实训三 票据使用案例阅读与分析

企业日常经济业务中，经常会使用到各类票据，若会计人员由于各种原因违反规定填写和使用票据的情况，如签发空头支票等会受到相应的处罚。因此，会计人员应该遵守相关规定，正确使用票据。

【实训目标】

通过判断材料中企业使用票据的情况，进一步掌握票据使用的正确方法。

【实训资料】

2015年1月，甲公司签订了一份50万元的购货合同。合同约定：甲公司在收到货物时付款。2月，供货商按合同交货，但甲公司资金不足，开出一张空头支票。2月中旬，甲公司收到丙公司签发的一张银行承兑汇票，票面金额为50万元，未经过背书就将该汇票交给了供货商抵付货款。之后供货商又将该汇票背书转让给了丙公司，背书时未记载丙公司的名称，丙公司拿到票据后将自己的公司名称记载于被背书人处。汇票到期后，丙公司填写了委托收款凭证并附上该银行承兑汇票，经其开户银行E向承兑银行F发出委托收款申请。承兑银行对该汇票进行审查后拒绝支付。

要求：根据上述资料，回答下列题目。

（1）对于乙公司签发空头支票的行为，银行应如何处罚。

（2）丙公司填写的背书是否具有法律效力。

（3）票据到期后，如果丙公司在约定期限内提示付款，承兑银行是否应无条件向丙公司支付汇票金额 。

（4）F银行的做法是否正确，其理由是什么。

【实训指导】

STEP 1 仔细阅读材料，注意材料中在签发票据时的填写方法、金额等。

STEP 2 将书本知识与提供的材料进行对比，依次回答各小题（答案参见：光盘\项目实训\项目二\票据使用案例阅读与分析.doc）。

拓展知识

一、 信用卡发卡银行追偿透支款项和诈骗款项的途径

对信用卡持卡人透支款项和诈骗款项，发卡银行应当及时采取适当的方式予以追偿，发卡银行可通过以下3种途径进行追偿。

- 扣减持卡人保证金，依法处理抵押物和质押物。
- 向保证人追索透支款项。
- 通过司法机关的诉讼程序进行追偿。

二、 办理汇兑的一些注意事项

汇兑结算适用范围广，手续简便易行，灵活方便，因而是目前一种应用极为广泛的结算方式。单位和个人的各种款项的结算，均可使用汇兑结算方式，但在办理汇兑时需要特别注意以下事项。

汇兑凭证上记载收款人为个人的，收款人需要到汇入银行领取汇款，汇款人应在汇兑凭证上注明“留行待取”字样；留行待取的汇款，需要指定单位的收款人领取汇款的，应注明收款人的单位名称；信汇凭收款人签章支取的，应在信汇凭证上预留其签章。如果汇款人确定不得转汇的，应在汇兑凭证备注栏上注明“不得转让”字样。

汇款人和收款人均为个人，需要在汇入银行支取现金的，应在信汇、电汇凭证的“汇款金额”大写栏先填写“现金”字样，后填写汇款金额。

真题精练

一、单选题

1. 以下支出项目中属于现金开支范围内的是（　　）。

A. 大宗物资采购　　B. 上缴税金

C. 职工工资　　D. 购置固定资产

2. 单位、个人和银行办理支付结算必须使用（　　）统一规定印制的票据和结算凭证。

A. 中国银行　　B. 中国人民银行　　C. 财政部　　D. 开户行

3. 银行存款结算账户按存款人不同，分为单位银行结算账户和（　　）结算账户。

A. 基本存款　　B. 专用存款　　C. 个人银行　　D. 一般存款

4. 下列支付结算中属于票据结算的是（　　）。

A. 托收承付　　B. 委托收款　　C. 汇票　　D. 汇兑

5. 关于银行卡的申领，以下说法错误的是（　　）。

A. 申领单位卡的单位必须在中国境内金融机构开立基本存款账户

B. 单位卡只限申领一张

C. 有完全民事行为能力的公民可以申领个人卡

D. 个人卡的主卡持卡人，申领的附属卡最多不得超过两张

6. 汇兑分为信、电汇两种，具体由（　　）选择使用。

A. 收款人　　B. 汇款人　　C. 汇入行　　D. 汇出行

二、多选题

1. 根据《现金管理暂行条例》规定，下列经济事项可以使用现金的是（　　）。

A. 职工工资、津贴　　B. 2 000元的零星支出

C. 出差人员必须随身携带的差旅费　　D. 向个人收购农副产品和其他物资的货款

2. 支付结算是指单位和个人在社会经济活动中使用（　　）等方式进行货币给付及资金清算的行为。

A. 票据　　B. 汇兑　　C. 托收承付　　D. 现金

3. 根据有关规定，银行结算账户的管理应遵守的原则包括（　　）。

A. 一个基本存款账户原则　　B. 自愿选择原则

C. 存款保密原则　　D. 守法合规原则

4. 根据《票据法》的规定，下列属于票据行为的有（　　）。

A. 背书　　B. 保证　　C. 出票　　D. 保全

5. 按照是否给予持卡人授信额度，可以将银行卡分为（　　）。

A. 人民币卡　　B. 外币卡　　C. 信用卡　　D. 借记卡

三、判断题

1. 银行是支付结算和资金清算的中介机构。（　　）

2. 存款人因借款或其他结算需要申请开立一般存款账户，其数量是只能开立一个。（　　）

3. 票据行为，是指票据当事人以票据债务为目的的、以在票据上签名或盖章为权利义务成立要件的法律行为，包括出票、背书、承兑3种。（　　）

4. 银行卡只能由商业银行向社会发行。（　　）

5. 我国信用证在办理必要手续后可以转让。（　　）

四、案例分析题

飓风公司根据合同向海洋公司购买产品，并签发了一张金额为20 050万元的商业汇票，期限为半年，出票日期为2015年1月1日，在填写该汇票时不慎将金额填写为20 060万元。海洋公司将飓风公司填写错误的金额改正，并于同年7月5日背书转让给山峰公司，并将付款日期另行记载为7月20日。

要求：根据上述资料，回答下列问题。

1. 下列各项中属于无效行为的有（　　）。

A. 飓风公司向海洋公司购买产品

B. 飓风公司向海洋公司签发支票

C. 海风公司将飓风公司填写错误的金额改正

D. 海风公司修改支票的付款日期

2. 根据《票据法》的规定，下列日期中，持票人得到山峰公司的提示付款时间符合规定的有（　　）。

A. 2015年2月5日　　B. 2015年1月9日

C. 2014年6月21日　　D. 2015年7月15日

3. 如果海洋公司于2015年2月20日才提示付款，以下说法正确的有（　　）。

A. 银行不予受理　　B. 银行应受理

C. 票据权利丧失　　D. 票据失效

4. 20 050万元正确的大写金额应为（　　）。

A. 贰万零伍拾元整　　B. 人民币贰万零零伍拾元

C. 人民币贰零零伍拾元　　D. 人民币贰万零伍拾元

5. 如果海洋公司将飓风公司填写错误的金额改正，并据以入账。该行为属于（　　）。

A. 变造会计凭证　　B. 伪造会计凭证

C. 伪造会计报表　　D. 变造会计报表

PART 3

项目三 税收法律制度

项目引入

叶丽娜：杜老师，我想请问我们去消费为什么有义务向老板索要发票呢？我们拿到发票有什么用呢？如果我不报销的话，好像就更没有多大意义了。

杜老师：这可能是很多人都存在的疑惑，但这是监督商家缴纳税款的一种表现，特别是我们身为会计人员，就更应该知道税收对于经济的重要性了。

叶丽娜：我知道，我们也要缴纳税款，比如个人所得税。

杜老师：对，但这只是其中的一部分，我们要了解的税收法律制度还有很多。

叶丽娜：那我更要好好学习才行了。

学习目标

- 了解税收的概念以及税法的构成要素。
- 掌握主要税种的概念、征收范围、税目和税率。
- 掌握主要税种的应纳税额的计算。
- 熟悉发票开具与管理，纳税申报等税收征收管理制度。

考情分析

- 题型与分值：单选题、多选题、判断题和案例分析题，所占分值为20%~30%。
- 复习重点与建议：本项目的内容主要是对几种主要税种的计算，所以公式会特别多，重点要记忆这些公式；纳税申报和税款的征收方式也是需要记忆的，建议结合实际进行理解性记忆。

任务一 税收概述

税收是以实现国家公共财政职能为目的，在政治权力和法律规定的基础上，由政府专门机构向居民和非居民就其财产或特定行为实施强制、非罚与不直接偿还的金钱或实物课征，是国家最主要的一种财政收入形式。

【任务目标】

本任务的目标是掌握税收的作用以及特征，重点掌握税收的分类，认真记忆每种分类下的税种名称和概念。

【知识讲解】

一、税收的概念与分类

（一）税收的概念与作用

1. 税收的概念

税收是国家为了满足一般的社会共同需要，凭借政治权力，按照国家法律规定的标准，强制地、无偿地取得财政收入的一种分配形式。它是国家财政收入的主要形式和调节经济的重要杠杆。

2. 税收的作用

税收在不同的历史阶段发挥着不同的作用，在现阶段，税收的作用主要表现在以下四方面。

- **税收是国家组织财政收入的主要形式和工具**：税收在保证和实现财政收入方面起着重要的作用。由于税收具有强制性、无偿性和固定性，因而能保证收入的稳定；同时，税收的征收十分广泛，能从多方筹集财政收入。
- **税收是国家调控经济运行的重要手段**：国家通过税种的设置以及在税目、税率、加成征收或减免税等方面的规定，可以调节社会生产、交换、分配和消费，促进社会经济的健康发展。
- **税收具有维护国家政权的作用**：国家政权是税收产生和存在的必要条件，而国家政权的存在又依赖于税收的存在。没有税收，国家机器就不能有效运转。同时，税收分配不是按照等价原则和所有权原则分配，而是凭借政治权利，对物质利益进行调节，体现国家支持什么、限制什么，从而达到维护和巩固国家政权的目的。
- **税收是国际经济交往中维护国家利益的可靠保证**：国家在征收税款的过程中，一方面要查明情况，正确计算并征收税款；另一方面又能发现纳税人在生产经营过程中，或是在缴纳税款过程中存在的问题。国家税务机关对征税过程中发现的问题，可以采取措施纠正，也可以通知纳税人或政府有关部门及时解决。

（二）税收的特征

税收的特征是指税收分配形式区别于其他财政分配形式的质的规定性。税收的特征主要包括强制性、无偿性和固定性。

1. 强制性

税收的强制性是指税收是国家以社会管理者的身份，凭借政权力量，通过颁布法律或政令来进行强制征收。国家征税不受财产直接所有权归属的限制，国家对不同所有者都可以行使征税权。强制性特征体现在两个方面：一方面税收分配关系的建立具有强制性，即税收征收完全是凭借国家拥有的政治权力；另一方面是税收的征收过程具有强制性，即如果出现了税务违法行为，国家可以依法进行处罚。

2. 无偿性

无偿性是指国家征税对具体纳税人既不需要直接偿还，也不需要付出任何形式的直接报酬。无偿性是税收区别与其他财政收入的关键特征。无偿性体现在两个方面：一方面是指政府获得税收收入后无需向纳税人直接支付任何报酬；另一方面是指政府征得的税收收入不再直接返还给纳税人。税收无偿性是税收的本质体现，它反映的是一种社会产品所有权、支配权的单方面转移关系，而不是等价交换关系。税收的无偿性是区分税收收入和其他财政收入形式的重要特征。

知识补充

税收的无偿性是税收特征的核心，是区别其他财政收入的关键。如国有企业上缴利润收入具有强制性和一定程度的固定性，但不具有无偿性；国家机关的收费具有强制性和固定性，但不具有无偿性；罚没收入具有强制性和一定程度的固定性，但不具有无偿性。

3. 固定性

固定性是指国家征税必须通过法律形式，按照国家法令规定的标准征收的，即纳税人、课税对象、税目、税率、计价办法和期限等，都是税收法令预先规定了的。税收固定性的含义包括3个层次，即课税对象上的非惩罚性，征税时间上的连续性和征税比例上的限度性。税收的固定性特征，是税收区别于罚没、摊派等财政收入形式的重要特征。

税收的固定性有以下两个含义。

- **具有相对稳定性**：国家对纳税人只能按预定的标准征税，不能任意降低或提高预定的征收标准。税法在一定时期内相对稳定，不能朝令夕改。
- **税收征收数量具有有限性**：税收只能按照事先规定的、国家与纳税人在经济上都能接受的标准有限度地征收。

试题精讲

【多选题】税收与其他财政收入形式相比，具有以下（　　）特征。

A. 强制性　　B. 互惠性

C. 无偿性　　D. 固定性

【答案】A、C、D

【解析】税收的特征主要包括强制性、无偿性和固定性3个特征。

（三）税收的分类

税收制度的主体是税收的种类，当今世界各国普遍实行由多个税种组成的税收体系。按某一种标志，把性质相同或近似的税种归为一类，而与其他税种相区别，这就是税种分类。按照不同的分类标志，税种的分类方法一般有以下几种。

1. 按征税对象分类

征税对象是税法的一个基本要素，是一种税区别于另一种税的主要标志。因此，按征税对象的不同来分类，是税种最基本和最主要的分类方法。按照这个标准，我国税种大体可分为以下5类。

（1）流转税

流转税是指以货物或劳务的流转额为征税对象的一类税收。我国现行的增值税、消费税、营业税和关税都属于流转税类。流转额分为两种，即商品流转额和非商品流转额，具体如图3-1所示。

商品流转额

商品交易发生的流转额称为商品流转额，这个流转额既可以指商品的实物流转额，也可以指商品的货币流转额。商品交易是一种买卖行为，如果税法规定卖方为纳税人，则商品流转额为商品销售数量或销售收入；如果税法规定买方为纳税人，则商品流转额为采购数量或采购支付金额。

非商品流转额

非商品流转额是指各种社会服务性行业提供劳务所取得的业务或劳务收入金额。按销售收入减除物耗后的增值额征收的增值税也归于流转税一类。

图3-1 流转额的分类

流转税一直是我国的主体税种。一方面体现在它的收入在全部税收收入中所占的比重一直较大；另一方面体现在它的调节面比较广泛，对经济的调节作用一直比较显著。流转税具有以下几个特征。

- 征税范围十分广泛。
- 流转税的计征，只问收入有无，而不管经营好坏、成本高低、利润大小。
- 流转税都采用比例税率或定额税率，计算简便，易于征收。
- 流转税形式上由商品生产者或销售者缴纳，但其税款常附着于卖价，易转嫁给消费者负担，而消费者却不直接感到税负的压力。

案例阅读与思考

李女士在商场五一节促销时，购买了一套价值10 000元的高级进口化妆品，虽然价格颇高，但是李女士仍然觉得名牌化妆品值这个价。

在本例中，价值10 000元的高级进口化妆品包含了增值税、消费税、营业税和关税等流转税。看似化妆品的税款是由化妆品商家缴纳，其实商家已将高昂的税款包含在化妆品的卖价里，无形中转嫁给了购买化妆品的消费者。

（2）所得税

所得税也称收益税，是指以纳税人的各种所得额为课税对象的一类税收。现阶段，我国所得税类主要包括企业所得税、个人所得税等。税法规定应当征税的所得额，主要包括以下四个方面。

- **有合法来源的所得**：合法的所得包括生产经营所得（如利润等）、提供劳务所得（如工资、薪金、劳务报酬等）、投资所得（如股息、利息、特许权使用费收入等）和其他所得（如财产租赁所得、遗产继承所得等）四类。
- **纳税人的货币所得，或能以货币衡量或计算其价值的经济上的所得**：此类所得不包括荣誉性、知识性的所得和体质上、心理上的所得。
- **纳税人的纯所得**：纳税人在一定时期内的总收入扣除成本、费用以及纳税人个人的生活费用和赡养近亲的费用后的净所得。

- **增强纳税能力的实际所得**：例如，利息收入可增加纳税人的纳税能力，可作为所得税的征收范围；而存款的提取，就不应列入征税范围。

知识补充

所得税是对纳税人在一定时期（通常为1年）的合法收入总额减除成本费用和法定允许扣除的其他各项支出后的余额（即应纳税所得额）征收的税。所得税由于征收面较为广泛，因此成为经济发达国家的主要收入来源。在我国，随着经济的发展，人民所得的增加，所得税已成为近年来收入增长较快的一类税。

（3）财产税

财产税是以纳税人所拥有或支配的特定财产为征税对象的一类税收。我国现行的房产税、车船使用税等属于财产税类。开征这类税收除可为国家取得财政收入外，对提高财产的利用效果、限制财产不必要的占有量也有一定作用。征收财产税具有以下几个特征。

- 财产税可以为地方财政提供稳定的收入来源。
- 征收财产税可以防止财产过分集中于少数人，从而调节社会财富的分配。
- 由于纳税人的财产分布地不尽一致，征收财产税可以便于当地政府对其进行因地制宜的征收管理。

试题精讲

【单选题】按照征税对象划分税种体系，房产税、契税属于（　　）。

A. 资源税类　　B. 所得税类

C. 财产税类　　D. 特定行为税类

【答案】C

【解析】房产税和契税的征税对象属于财产类，所以应是选项C财产税类。

（4）资源税

资源税是以自然资源和某些社会资源作为征税对象的一类税收。我国现行的资源税、土地增值税和城镇土地使用税等属于此类税收。征收这类税有以下两个目的。

- 取得资源消耗的补偿基金，保护国有资源的合理开发利用。
- 调节资源级差收入，以利于企业在平等的基础上开展竞争。

资源税具有以下特征。

- 只对特定资源征收税。
- 具有极差收入税的特点。
- 实行从量定额征收。
- 属于中央和地方共享税。

（5）行为税

行为税也称特定目的税，是指国家为了实现特定目的，以纳税人的某些特定行为为征税对象的一类税收。车辆购置税、城市维护建设税等属于此类税收。征收这类税有以下两个目的。

- 对某些特定行为进行限制、调节，使微观活动符合宏观经济的要求。
- 开辟地方财源，达到特定的目的。

行为税具有以下特征。

- 特殊的目的性。
- 较强的政策性。
- 临时性和偶然性。
- 税源的分散性。

2. 按征收管理的分工体系分类

税收按征收管理的分工体系不同，可分为工商税类和关税类两种类型，具体如下。

- **工商税类**：工商税类是指以从事工业、商业和服务业的单位和个人为纳税人的各种税的总称。工商税类由税务机关负责征收管理，是我国现行税制的主体部分。工商税收的征收范围较广，既涉及社会再生产的各个环节，也涉及生产、流通、分配和消费的各个领域，是筹集国家财政收入，调节宏观经济最主要的税收工具，占税收总额的90%以上。
- **关税类**：关税类是国家授权海关将出入关境的货物和物品作为征税对象的一类税收，主要是指进出口关税以及对入境旅客行李物品和个人邮递物品征收的进口税。关税是中央财政收入的重要来源，也是国家调节进出口贸易的主要手段。

3. 按税收征收权限和收入支配权限分类

税收按征收权限和收入支配权限不同，可分为中央税、地方税和中央与地方共享税，具体如下。

- **中央税**：中央税是指由中央政府征收和管理使用或者地方政府征税后全部划解中央，由中央所有和支配的税收。消费税（含进口环节由海关代征的部分）、关税、海关代征的进口环节增值税等为中央税。
- **地方税**：地方税是由地方政府征收、管理和支配的一类税收。地方税主要包括城镇土地使用税、耕地占用税、土地增值税、房产税、车船使用税、契税等。
- **中央与地方共享税**：中央与地方共享税是指税收收入由中央和地方政府按比例分享的税收。如增值税、营业税、企业所得税和个人所得税等，目前由国家税务局负责征收管理。

名师点睛

同一种税在不同的分类标准中可归于不同的类别，如增值税既属于流转税类，也属于工商税类，还属于中央与地方共享税和从价税。

试题精讲

【多选题】中央税属于中央政府的财政收入，由国家税务局征收管理;地方税属于各级地方政府的财政收入，由地方税务局征收管理，下列属于中央税的有（　　）。

A. 消费税　　B. 关税

C. 城市维护建设税　　D. 增值税

【答案】A、B

【解析】消费税和关税属于中央税，城市维护建设税属于地方税，增值税属于中央与地方共享税。

4. 按计税标准不同分类

税收按照计税标准不同，可分为从价税、从量税和复合税，具体如下。

- **从价税**：从价税是以课税对象的价格作为计税依据征收的一种税，一般实行比例税率和累进税率，税收负担比较合理。如我国现行的增值税、营业税、企业所得税、个人所得税等税种。
- **从量税**：从量税是以课税对象的实物量作为计税依据征收的一种税，一般采用定额税率。如我国现行的车船使用税、土地使用税、对啤酒和黄酒征收的消费税等。
- **复合税**：复合税是对征税对象采用从价和从量相结合的计税方法征收的一种税。如我国现行的消费税中对卷烟、白酒等征收的消费税。

二、税法及其构成要素

（一）税法的概念

1. 税法的概念

税法是指税收法律制度，是国家权力机关和行政机关制定的用以调整国家与纳税人之间在税收征纳方面的权利与义务关系的法律规范的总称，是国家法律的重要组成部分。税法的概念包括以下几个方面的含义。

- **国家权力机关是指国家最高权力机关，在我国即是全国人民代表大会及其常务委员会**：在一定的法律框架之下，地方立法机关往往拥有一定的税法立法权，因此也是制定税法的主体。此外，国家最高权力机关还可以授权行政机关制定某些税法，获得授权的行政机关也是制定税法的主体的构成者。
- **税法的调整对象是税收分配中形成的权利义务关系**：从经济角度讲，税收分配关系是国家参与社会剩余产品分配所形成的一种经济利益关系，包括国家与纳税人之间的税收分配关系和各级政府间的税收利益分配关系两个方面。这种经济利益关系是借助法律的形式规定国家与纳税人可以怎样行为、应当怎样行为和不能怎样行为，即通过设定税收权利与义务来实现的。如果说实现税收分配是目标，从法律上设定税收权利义务则是实现目标的手段。税法调整的是税收权利与义务之间的关系，而不是税收分配关系。
- **税法有广义和狭义之分**：从广义上讲，税法是各种税收法律规范的总和，即由税收实体法、税收程序法等构成的法律体系。从立法层次上划分，则包括由国家最高权力机关，即全国人民代表大会正式立法制定的税收法律，由国务院制定的税收法规或由省级人民代表大会制定的地方性税收法规，由有关政府部门制定的税收规章等。从狭义上讲，税法指的是经过国家最高权力机关正式立法的税收法律，如我国的个人所得税法、税收征收管理法等。

2. 税收与税法的关系

税收和税法是密不可分的，两者的联系和区别如下。

- **两者的联系**：税收活动必须严格依税法的规定进行，税法是税收的法律依据和法律保障。而税法又必须以保障税收活动的有序进行为其存在的理由和依据。
- **两者的区别**：税收作为一种经济活动，属于经济基础范畴。税法是一种法律制度，属于上层建筑范畴。税收是经济学概念，税法则是法学概念。

（二）税法的分类

1. 按照税法功能作用的不同，将税法分为税收实体法和税收程序法

- **税收实体法**：税收实体法是规定税收法律关系主体的实体权利、义务的法律规范的总称。税收实体法具体规定了各种税种的征收对象、征收范围、税目、税率等，是

国家向纳税人行使征税权和纳税人负担纳税义务的要件，只有具备这些要件时，纳税人才负有纳税义务，国家才能向纳税人征税。税收实体法直接影响到国家与纳税人之间权利与义务的分配，是税法的核心部分，没有税收实体法，税法体系就不能成立。如《企业所得税法》《个人所得税法》就属于税收实体法。

- **税收程序法**：税收程序法是税务管理方面的法律规范。税收程序法主要包括税收管理法、纳税程序法、发票管理法、税务机关组织法、税务争议处理法等。税收程序法是指如何具体实施税法的规定，是税法体系的基本组成部分。

2. **按照主权国家行使税收管辖权的不同，可分为国内税法、国际税法和外国税法**

- **国内税法**：国内税法是指一国在其税收管辖权范围内，调整国家与纳税人之间权利、义务关系的法律规范的总称，是由国家立法机关和经由授权或依法律规定的国家行政机关制定的法律、法规和规范性文件。
- **国际税法**：国际税法是指两个或两个以上的课税权主体对跨国纳税人的跨国所得或财产征税形成的分配关系，并由此形成国与国之间的税收分配形式，主要包括双边或多边国家间的税收协定、条约和国际惯例。
- **外国税法**：是指外国各个国家制定的税收法律制度。

3. **按照税法法律级次划分，分为税收法律、税收行政法规、税收规章和税收规范性文件**

- **税收法律**：税收法律是指享有国家立法权的国家最高权力机关，依照法律程序制定的规范性税收文件。我国税收法律是由全国人民代表大会及其常务委员会制定的，我国现行税法体系中，《企业所得税法》《个人所得税法》和《税收征收管理法》等属于税收法律。
- **税收行政法规**：税收行政法规是由国务院制定的有关税收方面的行政法规和规范性文件。我国目前税法体系的主要组成部分即为税收行政法规，它由国务院制定的税收行政法规和由地方立法机关制定的地方税收法规两部分构成，其具体形式主要是“条例”或“暂行条例”。我国现行的《中华人民共和国个人所得税法实施细则》和《中华人民共和国增值税暂行条例》等都属于税收行政法规。
- **税收规章和税收规范性文件**：税收规章和税收规范性文件是指由国务院财税主管部门根据法律和国务院行政法规或者规范性文件的要求，在本部门权限范围内发布的有关税收事项的规章和规范性文件，包括命令、通知、公告、通告、批复、意见和函等文件形式。

名师点睛

税收法律、税收行政法规、税收规章和税收规范性文件的法律效力从高到低依次为税收法律 > 税收行政法规 > 税收规章和税收规范性文件。

试题精讲

【单选题】按税收法律级次划分，《消费税暂行条例》属于（　　）。

A. 税收法律　　B. 税收行政法规　　C. 税收规章　　D. 税收规范性文件

【答案】B

【解析】税收行政法规是由国务院制定的有关税收方面的行政法规和规范性文件，其具体形式主要是“条例”或“暂行条例”。

（三）税法的构成要素

税法的构成要素是指各种单行税法具有的共同的基本要素的总称。税法的构成要素一般包括征税人、纳税义务人、征税对象、税目、税率、计税依据、纳税环节、纳税期限、纳税地点、减免税和法律责任等项目。其中，纳税义务人、征税对象、税率是构成税法的3个最基本的要素。

1. 征税人

征税人就是征税的主体，是指在税收法律关系中行使税收征管权，依法进行税款征收行为的一方当事人。由于税收是以国家为主体的特殊分配形式，所以，征税主体只能是国家。在我国，代表国家行使征税职权的各级税务机关和其他征收机关包括各级税务机关、财政机关和海关。

我国税务机关分为国家税务局和地方税务局两大系统。国家税务局主要负责征收中央税、中央与地方共享税；地方税务局主要负责征收地方税。海关是国家的进出关境监督管理机关，是代表国家在进出关境环节实施监督管理的机关，负责征收关税。

2. 纳税义务人

纳税义务人是纳税的主体，是依法直接负有纳税义务的自然人（包括个体经营者）、法人和其他组织。纳税人是按照税种确定的，在我国，纳税人包括以下几种类型。

- 全民所有制企业。
- 城乡各类集体所有制企业。
- 中外合资、合作经营企业、外资企业。
- 国家行政机关和事业单位。
- 私营企业。
- 个体工商户、农村专业户、承包户。
- 依税法规定应纳个人所得税和个人收入调节税的个人。

试题精讲

【判断题】纳税人是纳税的主体，通常所说的负税人也就是指纳税人。（　）

【答案】×

【解析】这里需要区别纳税人和负税人的概念，负税人是指税收的实际负担者，纳税人不等于负税人。

知识补充

纳税人、负税人和代扣代缴义务人这三个概念是有区别的。一般来说，所得税的纳税人就是负税人，而流转税的负税人是指税收的实际负担者。纳税人不等于负税人。代扣代缴义务人是指有义务从其持有的纳税人收入中扣除应纳税额并代为缴纳的单位和个人。

3. 征税对象

征税对象又称课税对象，是征税的客体，即对什么征税。征税对象是税法最基本的要素，是区别不同税种的重要标志。每一种税都必须明确规定对什么征税，体现了税收范围的广度。一般来说，不同的税种有着不同的课税对象，不同的课税对象决定着税种所应有的性质不同。如消费税是对消费品征税，其征税对象就是消费品（如烟、酒都是消费税的征税对象）；房产税是对房屋征税，其征税对象就是房屋。凡是列入某一税种的征税对象，只要在这种税的征收范围内即要征税；而没有列入征税对象的，就不在这种税的征收范围内，即不征这种税。

试题精讲

【单选题】征税对象又称课税对象，是（　　），即对什么征税。

A. 征税的主体　　B. 纳税的主体

C. 征税的客体　　D. 纳税的客体

【答案】C

【解析】征税对象是纳税的客体，也就是对什么征税。

案例阅读与思考

海丽公司是一家中外合资的大型化妆品公司，2014年11月，海丽公司向当地税务机关缴纳企业所得税、消费税和城镇土地使用税等相关税费共计1 500万元人民币。

在本例中，海丽公司是纳税的主体，也就是纳税义务人；征税主体只能是国家，当地税务机关是国家税收权力机关，是征税的主体；征税的客体，也就是征税对象，不同的税种针对的对象是不同的，比如在本例中，海丽公司缴纳的企业所得税的征税对象是销售化妆品所得，消费税的征税对象是化妆品本身，城镇土地使用税的征税对象是公司占用的国家土地。

4. 税目

税目是纳税对象的具体化，是各个税种所规定的具体征税项目。税目体现了征税的广度，不同税目的税率及征免规定也不尽相同。制定税目的目的有以下两点。

- 明确征税的范围，体现征税的广度，凡属于列举税目之内的产品或收入即为应税对象，反之则为非应税对象。
- 对具体征税项目进行归类和界定，以针对不同的税目确定差别税率。

知识补充

税目的制定方法有列举法和概括法两种。列举法即按照每种商品或经营项目分别设置税目，必要时还可以在一个税目下设若干子税目；概括法即把性质相近的产品或项目归类设置税目，如按产品大类或行业设置税目。

5. 税率

税率是指应纳税额与征税对象的比例或征收额度，它是计算税额的尺度，反映了征税的深度。税率的高低，直接关系到国家收入的多少和纳税义务人的负担轻重。我国现行的税率主要有比例税率、定额税率和累进税率3种类型。

（1）比例税率

比例税率是指对同一征税对象，不论金额大小均按同一比例征税的税率。如增值税的基本税率为17%，营业税的基本税率为3%、5%，企业所得税的税率为25%等。比例税率的优点表现在：同一课税对象的不同纳税人税收负担相同，能够鼓励先进，鞭策落后，有利于公平竞争；计算简便，有利于税收的征收管理。但是，比例税率不能体现“能力大者多征、能力小者少征”的原则。比例税率在具体运用上可分为以下3种。

- **单一比例税率**：单一比例税率是指对同一征税对象的所有纳税人都适用同一比例税率。
- **差别比例税率**：差别比例税率是指对同一征税对象的不同纳税人适用不同的比例征税。具体又分为三种形式：一是行业差别比例税率，即按不同行业规定不同的税率，同一行业采用同一税率；二是产品差别比例税率，即对不同产品规定不同税率，同一产品采用同一税率；三是地区差别比例税率，即对不同地区实行不同税率。

- **幅度比例税率**：幅度比例税率是指中央只规定一个幅度税率，各地可在此幅度内，根据本地区实际情况，选择、确定一个比例作为本地适用税率。

（2）定额税率

定额税率（固定税额）是指对单位征税对象规定固定的税额，而不采用百分比的形式。定额税率适用于从量计征的税种，目前采用定额税率的有城镇土地使用税和车船使用税等。

（3）累进税率

累进税率是按征税对象数额的大小，划分为几个等级，不同等级的课税数额分别适用于不同税率，数额越大税率越高，一般适用于对所得额的征税。累进税率多在收益课税中使用，有全额累进税率、超额累进税率、超率累进税率和超倍累进税率4种形式。我国现行税法体系采用的累进税率形式只有超额累进税率、超率累进税率。如工资、薪金所得缴纳的个人所得税采用超额累进税率。

- **全额累进税率**：全额累进税率是把征税对象的数额分为若干级，确定不同等级的税率，征税对象的全部数额达到哪一级，就按哪一级的税率征税。
- **超额累进税率**：超额累进税率是指将应税所得额按照税法规定分解为若干段，每一段按其对应的税率计算出该段应缴的税额，然后将计算出来的各段税额相加，即为应税所得额应缴纳的税款。其计算公式为

应纳税额=应税所得额×适用税率−速算扣除数

- **超率累进税率**：超率累进税率是指即以征税对象数额的相对率划分若干级距，分别规定相应的差别税率，相对率每超过一个级距的，对超过的部分就按高一级的税率计算征税。

试题精讲

【单选题】对同一课税对象，无论其数额大小，都按照相同比例征税的税率是（　　）。

A. 比例税率　　B. 累进税率

C. 定额税率　　D. 幅度税率

【答案】A

【解析】比例税率是指对同一征税对象，不论金额大小均按同一比例征税的税率。

6. 计税依据

计税依据又称计税标准、税基，它是计算应纳税额的依据或标准，即根据什么来计算纳税人应缴纳的税额。计税依据是课税对象的量的表现，计税依据的数额同税额成正比关系，计税依据的数额越多，应纳税额也越多。多数情况下，计税依据和征税对象是一致的，如营业税，其计税依据和征税对象都是营业额。计税依据分为从价计征、从量计征和复合计征3种类型。

- **从价计征**：从价计征以计税金额为计税依据。除一些特殊性质的税种外，绝大多数的税种都采取从价计征。如企业所得税是以应纳税所得额的多少作为计税依据，消费税中的大部分应税消费品以销售额作为计税依据。其计算公式为

计税金额=征税对象的数量×计税价格

应纳税额=计税金额×适用税率

- **从量计征**：从量计征以征税对象的重量、体积、数量为计税依据。如消费税中的黄酒、啤酒以吨数为计税依据；汽油、柴油以升数为计税依据。其计算公式为

应纳税额=计税数量×单位适用税额

- **复合计征**：复合计征既包括从量计征又包括从价计征，是以两种计税依据的税额之和为课税对象的税额。如我国对卷烟、白酒等征收的消费税则采用复合计征。其计算公式为

应纳税额=计税数量×单位适用税额+计税金额×适用税率

名师点睛

征税对象、税目和计税依据（税基）这3个概念可进行对比记忆：征税对象是说明税法规定对什么征税；税目是对征税对象分类规定的具体的征税项目，是对课税对象的质的界定；计税依据则是据以计算征税对象应纳税款的直接数量依据，是对课税对象的量的规定。

7. 纳税环节

纳税环节是税法规定的征税对象在从生产到消费的流转过程中应当缴纳税款的环节。纳税环节的存在，取决于课税客体即征税对象的运动属性，包括所处位置的变换和所有者的变更。国家在规定某种征税对象时，必须明确规定其纳税环节，即发生纳税义务的时间和场所。税收制度按照纳税环节的多少分为以下两类。

- **一次课征制**：一次课征制是指同一税种在商品流转的全过程中只选择某一环节课征的制度，如对金银首饰在零售环节征收消费税。
- **多次课征制**：多次课征制是指同一税种在商品流转全过程中选择两个或两个以上环节课征的制度，如在商品的生产、批发、零售环节均征收增值税。

8. 纳税期限

纳税期限是指纳税人的纳税义务发生后应依法缴纳税款的期限。它是税收强制性、固定性在时间上的体现。任何纳税人都必须如期纳税，否则就是违反税法，应受到法律制裁。纳税期限一般分为两种：一是按期纳税，如增值税的纳税期限根据纳税人的生产和经营情况与应纳税额的大小分别核定为1天、3天、5天、10天、15天、1个月、一个季度为一期，逐期计算缴纳；二是按次缴纳，如进口商品应纳的增值税是在纳税人发生纳税义务后，按次计算缴纳。

9. 纳税地点

纳税地点是纳税人依据税法规定向征收机关申报纳税的具体地点。一般实行属地管辖，通常，税法中规定的纳税地点主要是机构所在地、经济活动发生地、财产所在地、报关地等。

试题精讲

【单选题】纳税人销售应税消费品，应当向（　　）主管税务机关申报纳税。

A. 机构所在地　　B. 纳税人核算地

C. 口岸地　　D. 消费品生产地

【答案】B

【解析】纳税地点是纳税人具体缴纳税款的地点。一般实行属地管辖，通常，税法中规定的纳税地点主要是机构所在地、经济活动发生地、财产所在地、报关地等，销售应税消费品应在经济活动发生地即纳税人核算地申报纳税。

10. 减免税

减免税是指国家对某些纳税人和征税对象给予鼓励和照顾的一种特殊规定。它体现了税收的统一性和必要的灵活性。减免税主要包括以下3个方面的内容。

- **减税和免税**：减税是指对应纳税款少征一部分税款；免税则是免征全部应纳税额。包括一次性减税免税、一定期限的减税免税、困难照顾性减税免税、扶持发展性减税免税等类型。
- **起征点**：起征点是对征税对象达到一定数额才开始征税的界限。征税对象的数额未达到起征点的不征税；达到或超过起征点的，则就其全部数额征税。
- **免征额**：免征额是征税对象总额中免予征税的数额，免征额的部分不征税；只就其超过免征额的部分征税。

试题精讲

【判断题】根据税法规定，起征点是指对征税对象总额中免于征税的数额，即将纳税对象中的一部分减免，只就减除后的剩余部分计征税款。（　）

【答案】×

【解析】起征点是指对征税对象达到一定数额才开始征税的界限。征税对象的数额没有达到规定的数额不征税，达到规定数额的，就其全部数额征税。题干的描述属于免征额的概念

名师点睛

读者应注意起征点和免征额两者的区别，未达到起征点和免征额时都不交税，但是一旦超过起征点是全额征税，超过免征额则只对超过部分征税。

11. 法律责任

这里的法律责任是指对违反国家税法规定的行为人采取的处罚措施，主要包括以下两种。

- 纳税主体（纳税人和扣缴义务人）因违反税法而应承担的法律责任。
- 作为征税主体的国家机关，主要是实际履行税收征收管理职能的税务机关等，因违反税法而应承担的法律责任。

【任务实施】

结合前文的讲解，将表3-1中“代表税种”一栏空白处填制完成。

表3-1 常见税收的分类及其代表税种

分类标准	类型	代表税种
征税对象	流转税类	
	所得税类	
	财产税类	
	资源税类	
	行为税类	

续表

分类标准	类型	代表税种
征收管理的分工体系	工商税类	
	关税类	
征收权限和收入支配权限	中央税	
	地方税	
	中央与地方共享税	
计税标准	从价税	
	从量税	
	复合税	

任务二 认识主要税种

税收种类，简称“税种”，税种是指一国税收体系中的具体税收种类，是基本的课税单元，根据征税对象的不同可将税收划分成不同的种别。本任务要认识的主要税种有增值税、消费税、营业税、企业所得税和个人所得税5种。

【任务目标】

本任务的目标是掌握5种主要税种的概念、分类、税率和应纳税额，另外，应重点学习和掌握各税种的应纳税额的计算方式，特别是消费税和个人所得税的应纳税额的计算，由于类型较多，因此更加复杂，应着重掌握。

【知识讲解】

一、增值税

（一）增值税的概念与分类

1. 增值税的概念

增值税是对销售货物或者提供加工、修理修配劳务以及进口货物的单位和个人就其实现的增值额征收的一个税种。从计税原理上讲，增值税是以商品（含应税劳务）在流转过程中产生的增值额作为计税依据而征收的一种流转税。增值税具有价外计税、从价计税和多环节不重复征税等特点。

增值税是对商品生产、流通、劳务服务中多个环节的新增价值或商品的附加值征税，在实际当中，商品新增价值或附加值在生产和流通过程中是很难准确计算的。因此，我国也采用国际上普遍采用的税款抵扣的办法。即根据销售商品或劳务的销售额，按规定的税率计算出销售税额，然后扣除取得该商品或劳务时所支付的增值税款，也就是进项税额，其差额就是增值部分应缴的税额。

2. 增值税的分类

按对外购固定资产处理的方式不同，增值税可分为生产型增值税、收入型增值税和消费型增值税。这3种增值税的特点和适用范围如表3-2所示。

表 3-2 各类增值税的特点及适用范围

类 型	特 点	适用范围
消费型增值税	①当期购入固定资产价款一次全部扣除 ②彻底消除重复征税，利于技术进步	我国于2009年1月1日起实行
收入型增值税	对外购固定资产只允许扣除当期折旧部分	—
生产型增值税	①不允许扣除任何外购固定资产价款 ②存在重复征税，抑制固定资产投资	—

3. 增值税改革

我国自1979年开始试行增值税，分别于1984年、1993年、2009年和2012年进行了4次重要改革。2011年，经国务院批准，财政部、国家税务总局联合下发营业税改征增值税试点方案。自2012年1月1日起，在上海交通运输业和部分现代服务业开展营业税改征增值税试点。自2012年8月1日起至2012年底，国务院将扩大“营改增”试点至10省市。截至2013年8月1日，“营改增”范围已推广到全国。自2014年1月1日起，将铁路运输和邮政服务业纳入营业税改征增值税试点，至此交通运输业已全部纳入“营改增”范围。自2014年6月1日起，将电信业纳入营业税改征增值税试点范围。

（二）增值税的征税范围

1. 征税范围的基本规定

（1）销售或者进口的货物

货物是指有形动产，包括电力、热力、气体在内。销售货物是指有偿转让货物的所有权。进口应税货物除依法征收关税外，在进口环节还要由海关代收增值税。

（2）提供的加工、修理修配劳务

提供加工、修理修配劳务是指有偿提供加工、修理修配劳务，但单位或个体经营者聘用的员工为本单位或雇主提供加工、修理修配劳务的，不包括在内。

（3）提供的应税服务

提供应税服务是指有偿提供应税服务，但不包括非营业活动中提供的应税服务。有偿是指取得货币、货物或者其他经营利益。非营业活动包括如下几项。

- 非企业性单位按照法律和行政法规的规定，为履行国家行政管理和公共服务职能收取政府性基金或者行政事业性收费的活动。
- 单位或者个体工商户聘用的员工为本单位或者雇主提供应税服务。
- 单位或者个体工商户为员工提供应税服务。
- 财政部和国家税务总局规定的其他情形。

试题精讲

【多选题】下列经济业务中，应该缴纳增值税的有（　　）。

A. 提供加工、修理修配劳务　　B. 提供有形动产租赁服务

C. 销售货物　　D. 销售不动产

【答案】A、B、C

【解析】选项D不属于缴纳增值税的范围。

2. 应税服务的具体内容

应税服务有交通运输业、邮政业和部分现代服务业3种，具体内容如下。

- **交通运输业**：交通运输业是指使用运输工具将货物或者旅客送达目的地，使其空间位置得到转移的业务活动。包括陆路运输服务、水路运输服务、航空运输服务和管道运输服务。
- **邮政业**：邮政业是指中国邮政集团公司及其所属邮政行业提供邮件寄递、邮政汇兑机要通信和邮政代理等邮政基本服务的业务活动。包括邮政普通服务、邮政特殊服务和其他邮政服务。邮政储蓄业务按照金融、保险业税目征收营业税。
- **部分现代服务业**：部分现代服务业是指围绕制造业、文化产业、现代物流产业等提供技术性、知识性服务的业务活动。包括研发和技术服务、信息技术服务、文化创意服务、物流辅助服务、有形动产租赁服务、鉴证咨询服务、广播影视服务。

3. 征收范围的特殊规定

（1）视同销售货物

单位或个体经营者的下列行为，虽然没有取得销售收入，但也视同销售货物，应缴纳增值税。

- 将货物交付其他单位或者个人代销。
- 销售代销货物。
- 设有两个以上机构并实行统一核算的纳税人，将货物从一个机构移送其他机构用于销售，但相关机构设在同一县（市）的除外。
- 将自产、委托加工的货物用于非增值税应税项目。
- 将自产、委托加工的货物用于集体福利或个人消费。
- 将自产、委托加工或购进的货物作为投资，提供给其他单位或个体工商户。
- 将自产、委托加工或购进的货物分配给股东或投资者。
- 将自产、委托加工或购进的货物无偿赠送给其他单位或个人。

知识补充

“集体福利或个人消费”是指企业内部设置的供职工使用的食堂、浴室、理发室、宿舍、幼儿园等福利设施及设备、物品等，或者以福利、奖励、津贴等形式发放给职工个人的物品。

案例阅读与思考

A企业为一家生产月饼的大型民营企业，在中秋佳节当天，将企业自己生产的价值共计150 000元的月饼发给单位所有职工，当作中秋节给职工的中秋福利。由于将企业自产的货物用于集体福利的，仍需要缴纳增值税，所以，在本例中，企业将自产的月饼发放给员工作为中秋福利仍需要缴纳增值税。

（2）视同提供应税服务

单位和个体工商户的下列情形，视同提供应税服务。

- 向其他单位或者个人无偿提供交通运输业和部分现代服务业服务，但以公益活动为目的或者以社会公众为对象的除外。
- 财政部和国家税务总局规定的其他情形。

（3）混合销售

混合销售是指一项销售行为既涉及货物销售，又涉及提供非增值税应税劳务的销售行为。

- 一般税务处理是工业、商业等的混合销售行为缴纳增值税，其他缴纳营业税，不分别计税。但是，销售自产货物并同时提供建筑业劳务的行为，需要分开计税，如果不能分别核算计税的，由税务机关核定。未分别核算的，由主管税务机关核定其自产货物的销售额。
- 从事货物的生产、批发或零售的企业、企业性单位及个体经营者的混合销售行为，视为销售货物，不征收营业税；其他单位和个人的混合销售行为，视为提供应税劳务，应当征收营业税。

（4）兼营非应税劳务

兼营非应税劳务是指纳税人的经营范围既包括销售货物和应税劳务，又包括提供非应税劳务。与混合销售行为不同的是，兼营非应税劳务是指销售货物或提供应税劳务与提供非应税劳务不同时发生在同一购买者身上，也不发生在同一项销售行为中。

纳税人兼营非增值税应税劳务的，应分别核算货物或者劳务的销售额和非增值税应税劳务的营业额；未分别核算的，由主管税务机关核定货物或者应税劳务的销售额。

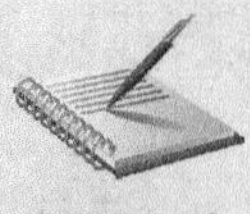

名师点睛

混合销售和兼营非应税劳务的主要区别是增值税应税项目和非增值税应税项目在合同、单据和核算方面是否可分。如果不可分，则为混合销售；如果可分，则为兼营非应税劳务。

（5）混业经营

纳税人兼有不同税率或者征收率的销售货物、提供加工、修理修配劳务或者应税服务的，应当分别核算适用不同税率或征收率的销售额，未分别核算销售额的，从高适用税率或征收率。

试题精讲

【多选题】下列属于增值税应税服务具体内容的有（　　）。

A. 交通运输业

B. 邮政业

C. 部分现代服务业

D. 建筑业

【答案】A、B、C

【解析】本题考核增值税应税服务的具体内容。“建筑业”属于营业税的内容。

（三）增值税的纳税人

增值税的纳税人是指税法规定负有缴纳增值税义务的单位和个人。在我国境内销售、进口货物或者提供加工、修理修配劳务以及应税服务的单位和个人，为增值税纳税人。按照经营规模的大小和会计核算健全与否等标准，增值税纳税人可分为一般纳税人和小规模纳税人。

1. 增值税一般纳税人

一般纳税人是指年应征增值税销售额（以下简称“年应税销售额”），包括一个公历年度内的全部应税销售额超过《增值税暂行条例实施细则》规定的小规模纳税人标准的企业和企业性单位。一般纳税人的特点是增值税进项税额可以抵扣销项税额。

下列纳税人不属于一般纳税人。

- 年应税销售额未超过小规模纳税人标准的企业。
- 除个体经营者以外的其他个人。
- 非企业性单位。
- 不经常发生增值税应税行为的企业。

2. **增值税小规模纳税人**

小规模纳税人是指年销售额在规定标准以下，并且会计核算不健全，不能按规定报送有关税务资料的增值税纳税人。小规模纳税人的认定标准有如下几项。

- 从事货物生产或者提供应税劳务的纳税人，以及以从事货物生产或者提供应税劳务为主，并兼营货物批发或者零售的纳税人，年应税销售额在50万元以下（含本数，下同）的。“以从事货物生产或者提供应税劳务为主”是指纳税人的年货物生产或提供应税劳务的销售额占全年应税销售额的比重在50%以上。
- 对上述规定以外的纳税人，年应税销售额在80 万元以下的。
- 对提供应税服务，年应税服务销售额在500万元以下的。
- 年应税销售额超过小规模纳税人标准的其他个人按小规模纳税人纳税。
- 非企业性单位、不经常发生应税行为的企业可选择按小规模纳税人纳税。

知识补充

小规模纳税人会计核算健全，能够提供准确税务资料的，可以向主管税务机关申请一般纳税人资格认定，成为一般纳税人。除国家税务总局另有规定外，一经认定为一般纳税人后，不得转为小规模纳税人。

试题精讲

【多选题】按照现行规定，下列纳税人可以被认定为一般纳税人的有（　　）。

A. 年不含税销售额在100万元以上的从事货物生产的纳税人

B. 年不含税销售额在80万元以下，会计核算制度不健全的从事货物零售的纳税人

C. 年不含税销售额在80万元以上的从事货物批发的纳税人

D. 提供应税服务，年应税服务销售额达到600万元的

【答案】A、C、D

【解析】选项B属于小规模纳税人。

（四）增值税的扣缴义务人

中华人民共和国境外（以下简称“境外”）的单位或者个人在境内提供应税服务，在境内未设有经营机构的，以其代理人为增值税扣缴义务人；在境内没有代理人的，以接受方为增值税扣缴义务人。

境外单位或者个人在境内提供应税服务，在境内未设有经营机构的，扣缴义务人按照下列公式计算应扣缴税额

$$应扣缴税额=接受方支付的价款\div(1+税率)\times税率$$

（五）增值税税率

增值税税率就是增值税税额占货物或应税劳务销售额的比率，是计算货物或应税劳务

增值税税额的尺度。增值税的税率分为基本税率、低税率和零税率3种。

1. **基本税率**

增值税的基本税率为17％。纳税人销售或者进口货物，提供加工、修理修配劳务的税率为17%。纳税人兼营不同税率的货物或者应税劳务，应当分别核算不同税率货物或者应税劳务的销售额。未分别核算销售额的，从高适用税率，税率为17%。

2. **低税率**

增值税的低税率为13％、11％、6％，除基本税率以外，下列货物按照低税率征收增值税。

（1）根据《增值税暂行条例》及相关规定，下列应税货物按照 13%的低税率征收增值税。

- 粮食、食用植物油。
- 自来水、暖气、冷气、热水、煤气、石油液化气、天然气、沼气、居民用煤炭制品。
- 图书、报纸、杂志。
- 饲料、化肥、农药、农机（不包括农机零部件）、农膜。
- 国务院规定的其他货物。

（2）根据《营业税改征增值税试点实施办法》的规定，下列应税服务按照低税率征收增值税。

- 提供交通运输业服务、邮政业服务，税率为11%。
- 提供现代服务业服务（有形动产租赁服务除外，其适用税率为17%），税率为6%。

3. **零税率**

纳税人出口货物，一般适用零税率，国务院另有规定的除外。单位和个人提供的国际运输服务、向境外单位提供的研发服务和设计服务以及财政部和国家税务总局规定的其他应税服务，税率为零。

名师点睛

零税率不等于免税，免税只是规定某一纳税环节的应纳税额等于零，同时其对应的进项税额不得抵扣。实行零税率不但不必缴税，而且可以退还以前纳税环节所纳的税。

4. **征收率**

自2009年1月1日起，小规模纳税人增值税征收率调整为3%。

纳税人提供适用不同税率或者征收率的应税服务，应当分别核算适用不同税率或者征收率的销售额；未分别核算的，从高适用税率。

试题精讲

【判断题】我国增值税的税率分为基本税率、低税率和零税率3种，基本税率为17%，低税率为13%。（ ）

【答案】×

【解析】低税率包括13%、11%和6%三种。

（六）增值税一般纳税人应纳税额的计算

我国增值税实行扣税法。一般纳税人凭增值税专用发票及其他合法扣税凭证注明税款进行抵扣，其应纳增值税的计算公式如下。

应纳税额＝当期销项税额－当期进项税额

应纳税额＝当期销售额×适用税率－当期进项税额

知识补充 “当期”是个很重要的时间限定，是指税务机关依照税法规定对纳税人确定的纳税期限。只有在纳税期限内实际发生的销项税额、进项税额，才是法定的当期销项税额、进项税额。如果当期销项税额小于进项税额，其不足抵扣的部分可以结转到下期继续抵扣。

1. 销项税额

销项税额是指纳税人销售货物或应税劳务，按照销售额和规定的税率计算并向购买方收取的增值税额。其计算公式为

销项税额＝当期销售额×适用税率

2. 销售额

根据规定，销售额为纳税人销售货物或者提供应税劳务向购买方收取的全部价款和价外费用，但是不包括收取的销项税额。

价外费用包括价外向购买方收取的手续费、补贴、基金、集资费、返还利润、奖励费、违约金、滞纳金、延期付款利息、赔偿金、代收款项、代垫款项、包装费、包装物租金、储备费、优质费、运输装卸费以及其他各种性质的价外收费，但下列项目不包括在内。

（1）受托加工应征消费税的消费品所代收代缴的消费税。

（2）同时符合以下条件的代垫运输费用。

- 承运部门的运输费用发票开具给购买方的。
- 纳税人将该项发票转交给购买方的。

（3）同时符合以下条件代为收取的政府性基金或者行政事业性收费。

- 由国务院或者财政部批准设立的政府性基金，由国务院或者省级人民政府及其财政、价格主管部门批准设立的行政事业性收费。
- 收取时开具省级以上财政部门印制的财政票据。
- 所收款项全额上缴财政。

（4）销售货物的同时代办保险等而向购买方收取的保险费，以及向购买方收取的代购买方缴纳的车辆购置税、车辆牌照费。

（5）一般纳税人销售货物或者应税劳务采用销售额和销项税额合并定价方法的，按下列公式计算销售额：

销售额＝含税销售额÷（1＋税率）

试题精讲

【单选题】某酒厂为一般纳税人，3月向一小规模纳税人销售白酒，开具普通发票上注明含税金额为93 600元；同时收取包装押金2 000元，关于此业务酒厂应计算的销项税额为（　　）元。

A. 13 600　　B. 13 890.60

C. 15 011.32　　D. 15 301.92

【答案】B

【解析】酒类包装物押金无论是否逾期，均以收到时，并入收入当期销售额计算销项税额。酒厂应计算的销项税额＝（93 600+2 000）÷（1+17%）×17%＝13 890.60（元）。

3. 进项税额

进项税额是指纳税人购进货物或接受应税劳务，所支付或负担的增值税税额。

（1）进行税额由销售方收取和缴纳，由购买方支付。一般情况下不需要另外计算，就是购买方支付的进项税额。

（2）关于运费：一般纳税人外购货物所支付的运输费用，根据运费结算单据（普通发票）所列运费金额，按7%的扣除率计算进项税额并准予扣除；但随同运费支付的装卸费、保险费等其他杂费不得计算扣除进项税额。

税法规定，一般纳税人销售货物而支付的运输费用（非代垫运费），可按7%的扣除率计算进项税额，从当期销项税额中抵扣。一般纳税人购买或销售免税货物所发生的运输费用，不得计算抵扣进项税额。进项税额的计算公式为

当期进项税额＝当期支付额×适用税率

（七）增值税小规模纳税人应纳税额的计算

小规模纳税人销售货物、提供应税劳务或者服务，实行按照销售额和征收率计算应纳税额的简易办法，并不得抵扣进项税额。其应纳税额计算公式为

应纳税额＝销售额×征收率（3%）

试题精讲

【单选题】某企业为小规模纳税人，2014年4月购进原材料2 000元，取得增值税专用发票，进项税额为340元。当期生产产品以15 000元的价格（含税）卖出。已知小规模纳税人适用的增值税征收率为3%。则该企业当月应纳增值税额为（　　）元。

A. 96.89　　B. 436.89

C. 450　　D. 110

【答案】B

【解析】小规模纳税人销售货物或提供应税劳务，按不含税销售额和规定的征收率计算应纳税额，不得抵扣进项税额。其计算公式为：应纳税额=销售额×征收率（3%）。本题中，应纳税额=15 000÷（1+3%）×3%=436.89（元），其中15 000÷（1+3%）为当期销售额的计算，销售额＝含税销售额÷（1+征收率）。

（八）增值税的征收管理

1. 纳税义务的发生时间

纳税义务发生时间就是纳税人应税行为应当承担纳税义务的起始时间，其具体的规定如下。

（1）销售货物或者提供应税劳务，为收讫销售款项或者取得索取销售款项凭据的当天；先开具发票的，为开具发票的当天。按销售方式的不同，可分为以下几种情形。

- 采取直接收款方式销售货物，不论货物是否发出，均为收到销售款或者取得索取销售款凭据的当天。
- 采取托收承付和委托银行收款方式销售货物，为发出货物并办妥托收手续的当天。
- 采取赊销和分期收款方式销售货物，为书面合同约定的收款日期的当天，无书面合同的或者书面合同没有约定收款日期的，为货物发出的当天。
- 采取预收货款方式销售货物，为货物发出的当天，但生产销售生产工期超过12个月的大型机械设备、船舶、飞机等货物，为收到预收款或者书面合同约定的收款日期的当天。

- 委托其他纳税人代销货物，为收到代销单位的代销清单或者收到全部或者部分货款的当天。未收到代销清单及货款的，为发出代销货物满180天的当天。
- 提供应税劳务，为提供劳务同时收讫销售款或者取得索取销售款凭据的当天。
- 视同销售货物行为，为货物移送的当天。

（2）进口货物的，为货物移送的当天。

（3）增值税扣缴义务发生时间为纳税人增值税纳税义务发生的当天。

名师点睛

确定纳税义务发生时间有一个总的原则，即确认收入就发生纳税义务，读者可以结合会计基础中权责发生制的内容去理解。

案例阅读与思考

江苏甲煤炭公司与天津乙公司签定煤炭销售合同，合同约定：江苏甲煤炭公司发往天津乙公司的煤炭必须经天津乙公司检验合格入库后，才向江苏甲公司结算货款。2014年4月26日，江苏甲公司将10 000吨煤炭发往天津乙公司，甲公司直到2014年5月5日，才收到天津乙公司确认的煤炭检验指标确认书，确认煤炭符合合同要求，并进行结款。

根据规定，纳税人生产经营活动中采取直接收款方式销售货物，其增值税纳税义务发生时间为取得销售款或取得索取销售款凭据的当天。本例中，2014年4月26日江苏甲公司将货物发出，但是未确定煤炭质量，江苏甲公司未取得财务结款的索取销售款凭据，根据规定，江苏甲公司应该于2014年5月5日收到乙公司确认的煤炭检验指标确认书当日才能确认增值税的销项税额。

2. 纳税期限

增值税的纳税期限分别为1日、3日、5日、10日、15日、1个月或者1个季度，纳税人的具体纳税期限，由主管税务机关根据纳税人应纳税额的大小分别核定；以1个季度为纳税期限的规定适用于小规模纳税人以及财政部和国家税务总局规定的其他纳税人；不能按照固定期限纳税的，可以按次纳税。

纳税人以1个月或者1个季度为1个纳税期的，自纳税期满之日起15日内申报纳税；以1日、3 日、5日、10 日或者15日为1个纳税期的，自期满之日起5日内预缴税款，于次月1日起15日内申报纳税并结清上月应纳税款。

纳税人进口货物，应当自海关填发税款缴纳书之日起15日内缴纳税款。

3. 纳税地点

纳税人申报缴纳增值税税款的地点具体分为以下几种情况。

- 固定业户应当向其机构所在地的主管税务机构申报纳税。
- 固定业户到外县（市）销售货物或者提供应税劳务，应当向其机构所在地主管税务机关申请开具《外出经营活动税收管理证明》，并向其机构所在地主管税务机关申报纳税。未开具该证明的，应当向销售地或者劳务发生地的主管税务机关申报纳税。
- 非固定业户销售货物或者提供应税劳务，应当向销售地或者劳务发生地的主管税务机关申报纳税。
- 进口货物向报关地海关申报纳税。
- 扣缴义务人应当向其机构所在地或者居住地主管税务机关申报缴纳其扣缴的税款。

二、营业税

（一）营业税的概念

营业税是对在我国境内提供应税劳务、转让无形资产或销售不动产的单位和个人，就其所取得的营业额征收的一种税。

（二）营业税纳税人与扣缴义务人

营业税的纳税人是指在中华人民共和国境内提供应税劳务、转让无形资产或者销售不动产的单位和个人。

境外单位或者个人在境内提供应税劳务、转让无形资产或者销售不动产的，在境内未设有经营机构的，以境内代理人为营业税扣缴义务人；没有代理人的，以受让方或购买方为营业税扣缴义务人。

（三）营业税的税目与税率

1. 营业税的税目

营业税共有9个税目：交通运输业、建筑业、邮电通信业、文化体育业、金融保险业、服务业、转让无形资产、销售不动产和娱乐业。

知识补充

2013年8月1日起，将交通运输业（铁路运输业除外）和部分现代服务业营业税改征增值税（以下简称“营改增”）试点在全国范围内推开；2014年1月1日起，将铁路运输业和邮政服务业纳入“营改增”试点。至此，交通运输业已全部纳入“营改增”范围。自2014年6月1日起，将电信业纳入营业税改征增值税试点范围。

2. 营业税的税率

营业税按照行业和经济业务的类别不同，分别采用不同的比例税率。

（1）建筑业、电信业、文化体育业的税率为3%。

（2）金融保险业、服务业、转让无形资产、销售不动产的税率为5%。

（3）娱乐业的税率为5%～20%。

试题精讲

【多选题】下列属于现行营业税征收范围的有（　　）。

A. 文化体育业　　B. 交通运输业

C. 转让无形资产　　D. 销售不动产

【答案】A、C、D

【解析】根据最新的规定，交通运输业已经全部纳入“营改增”的范围，缴纳增值税。

（四）营业税应纳税额

1. 营业税的计税依据

营业税的计税依据是营业额。营业额是指纳税人提供应税劳务、转让无形资产或者销售不动产向对方收取的全部价款和价外费用。价外费用包括向对方收取的手续费、基金、集资费、代收款项、代垫款项以及其他各种性质的价外收费。

营业税应纳税额的计算公式为

应纳税额=营业额×税率

应纳税额=（营业额—准予扣除金额）×税率

名师点睛

公式中关于"准予扣除金额"涉及交通运输业、建筑业、邮电通信业、金融保险业、文化体育业和服务业等特殊情形的规定，不作为学习范围，读者可自行拓展学习。

2. 营业税应纳税额的计算

对于纳税人提供劳务、转让无形资产或销售不动产价格明显偏低而无正当理由的，或者视同发生应税行为而无营业额的，税务机关可按下列顺序确定其营业额。

（1）按纳税人最近时期发生同类应税行为的平均价格核定。

（2）按其他纳税人最近时期发生同类应税行为的平均价格核定。

（3）按下列公式核定：

营业额=营业成本或者工程成本×（1＋成本利润率）÷（1－营业税税率）

试题精讲

【单选题】某大型酒店2014年8月发生下列经济业务：歌舞厅总收入85 000元，客房部收入100 000元。该地区娱乐业税率为20%，应纳税额为（　　）。

A. 22 000元　　B. 17 000元

C. 19 000元　　D. 37 000元

【答案】A

【解析】应纳税额=85 000×20%+100 000×5%=22 000（元），客房部收入属于服务业，税率为5%，其他收入属于娱乐业的收入。

（五）营业税征收管理

1. 纳税义务发生时间

纳税义务发生时间即业务发生并收讫款项或者取得索取款项凭据的当天。对某些具体情况规定如下。

- 纳税人转让土地使用权、销售不动产、提供建筑业或者租赁业劳务，采用预收款方式的，其纳税义务发生时间为收到预收款的当天。
- 纳税人新建建筑物后销售，其自建行为的纳税义务发生时间，为其销售自建建筑物并收讫营业收入款项或者取得索取营业收入款项凭据的当天。
- 纳税人将不动产或者土地使用权无偿赠与他人的，其纳税义务发生时间为不动产所有权或者土地使用权转移的当天。

2. 纳税期限

营业税的纳税期限分别为5日、10日、15日、1个月或1个季度。纳税人的具体纳税期限，由主管税务机关根据纳税人应纳税额的多少分别核定；不能按照固定期限纳税的，可以按次纳税。

纳税人以1个月或1个季度为一期纳税的，自期满之日起15日内申报纳税；以5日、10日或者15日为一期纳税的，自期满之日起5日内预缴税款，于次月1日起15日内申报纳税并结清上月应纳税款。

银行、财务公司、信托投资公司、信用社、外国企业常驻代表机构的纳税期限为1个季度，自纳税期满之日起15日内申报纳税。保险业的纳税期限为1个月。

3. 纳税地点

营业税的纳税地点主要有以下几种。

- 纳税人提供应税劳务，应当向其机构所在地或者居住地的主管税务机关申报纳税，但建筑业劳务应向应税劳务发生地主管税务机关申报纳税。
- 纳税人出租、转让土地使用权，应当向土地所在地主管税务机关申报纳税；纳税人转让其他无形资产，应当向其机构所在地主管税务机关申报纳税。
- 纳税人出租、销售不动产，应当向不动产所在地主管税务机关申报纳税。

案例阅读与思考

由于工作原因，袁先生需要到上海学习两年，这期间，他准备将自己5年前在成都购买的房子进行出租。根据规定，纳税人出租、出售不动产，应当向不动产所在地主管税务机关申报纳税。

在本例中，袁先生是将位于成都的住房进行出租，不动产所在地为成都，将房子出租后，袁先生需要到成都主管税务机关进行营业税纳税申报。

三、消费税

（一）消费税的概念

消费税是对在我国境内从事生产、委托加工和进口应税消费品的单位和个人征收的一种流转税，是对特定的消费品和消费行为在特定的环节征收的一种流转税。消费税分为以下两种类型。

- **一般消费税**：一般消费税主要是指对所有消费品，包括生活必需品和日用品普遍课税。
- **特殊消费品**：特殊消费税主要是指对特定消费品或特定消费行为，如奢侈品等课税。我国现行的消费税是选择部分消费品课税，所以属于特别消费税的范畴。

（二）消费税的征税范围

1. 生产应税消费品

生产应税消费品在生产销售环节征税。纳税人将生产的应税消费品换取生产资料、消费资料、投资入股、偿还债务，以及用于继续生产应税消费品以外的其他方面都应缴纳消费税。

2. 委托加工应税消费品

委托加工应税消费品是指委托方提供原料和主要材料，受托方只收取加工费和代垫部分辅助材料加工的应税消费品。由受托方提供原材料或其他情形的一律不能视同加工应税消费品。

委托加工的应税消费品，除受托方为个人外，由受托方在向委托方交货时代收代缴税款；委托个人加工的应税消费品，由委托方收回后缴纳消费税。

委托加工的应税消费品，委托方用于连续生产应税消费品的，所纳税款准予按规定抵扣；直接出售的，不再缴纳消费税。委托方将收回的应税消费品，以不高于受托方的计税价格出售的，为直接出售，不再缴纳消费税；委托方以高于受托方的计税价格出售的，不属于直接出售，需按照规定申报缴纳消费税，在计税时准予扣除受托方已代收代缴的消费税。

试题精讲

【单选题】下列各项中，可按委托加工应税消费品方式征收消费税的是（　　）。

A. 受托方代垫原料及主要材料，委托方提供辅助材料

B. 委托方提供原料及主要材料，受托方代垫辅助材料

C. 受托方负责采购委托方所需原材料

D. 委托方负责采购所有材料

【答案】B

【解析】委托加工应税消费品是指委托方提供原料和主要材料，受托方只收取加工费和代垫部分辅助材料加工的应税消费品。

3. 进口应税消费品

单位和个人进口应税消费品，于报关进口时由海关代征消费税。

4. 批发、零售应税消费品

国务院确定某些消费品仅在零售环节缴纳消费税，如金银首饰等，或者在批发环节加征消费税，如卷烟等。

知识补充

经国务院批准，自1995年1月1日起，金银首饰消费税由生产销售环节改为零售环节征收，使用税率为5%。自2009年5月1日起，在卷烟批发环节加征一道从价计征的消费税。

（三）消费税纳税人

消费税纳税人是指在中华人民共和国境内（起运地或者所在地在境内）生产、委托加工和进口《消费税暂行条例》规定的消费品的单位和个人，以及国务院确定的销售《消费税暂行条例》规定的消费品的其他单位和个人。

- 生产销售（包括自用）的应税消费品，以生产销售单位和个人为纳税人，由生产者直接缴纳。
- 委托加工的应税消费品，以委托的单位和个人为纳税人，由受托方代收代缴消费税（受托方为个人的除外）。
- 进口的应税消费品，以进口的单位和个人为纳税人，海关代为征收。

（四）消费税税目与税率

我国消费税的税目以及其税率如表3-3所示。

表3-3 消费税税目及子目对应的税率

税目及子目	对应税率	税目及子目	对应税率
（一）烟		（二）酒及酒精	
1. 卷烟		1. 白酒	20%加0.5元/500克（或500毫升）
（1）甲类卷烟	56%加0.003元/支（生产环节）	2. 黄酒	240元/吨
（2）乙类卷烟	36%加0.003元/支（生产环节）	3. 啤酒	
		（1）甲类啤酒	250元/吨
（3）批发环节	5%	（2）乙类啤酒	220元/吨
2. 雪茄烟	36%	4. 其他酒	10%
3. 烟丝	30%	5. 酒精	5%

续表

税目及子目	对应税率	税目及子目	对应税率
（三）化妆品	30%	（九）小汽车	
		1. 乘用车	
		（1）气缸容量（排气量，下同）在1.0升（含1.0升）以下的	1%
		（2）气缸容量在1.0升以上至1.5升（含1.5升）的	3%
		（3）气缸容量在1.5升以上至2.0升（含2.0升）的	5%
		（4）气缸容量在2.0升以上至2.5升（含2.5升）的	9%
（四）贵重首饰及珠宝玉石		（5）气缸容量在2.5升以上至3.0升（含3.0升）的	12%
1. 金银首饰、铂金首饰和	5%	（6）气缸容量在3.0升以上至4.0升（含4.0升）的	25%
2. 其他贵重首饰和珠宝玉石	10%	（7）气缸容量在4.0升以上的	40%
（五）鞭炮、焰火	15%	2. 中轻型商用客车	5%
（六）成品油			
1. 汽油			
（1）含铅汽油	1.40元/升		
（2）无铅汽油	1.00元/升		
2. 柴油	0.80元/升	（十）高尔夫球及球具	10%
3. 航空煤油	0.80元/升		
4. 石脑油	1.00元/升		
5. 溶剂油	1.00元/升		
6. 润滑油	1.00元/升		
7. 燃料油	0.80元/升		
（七）汽车轮胎	3%	（十一）高档手表	20%
		（十二）游艇	10%
（八）摩托车		（十三）木制一次性筷子	5%
1. 气缸容量（排气量，下同）在250毫升（含250毫升）以下的	3%	（十四）实木地板	5%
2. 气缸容量在250毫升以上的	10%		

知识补充

消费税的税率主要有比例税率和定额税率两种形式，实行比例税率的有21个，实行定额税率的有4个。只有卷烟和白酒实行比例税率和定额税率的复合税率。

（五）消费税应纳税额

1. 从价定率征收

从价定率征收即根据不同的应税消费品确定不同的比例税率。其应纳税额的计算公式为

应纳税额＝应税消费品的销售额×比例税率

含增值税销售额的计算公式为

应税消费品的销售额=含增值税的销售额÷（1+增值税税率或征收率）

试题精讲

【单选题】某汽车制造公司为增值税一般纳税人。该公司发生以下经济业务：销售自产小汽车50辆，取得汽车价款（不含增值税）550万元。另外，向购买方收取价外费用5万元。汽车的消费税税率为5%。销售小汽车应纳消费税税额为（　　）。

A. 27.5万元　　B. 27.71万元

C. 23.72万元　　D. 27.75万元

【答案】C

【解析】根据公式应纳税额=应税消费品的销售额×比例税率。应税消费品的销售额=含增值税的销售额÷（1＋增值税税率）。所以，销售小汽车应纳消费税税=[（550+5）÷（1+17%）]×5%=23.72（万元）。

2. 从量定额征收

从量定额征收，即根据不同的应税消费品确定不同的单位税额。其应纳税额的计算公式为

应纳税额＝应税消费品的销售数量×单位税额

销售数量是指纳税人生产、加工和进口应税消费品的数量，具体规定有以下几点。

- 销售应税消费品的，为应税消费品的数量。
- 自产自用应税消费品的，为应税消费品的移送数量。
- 委托加工应税消费品的，为纳税人收回的应税消费品的数量。
- 进口的应税消费品，为海关核定的应税消费品进口征税数量。

3. 从价定率和从量定额复合征收

从价定率和从量定额复合征收，即以两种方法计算的应纳税额之和为该应税消费品的应纳税额。我国目前只对卷烟和白酒采用复合征收方法。复合征收应纳税额的计算公式为

应纳税额＝应税消费品的销售额×比例税率＋应税消费品的销售数量×单位税额

4. 应税消费品已纳税款扣除

应税消费品若是用外购已缴纳消费税的应税消费品连续生产出来的，在对这些连续生产出来的应税消费品征税时，按当期生产领用数量计算准予扣除的外购应税消费品已缴纳的消费税税款。

- 以外购的已税消费品为原料连续生产销售的应税消费品，在计税时应按当期生产领用数量计算准予扣除外购的应税消费品已纳的消费税税款。
- 委托加工的应税消费品收回后直接出售的，不再征收消费税。

5. 自产自用应税消费品应纳税额

纳税人自产自用应税消费品用于连续生产应税消费品的，不纳税；凡用于其他方面的，应按照纳税人生产的同类消费品的销售价格计算纳税，没有同类消费品销售价格的，按照组成计税价格计算纳税。

实行从价定率办法计算纳税的组成计税价格的计算公式为

组成计税价格=（成本＋利润）÷（1－比例税率）

实行复合计税办法计算纳税的组成计税价格的计算公式为

组成计税价格=（成本＋利润＋自产自用数量×定额税率）÷（1－比例税率）

6. 委托加工应税消费品应纳税额

委托加工的应税消费品，按照受托方的同类消费品的销售价格计算纳税；没有同类消费品销售价格的，按照组成计税价格计算纳税。

实行从价定率办法计算纳税的组成计税价格的计算公式为

组成计税价格=（材料成本＋加工费）÷（1－比例税率）

实行复合计税办法计算纳税的组成计税价格的计算公式为

组成计税价格=（材料成本＋加工费＋委托加工数量×定额税率）÷（1－比例税率）

（六）消费税征收管理

1. 纳税义务发生时间（货款结算方式或行为发生时间）

消费税纳税义务发生的时间按货款结算方式或行为发生时间分别确定。

（1）纳税人销售应税消费品的，按不同的销售结算方式可分为以下几种情形。

- 采取赊销和分期收款结算方式的，为书面合同约定的收款日期的当天，书面合同没有约定收款日期或者无书面合同的，为发出应税消费品的当天。
- 采取预收货款结算方式的，为发出应税消费品的当天。
- 采取托收承付和委托银行收款方式的，为发出应税消费品并办妥托收手续的当天。
- 采取其他结算方式的，为收讫销售款或者取得索取销售款凭据的当天。

（2）纳税人自产自用应税消费品的，为移送使用的当天。

（3）纳税人委托加工应税消费品的，为纳税人提货的当天。

（4）纳税人进口应税消费品的，为报关进口的当天。

2. 纳税期限

消费税纳税期限分别为 1日、3日、5日、10日、15日、1个月或者1 个季度。纳税人的具体纳税期限，由主管税务机关根据纳税人应纳税额的大小分别核定，不能按照固定期限纳税的，可以按次纳税。

纳税人以 1 个月或者1个季度为一期纳税的，自期满之日起15日内申报纳税；纳税人以1日、3日、5日、10日、15日为一期纳税的，自期满之日起5日内预缴税款，于次月1日起15日内申报纳税并结清上月应纳税款。进口货物自海关填发税收专用缴款书之日起15日内缴纳。

3. 纳税地点

消费税具体纳税地点有以下几种情况。

- 纳税人销售的应税消费品，以及自产自用的应税消费品，除国务院财政、税务主管部门另有规定外，应当向纳税人机构所在地或者居住地的主管税务机关申报纳税。
- 委托加工的应税消费品，除受托方为个人外，由受托方向机构所在地或居住地主管税务机关解缴消费税税款；委托个人加工的应税消费品，由委托方向其机构所在地或者居住地主管税务机关申报纳税。
- 进口的应税消费品，由进口人或者其代理人向报关地海关申报纳税。
- 纳税人到外县（市）销售或者委托外县（市）代销自产应税消费品的，于应税消费品销售后，向机构所在地或居住地主管税务机关申报纳税。
- 纳税销售的应税消费品，如因质量等原因，由购买者退回时，经由所在地主管税务机关审核批准后，可退还已征收的消费税税款，但不能自行直接抵减应纳税税款。

案例阅读与思考

上海某汽车制造公司为增值税一般纳税人，专门销售自产小汽车。2015年1月，一批由该公司生产的汽车出现了发动机质量问题，购买该批次汽车的购买者将汽车退回，要求退款，该公司出于对品牌的维护，满足了购买者的要求。

根据规定，纳税人销售的应税消费品，应当向纳税人机构所在地的主管税务机关申报纳税。在本例中，该汽车制造公司位于上海，该公司在销售汽车时，应当向上海的主管该汽车公司所在地的税务机关申报纳税。在2015年1月，购买者退回公司的该批次汽车所纳消费税额，由该地主管税务机关审核批准后，可悉数退还。

试题精讲

【多选题】下列各项中，符合消费税纳税地点规定的有（　　）。

A. 进口应税消费品的，由进口人或其代理人向报关地海关申报纳税

B. 纳税人总机构与分支机构不在同一县的，分支机构应回总机构申报纳税

C. 委托加工应税消费品的，均由委托方向受托方所在地主管税务机关申报纳税

D. 纳税人到外县销售自产应税消费品的，应回纳税人核算地或所在地申报纳税

【答案】A、D

【解析】纳税人的总机构与分支机构不在同一县的，应当分别向各自机构所在地的主管税务机关申报纳税，所以选项B错误；委托加工的应税消费品，除委托个人（委托方所在地）加工外，由受托方向所在地主管税务机关代收代缴消费税税款，所以选项C错误。

四、企业所得税

（一）企业所得税的概念

企业所得税是对我国企业和其他组织的生产经营所得和其他所得征收的一种税。在中华人民共和国境内，企业和其他取得收入的组织（以下统称企业）为企业所得税的纳税人。具体包括各类企业、事业单位、社会团体、民办非企业单位和从事经营活动的其他组织，但不包括个人独资企业和合伙企业。

企业分为居民企业和非居民企业，具体内容如下。

- **居民企业**：居民企业是指依法在中国境内成立，或者依照外国（地区）法律成立但实际管理机构在中国境内的企业。包括国有企业、集体企业、私营企业、联营企业、股份制企业、外商投资企业、外国企业以及有生产、经营所得和其他所得的其他组织。
- **非居民企业**：非居民企业是指依照外国（地区）法律成立且实际管理机构不在中国境内，但在中国境内设立机构、场所的，或者在中国境内未设立机构、场所，但有来源于中国境内所得的企业。

（二）企业所得税征税对象

企业所得税的征税对象是指企业的生产经营所得、其他所得和清算所得。

（1）企业所得，包括销售货物所得、提供劳务所得、转让财产所得、股息红利等权益性投资所得、利息所得、租金所得、特许权使用费所得、接受捐赠所得和其他所得。

（2）居民企业应就来源于中国境内、境外的所得作为征税对象。

（3）非居民企业在中国境内设立机构、场所的，应当就其所设机构、场所取得的来源于中国境内的所得，以及发生在中国境外但与其所设机构、场所有实际联系的所得，缴纳企业所得税。

（三）企业所得税税率

企业所得税实行比例税率，现行法律规定如下。

- **基本税率为25%**：基本税率适用于居民企业和在中国境内设有机构、场所且所得与机构、场所有关联的非居民企业。
- **优惠税率**：对符合条件的小型微利企业，减按20%的税率征收企业所得税；对国家需要重点扶持的高新技术企业，减按15%的税率征收企业所得税。

（四）企业所得税应纳税所得额

企业所得税应纳税所得额是企业所得税的计税依据。应纳税所得额为企业每一个纳税年度的收入总额减去不征税收入、免税收入、各项扣除，以及弥补以前年度的亏损之后的余额，应纳税所得额有以下两种计算方法。

（1）直接计算法下的计算公式为

应纳税所得额＝收入总额－不征税收入额－免税收入额－各项扣除额－准予弥补的以前年度亏损额

（2）间接计算法下的计算公式为

应纳税所得额＝利润总额＋纳税调整项目金额

1. 收入总额

企业以货币形式和非货币形式从各种来源取得的收入为收入总额，包括销售货物收入，提供劳务收入，转让财产收入，股息、红利等权益性投资收益，利息收入，租金收入，特许权使用费收入，接受捐赠收入，其他收入。

2. 不征税收入

不征税收入是指从性质和根源上不属于企业营利性活动带来的经济利益、不负有纳税义务，并不作为应纳税所得额组成部分的收入。如财政拨款、依法收取并纳入财政管理的行政事业性收费、政府性基金以及其他不征税收入。

3. 免税收入

免税收入是指属于企业的应税所得，但按照税法规定免予征收企业所得税的收入。免税收入包括以下几项。

- 国债利息收入。
- 符合条件的居民企业之间的股息、红利收入。
- 在中国境内设立机构、场所的非居民企业从居民企业取得与该机构、场所有实际联系的股息、红利收入。
- 符合条件的非营利组织的收入等。

4. 准予扣除项目

企业实际发生的与取得收入有关的、合理的支出，包括成本、费用、税金、损失和其他支出等，准予在计算应纳税所得额时扣除。

- **成本**：成本是指企业在生产经营活动中发生的销售成本、销货成本、业务支出以及其他耗费。
- **费用**：费用是指企业在生产经营活动中发生的销售费用、管理费用和财务费用，已经计入成本的有关费用除外。
- **税金**：税金是指企业发生的除企业所得税和允许抵扣的增值税以外的各项税金及其附加。

- **损失**：损失是指企业在生产经营活动中发生的固定资产和存货的盘亏、毁损、报废损失，转让财产损失，呆账损失，坏账损失，自然灾害等不可抗力因素造成的损失以及其他损失。
- **其他支出**：其他支出是指除成本、费用、税金、损失外，企业在生产经营活动中发生的有关的、合理的支出。

5. **不得扣除的项目**

在计算应纳税所得额时，以下项目不能扣除。

- 向投资者支付的股息、红利等权益性投资收益款项。
- 企业所得税税款。
- 税收滞纳金。
- 罚金、罚款和被没收财物的损失。
- 企业发生的公益性捐赠支出以外的捐赠支出。企业发生的公益性捐赠支出，在年度利润总额 12%以内的部分，准予在计算应纳税所得额时扣除。
- 赞助支出，即企业发生的与生产经营活动无关的各种非广告性支出。
- 企业之间支付的管理费、企业内营业机构之间支付的租金和特许权使用费，以及非银行企业内营业机构之间支付的利息。
- 与取得收入无关的其他支出。

6. **职工福利费、工会经费和职工教育经费支出的税前扣除**

在计算应纳税所得额时，以下项目可以在税前扣除。

- 企业发生的职工福利费支出，不超过工资薪金总额14%的部分，准予扣除。
- 企业拨缴的工会经费，不超过工资薪金总额2%的部分，准予扣除。
- 除国务院财政、税务主管部门另有规定外，企业发生的职工教育经费支出，不超过工资薪金总额 2.5%的部分，准予扣除；超过部分，准予在以后纳税年度结转扣除。

7. **亏损弥补**

纳税人发生年度亏损的，可以用下一纳税年度的所得弥补；下一纳税年度的所得不足弥补的，可以逐年延续弥补，但是延续弥补期最长不得超过5年。

案例阅读与思考

A企业2014年度实现利润总额为580万元，没有其他纳税调整事项。经税务机关核实，该企业2013年度亏损额共计200万元，该企业的企业所得税税率为25%。根据规定，纳税人发生年度亏损的，可以用下一纳税年度的所得弥补。在本例中，A企业2014年度利润总额为580万元，但上一年度亏损了200万元，那么在计算本年应纳企业所得税税额时可以先将利润总额弥补上年度亏损额，因此，2014年度A企业应纳企业所得税税额 =（580－200）× 25% = 95（万元）。

试题精讲

【多选题】某企业所得税纳税人发生的下列支出中，在计算应纳税所得额时不得扣除的有（　　）。

A. 缴纳罚金10万元　　B. 直接赞助某学校8万元

C. 缴纳税收滞纳金4万元　　D. 支付法院诉讼费1万元

【答案】A、B、C

【解析】选项A属于罚金、罚款和被没收财物的损失；选项B属于赞助支出；选项C属于税收滞纳金，所以选项A、B、C都不能扣除。

（五）企业所得税征收管理

1. 纳税地点

（1）除国家另有规定外，企业所得税由纳税人向其所在地主管税务机关缴纳。居民企业一般以企业登记注册地为纳税地点，但登记注册地在境外的，以企业实际管理机构所在地为纳税地点。

（2）居民企业在中国境内设立的不具有法人资格的分支或营业机构，由该居民企业汇总计算并缴纳企业所得税。

（3）在中国境内未设立机构、场所的非居民企业，或者虽设立机构、场所但取得的所得与其所设机构、场所没有实际联系的所得，由扣缴义务人代扣代缴，以扣缴义务人所在地为纳税地点。

2. 纳税期限

企业所得税实行按年（自公历1月1日起到12月31日止）计算，分月或分季预缴，年终汇算清缴（年终后5个月内进行）、多退少补的征纳方法。

纳税人在1个年度中间开业，或者由于合并、关闭等原因，使该纳税年度的实际经营期不足12个月的，应当以其实际经营期为1个纳税年度。

3. 纳税申报

按月或按季预缴的，应当自月份或季度终了之日起15日内，向税务机关报送预缴企业所得税纳税申报表，预缴税款。

五、个人所得税

（一）个人所得税概念

个人所得税是以个人（自然人）取得的各项应税所得为征税对象所征收的一种税。

（二）个人所得税纳税义务人

我国个人所得税的纳税义务人是指在中国境内居住并有所得的人，以及不在中国境内居住但从中国境内取得所得的个人。上述纳税义务人可分为居民纳税义务人和非居民纳税义务人，具体内容如下。

- **居民纳税义务人**：居民纳税义务人是指在中国境内有住所，或者无住所但在中国境内居住满1年的个人。居民纳税义务人负有无限纳税义务，其从中国境内和境外取得的所得，都要在中国缴纳个人所得税。
- **非居民纳税义务人**：非居民纳税义务人是指在中国境内无住所又不居住，或者无住所而在中国境内居住不满1年的个人。非居民纳税义务人承担有限纳税义务，仅就其从中国境内取得的所得，在中国缴纳个人所得税。

> **名师点睛**
>
> 判断某个人是居民纳税义务人还是非居民纳税义务人，住所标准（在中国境内是否有住所）和居住时间（在中国境内居住是否满1年）标准是必要条件。

（三）个人所得税的应税项目和税率

1. 个人所得税应税项目

个人所得税的应税项目有以下所得。

- 工资、薪金所得。

- 个体工商户的生产、经营所得。
- 企事业单位的承包经营、承租经营所得。
- 劳务报酬所得。
- 稿酬所得。
- 特许权使用费所得。
- 利息、股息、红利所得。
- 财产租赁所得。
- 财产转让所得（指个人转让有价证券、股票、建筑物、土地使用权、机器设备、车船以及其他财产取得的所得）。
- 偶然所得（指个人得奖、中奖、中彩以及其他偶然性质的所得）。
- 经国务院财政部门确定征税的其他所得。

2. 个人所得税税率

个人所得税实行超额累进税率与比例税率相结合的税率体系。具体规定如下。

（1）工资、薪金所得，工资、薪金的扣除标准为3 500元/月，适用3%～45%的超额累进税率。具体税率如表3-4所示。

表3-4 工资、薪金所得个人所得税税率表

级数	全月应纳税所得额		税率（%）	速算扣除数
	含税级距	不含税级距		
1	不超过1 500元的	不超过1 455元的	3	0
2	超过1 500元至4 500元的部分	超过1 455元至4 155元的部分	10	105
3	超过4 500元至9 000元的部分	超过4 155元至7 755元的部分	20	555
4	超过9 000元至35 000元的部分	超过7 755元至27 255元的部分	25	1 005
5	超过35 000元至55 000元的部分	超过27 255元至41 255元的部分	30	2 755
6	超过55 000元至80 000元的部分	超过41 255元至57 505元的部分	35	5 505
7	超过80 000元的部分	超过57 505元的部分	45	13 505

（2）个体工商户的生产、经营所得和对企事业单位的承包经营、承租经营所得，适用5%～35%的超额累进税率。具体税率如表3-5所示。

表3-5 个体工商户的生产、经营所得和对企事业单位的承包经营、承租经营所得个人所得税税率表

级数	全月应纳税所得额		税率（%）	速算扣除数
	含税级距	不含税级距		
1	不超过15 000元的	不超过14 250元的	5	0
2	超过15 000元至30 000元的部分	超过14 250元至27 750元的部分	10	750
3	超过30 000元至60 000元的部分	超过27 750元至51 750元的部分	20	3 750
4	超过60 000元至100 000元的部分	超过51 750元至79 750元的部分	30	9 750
5	超过100 000元的部分	超过79 750元的部分	35	14 750

（3）稿酬所得适用比例税率，税率为20%，并按应纳税额减征30%，故其实际税率为14%。

（4）劳务报酬所得适用比例税率，税率为20%。对劳务报酬所得一次收入畸高的，可以实行加成征收。具体税率如表3-6所示。

表3-6 劳务报酬所得个人所得税税率表

级数	每次应纳税所得额	税率（%）	速算扣除数
1	不超过20 000元的	20	0
2	超过20 000元至50 000元的部分	30	2 000
3	超过50 000元的部分	40	7 000

（5）特许权使用费所得，利息、股息、红利所得，财产转让所得，偶然所得和其他所得，适用比例税率，税率为20%。

（四）个人所得税应纳税额的计算

1. 工资、薪金所得

工资、薪金所得，以每月收入额减除费用3 500元后的余额，为应纳税所得额。其计算公式为

应纳税额＝应纳税所得额×适用税率－速算扣除数

应纳税所得额＝每月工资、薪金所得－3 500元

试题精讲

【单选题】小蔡在一家事业单位工作，合同中约定的月薪为4 300元，本月单位为其代扣代缴的失业保险和住房公积金合计350元。本月小蔡的应纳税所得额是（　　）。

A. 800元　　B. 450元　　C. 2 450元　　D. 2 800元

【答案】B

【解析】本月小蔡的应纳税所得额=4 300－350－3 500=450（元）。

2. 个体工商户的生产经营所得

个体工商户的生产经营所得，以每一纳税年度的收入总额减除成本、费用及损失后的余额，为应纳税所得额。其计算公式为

应纳税额＝应纳税所得额×适用税率－速算扣除数

应纳税所得额＝收入总额－成本、费用以及损失等

3. 对企事业单位的承包经营、承租经营所得

企事业单位的承包经营、承租经营所得，以每一纳税年度的收入总额减除必要的费用后的余额，为应纳税所得额。减除必要费用是指按月减除3 500元。其计算公式为

应纳税额＝应纳税所得额×适用税率－速算扣除数

应纳税所得额＝纳税年度收入总额－必要费用

4. 劳务报酬所得

劳务报酬所得应纳税所得额的计算公式为

（1）每次收入不足4 000元的：

应纳税额＝（每次收入额－800）×20%

（2）每次收入超过4 000元的：

$$应纳税额=每次收入额\times(1-20\%)\times 20\%$$

（3）每次收入的应纳税所得额超过 20 000 元的：

$$应纳税额=每次收入额\times(1-20\%)\times 适用税率-速算扣除数$$

5. **稿酬所得**

稿酬所得应纳税额的计算公式为

（1）每次收入不足4 000元的：

$$应纳税额=(每次收入额-800)\times 20\%\times(1-30\%)$$

（2）每次收入在4 000元以上的：

$$应纳税额=每次收入额\times(1-20\%)\times 20\%\times(1-30\%)$$

6. **财产转让所得**

财产转让所得应纳税额的计算公式为

$$应纳税额=应纳税所得额\times 适用税率=(收入总额-财产原值-合理税费)\times 20\%$$

7. **利息、股息、红利所得**

利息、股息、红利所得应纳税额的计算公式为

$$应纳税额=应纳税所得额\times 适用税率=每次收入额\times 20\%$$

（五）个人所得税征收管理

个人所得税的纳税办法有自行申报纳税和代扣代缴两种。

1. **自行申报**

自行申报是由纳税人自行在税法规定的纳税期限内，向税务机关申报取得的应税所得项目和数额，如实填写个人所得税纳税申报表，并按照税法规定计算应纳税额，据此缴纳个人所得税的一种方法。

下列人员为自行申报纳税的纳税义务人。

- 年所得在12万元以上的。
- 从中国境内两处或者两处以上取得工资、薪金所得的。
- 从中国境外取得所得的。
- 取得应纳税所得，没有扣缴义务人的。
- 国务院规定的其他情形。

2. **代扣代缴**

代扣代缴是指按照税法规定负有扣缴税款义务的单位或个人，在向个人支付应纳税所得时，应计算应纳税额，从其所得中扣除并缴入国库，同时向税务机关报送扣缴个人所得税报告表。

凡支付个人应纳税所得的企业、事业单位、社会团体、军队、驻华机构（不含依法享有外交特权和豁免的驻华使领馆、联合国及其国际组织驻华机构）、个体户等单位或者个人，为个人所得税的扣缴义务人。

扣缴义务人向个人支付下列所得，应代扣代缴个人所得税。

- 工资、薪金所得。
- 对企事业单位的承包经营、承租经营所得。
- 劳务报酬所得。
- 稿酬所得。

● 特许权使用费所得。

● 利息、股息、红利所得。

● 财产租赁所得。

● 财产转让所得。

● 偶然所得。

● 经国务院财政部门确定征税的其他所得。

试题精讲

【多选题】下列各项中，纳税人应当自行申报缴纳个人所得税的有（　　）。

A. 年所得10万元以上的

B. 从中国境外取得所得的

C. 取得应税所得没有扣缴义务人的

D. 从中国境内两处或者两处以上取得工资、薪金所得的

【答案】B、C、D

【解析】年所得在12万元以上的，纳税人应当自行申报缴纳个人所得税。

【任务实施】

根据下列经济业务，按要求计算出相应的应纳税额。

（1）星海公司为一般纳税人，2014年8月，向丽达公司销售机器设备一台，取得设备价款850万元（不含税），同时提供对该设备的技术支持服务，收费45万元。当月，星海公司购进一批原材料、零部件价值共计150万元（不含税）。该公司2014年8月应缴纳的增值税税额是多少？

（2）某建筑企业2014年12月份提供一项建筑工程劳务，取得劳务价款5 000万元，另收取手续费550万元，支付职工工资等支出1 000万元。该企业当月应缴纳的营业税为多少？

（3）某烟草公司2014年11月份销售自产卷烟3 000箱，取得不含增值税的价款2 000万元（适用税率为45%，适用税额为每箱150元）。该公司当月应缴纳的消费税为多少？

（4）某公司为一家销售轮胎的合伙公司，2014年度实现利润总额为400万元，年底支付股东股息120万元。经税务机关核实，该公司2013年度亏损了280万元，该公司适用的所得税税率为25%。该公司2014年度应缴纳的企业所得税为多少？

（5）小王为某公司的会计，每月工资4 500元，因为爱好写作，小王便将自己业余写的小说进行投稿，2014年11月，获得出版社支付的稿费20 000元。小王2014年11月应缴纳的个人所得税为多少？

以上经济业务的具体分析如下。

（1）根据增值税应纳税额的计算公式：应纳税额=当期销售额×适用税率－当期进项税额，星海公司销售机器设备应纳的增值税=850×17%=144.5（万元）。另外星海公司为对方提供的技术支持服务所收费用是含税费用，因此提供技术服务应纳增值税=45÷（1+17%）×17%=6.54（万元）。所以，星海公司应纳税额=144.5＋6.54=151.04（万元）。

（2）营业额是指销售建筑工程劳务全部价款和价外费用，也就是单独向对方收取的价外手续费，计算应纳营业税额与支付职工工资等支出没有关系，所以，根据公式：应纳税额=营业额×税率，该建筑企业当月应纳营业税税额=（5 000＋550）×3%=166.5（万元）。

（3）我国目前对卷烟采用复合征收方法征收消费税，复合征收应纳税额的计算公式为：应纳消费税税额=应税消费品的销售额×比例税率＋应税消费品的销售数量×单位税额。该烟草公司应纳消费税=3 000×150÷10 000＋2 000×45%=45＋900=945（万元）。

（4）在计算企业所得税应纳税所得额时，向投资者支付的利息是不能扣除的，所以年底支付股东利息的120万元是不可以被扣除的。另外，企业发生年度亏损的，可以用下一纳税年度的所得弥补，该公司2013年度亏损了280万元，可以用2014年度盈利的400万元进行弥补。根据公式应纳税额=应纳税所得额×税率，该合伙公司2014年度应缴纳的企业所得税=（400－280）×25%=30（万元）。

（5）根据规定，工资、薪金所得，适用3%~45%的超额累进税率，根据税率表（参考表3-4）可知，小王月薪4 500元适用税率为3%，速算扣除数为0。小王获得的20 000元稿费适用税率为14%。根据工资、薪金应缴纳的个人所得税的计算公式：应纳税额=应纳额所得额×适用税率－速算扣除数。应纳税所得额=每月收入额－3 500元。所以，小王2014年11月应缴纳的个人所得税=（4 500−3 500）×3%－0+20 000×14%=30＋2 800=2 830（元）。

任务三 税收征收管理

税收征收管理是指税收征收管理机关为了贯彻、执行国家税收法律制度，加强税收工作，协调征税关系而开展的一项有目的的活动，是税款征收的前提和基础性工作。

【任务目标】

本任务的目标是熟悉税务登记的概念，掌握发票的概念、种类及开具要求，纳税申报方式，以及税款征收方式。

【知识讲解】

一、税务登记管理

税务登记是税务机关依据税法规定，对纳税人的生产、经营活动进行登记管理的一项法定制度，也是纳税人依法履行纳税义务的法定手续。税务登记是整个税收征收管理的起点。税务登记包括开业登记，变更登记，停业、复业登记，注销登记，外出经营报验登记等。

《税务登记管理办法》规定，凡有法律、法规规定的应税收入、应税财产或应税行为的各类纳税人，均应当依照《税务登记管理办法》的有关规定办理税务登记。

知识补充

国家机关、个人和无固定生产经营场所的流动性农村小商贩（统称非从事生产、经营但依照规定负有纳税义务的单位和个人）不需要办理税务登记。负有扣缴税款义务的扣缴义务人（国家机关除外），应当办理扣缴税款登记。

二、发票开具与管理

发票是指在购销商品、提供劳务或接受劳务、服务以及从事其他经营活动时，提供给对方的收付款的凭证。发票是确定经济收支行为发生的法定凭证，是会计核算的原始依据，也是税务稽查的重要依据。

税务机关是发票的主管机关，负责发票印刷、领购、开具、取得、保管、缴销的管理和监督。

（一）发票的种类

全国范围内统一式样的发票由国家税务总局确定，省、自治区、直辖市范围内统一样式的发票，由省级税务机关确定。

发票的基本联次为三联，第一联为存根联，开票方留存备查；第二联为发票联，收执方作为付款或收款原始凭证；第三联为记账联，开票方作为记账原始凭证。

我国发票按其用途及反映的内容不同，可以分为增值税专用发票、普通发票和专业发票3种类型。

1. **增值税专用发票**

增值税专用发票由国家税务总局指定的企业印制。增值税专用发票的票样由国家税务总局统一制定，其他单位和个人不得擅自变更。只有经国家税务机关认定为增值税一般纳税人的，才能领购增值税专用发票，增值税小规模纳税人不得领购使用。一般纳税人如有法定情形的，不得领购使用增值税专用发票。

试题精讲

【单选题】下列情况中，应开具增值税专用发票的是（　　）。

A. 一般纳税人境外销售货物

B. 一般纳税人转让无形资产

C. 小规模纳税人销售货物给一般纳税人

D. 一般纳税人将自产的货物投资提供给其他单位

【答案】D

【解析】只有经国家税务机关认定为增值税一般纳税人才能领购增值税专用发票，增值税小规模纳税人不得领购使用；一般纳税人如有法定情形的，不得领购使用增值税专用发票。

2. **普通发票**

普通发票主要由营业税纳税人和增值税小规模纳税人使用，增值税一般纳税人在不能开具专用发票的情况下也可使用普通发票。普通发票由行业发票和专用发票组成。

- **行业发票**：行业发票适用于某个行业的经营业务，如商业零售统一发票、商业批发统一发票和工业企业产品销售统一发票等。
- **专用发票**：专用发票仅适用于某一经营项目，如广告费用结算发票或商品房销售发票等。

3. **专业发票**

专业发票是指国有金融、保险企业的存贷、汇兑、转账凭证、保险凭证；国有邮政、电信企业的邮票、邮单、话务、电报收据；国有铁路、国有航空企业和交通部门，国有公路、水上运输企业的客票及货票等。

专业发票是一种特殊种类的发票，但不套印税务机关的统一发票监制章。它属于发票的管理范围，但经有关部门批准后，由主管部门自定样式，自行印制、发放和管理，自行负责。这是专业发票的特征，也是专业发票与其他专用发票、普通发票的不同之处。

（二）发票的开具要求

发票的开具必须符合国家的有关规定，具体包括以下几个方面。

- 单位和个人在发生经营业务、确认营业收入时，才能开具发票，未发生经营业务一律不得开具发票。
- 单位和个人开具发票时应按号码顺序填开，应做到填写项目齐全、内容真实、字迹清楚、全部联次一次性复写或打印、内容完全一致，并在发票联和抵扣联加盖单位财务印章或者发票专用章。
- 填写发票应当使用中文。民族自治地区可以同时使用当地通用的一种民族文字；

外商投资企业和外资企业可以同时使用一种外国文字。

- 使用电子计算机开具发票必须报主管税务机关批准，并使用税务机关统一监制的机打发票。
- 开具发票时限、地点应符合规定。
- 任何单位和个人不得转借、转让、代开发票；未经税务机关批准，不得拆本使用发票；不得自行扩大专业发票适用范围。
- 除国务院税务主管部门规定的特殊情形外，发票限于领购单位和个人在本省、自治区、直辖市内开具。省、自治区、直辖市税务机关可以规定跨市、县开具发票的办法。
- 除国务院税务主管部门规定的特殊情形外，任何单位或个人未经批准，不得跨规定的使用区域携带、邮寄、运输空白发票。禁止携带、邮寄或者运输空白发票入境。
- 开具发票的单位和个人应当按照税务机关的规定妥善存放和保管发票，不得丢失。已开具的发票存根联和发票登记簿应当保存5年，保存期满，报经税务机关查验后销毁。发票丢失，应于丢失当日书面报告主管税务机关，并在报刊和电视等传播媒介上公告声明作废。

案例阅读与思考

B公司为A公司的子公司，2015年1月，B公司销售一批材料给C公司，货物也是由B公司发出，C公司要求其开具这批材料的增值税专用发票。B公司随即请A公司代其开具了一张价值200万元的增值税专用发票给C公司。根据规定，任何个人和单位不得转借、转让、代开发票。在本例中，虽然B公司为A公司的子公司，但是材料是由B公司销售，并且由B公司发出的，所以A公司不能代其开具增值税专用发票。

三、纳税申报

纳税申报是指纳税人、扣缴义务人按照税法规定的期限和内容向税务机关提交有关纳税事项书面报告的法律行为，是纳税人履行纳税义务、承担法律责任的主要依据，是税务机关税收管理信息的主要来源和税务管理的一项重要制度。

纳税申报的对象为纳税人和扣缴义务人，纳税人、扣缴义务人必须依照法律、行政法规的规定或税务机关依照法律、行政法规的规定确定的申报期限、申报内容如实办理纳税申报，报送纳税申报表、财务会计报表以及税务机关根据实际需要要求纳税人报送的其他纳税资料。纳税申报的形式主要有以下几种。

- **直接申报**：直接申报又称上门申报，即纳税人、扣缴义务人自行到税务机关办理纳税申报，是一种传统申报方式，也是最主要的纳税申报方式。
- **邮寄申报**：邮寄申报是指经税务机关批准的纳税人使用统一规定的纳税申报特快专递专用信封，通过邮政部门办理交寄手续，并向邮政部门索取收据作为申报凭据的方式。邮寄申报以寄出地的邮政局邮戳日期为实际申报日期。
- **数据电文申报**：数据电文申报是指经税务机关确定的电话语音、电子数据交换和网络传输等电子方式进行申报。纳税人采取电子方式办理纳税申报的，应当按照税务机关规定的期限和要求保存有关（纸质）资料，并定期书面报送主管税务机关。
- **简易申报**：简易申报是指实行定期定额缴纳税款的纳税人（个体工商户或个人独资企业），在法律、行政法规规定的期限或者在税务机关按照法律、行政法规的规定确定的期限内缴纳税款的，可以视同申报，按期纳税即视同申报；未按期纳税，也构成未进行纳税申报。简易申报实际上是纳税申报的一种变通方法。

- **其他方式**：其他方式是指除上述集中申报方式外的符合主管税务机关要求的其他申报方式。

试题精讲

【单选题】（　）就是由实行定期定额征收方式的个体工商户（或个人独资企业）在税务机关规定的期限内按照法律、行政法规规定缴清应纳税款，当期（纳税期）可以不办理申报纳税手续。

A. 自行申报　　B. 简易申报

C. 简并征期　　D. 直接申报

【答案】B

【解析】简易申报是指实行定期定额缴纳税款的纳税人（个体工商户或个人独资企业），在法律、行政法规规定的期限或者在税务机关按照法律、行政法规的规定确定的期限内缴纳税款的，可以视同申报。

四、税款征收

税款征收是税务机关依照税收法律、法规的规定，将纳税人应当缴纳的税款组织入库的一系列活动的总称。税款征收是税收征收管理工作的中心环节，是全部税收征管工作的目的和归宿，在整个税收工作中占据着极其重要的地位。税务机关是征税的唯一行政主体，除税务机关、税务人员以及经税务机关依照法律、行政法规委托的单位和人员外，任何单位和个人不得进行税款征收活动。

目前，税款征收的方式主要有以下几种。

- **查账征收**：查账征收是指由纳税人依据账簿记载，先自行计算缴纳，事后经税务机关查账核实，如有不符合税法规定的，则多退少补的一种税款征收方式。查账征收适用于经营规模较大、财务会计制度健全、能够如实核算和提供生产经营情况、正确计算应纳税款的纳税人。
- **查定征收**：查定征收是指对账务资料不全，但能控制其材料、产量或进销货物的纳税单位或个人，由税务机关依据正常条件下的生产能力对其生产的应税产品查定产量、销售额，然后依照税法规定的税率征收的一种税款征收方式。查定征收适用于生产经营规模较小、产品零星、税源分散及会计账册不健全的小型厂矿和作坊。
- **查验征收**：查验征收是指税务机关对纳税人的应税商品、产品，通过查验数量，按市场一般销售单价计算其销售收入，并据以计算应纳税款的一种征收方式。查验征收适用于财务制度不健全、生产经营不固定、零星分散、流动性大的税源。
- **定期定额征收**：定期定额征收是指税务机关依照有关法律、法规的规定，按照一定的程序，核定纳税人在一定经营时期内的应纳税经营额及收益额，并以此为计税依据，确定其应纳税额的一种税款征收方式。定期定额征收适用于经主管税务机关认定和县级以上税务机关（含县级）批准的生产、经营规模达不到《个体工商户建账管理暂行办法》规定的设置账簿标准，难以查账征收，不能准确计算计税依据的个体工商户（包括个人独资企业，简称定期定额户）。
- **核定征收**：核定征收是由税务机关根据纳税人情况，在正常生产经营条件下，对其生产的应税产品查实核定产量和销售额，然后依照税法规定的税率征收税款的征收方式。核定征收主要适用于纳税人的会计账簿不健全、资料残缺难以查账，或者因其他原因难以准确确定纳税人应纳税额的情况。

- **代扣代缴**：代扣代缴是指按照税法规定，负有扣缴税款义务的法定义务人，负责对纳税人应纳的税款进行代扣代缴的一种方式。其目的是对零星分散、不易控制的税源实行源泉控制。
- **代收代缴**：代收代缴是指负有收缴税款的法定义务人，对纳税人应纳的税款进行代收代缴的方式。即由与纳税人有经济业务往来的单位和个人向纳税人收取款项时，依照税收的规定收取税款。

名师点睛 代扣代缴是向纳税人支付款项的同时扣收税款，如企业向职工支付工资薪金时代扣代缴的个人所得税，而代收代缴是向纳税人收取款项的同时收取税款，如受托加工消费税应税消费品的受托方，将商品交给委托方时，代收代缴的消费税。

试题精讲

【单选题】一般情况下，上市公司适用的税款征收方式是（　）。

A. 查账征收　　B. 查定征收　　C. 查验征收　　D. 代收代缴

【答案】A

【解析】通常上市公司经营规模较大、财务会计制度健全、能够如实核算和提供生产经营情况，并正确计算应纳税款，这正是查账征收方式的适用范围。

- **委托征收**：委托征收是指受托单位按照税务机关核发的代征证书的要求，以税务机关的名义向纳税人征收一些零散税款的一种税款征收方式。
- **其他征收方式**：其他征收方式包括邮寄申报纳税、自计自填自缴（三自纳税）和自报核缴方式等。另外，还包括利用网络申报、用IC卡纳税等。

五、税务代理

（一）税务代理的概念

税务代理是指代理人接受纳税主体的委托，在法定的代理范围内依法代其办理相关税务事宜的行为。税务代理人在其权限内，以纳税人（含扣缴义务人）的名义代为办理纳税申报，申办、变更、注销税务登记证，申请减免税，设置保管账簿凭证，进行税务行政复议和诉讼等纳税事项的服务活动。

（二）税务代理的特点

税务代理作为民事代理中的一种委托代理，其主要特点表现在以下几个方面。

- **中介性**：税务代理是一个独立的社会中介服务行业，其业务的开展、经营管理都属于社会中介服务的一部分，税务代理机构与税务机关不存在任何隶属关系。
- **法定性**：税务代理机构的设立法定、业务范围法定、业务的开展法定，税务代理必须按国家有关法律的规定进行，并受到法律的保护。
- **自愿性**：税务代理的选择一般有单向选择和双向选择，无论哪种选择都建立在双方自愿的基础上。即税务代理人实施税务代理行为，应当以纳税人、扣缴义务人自愿委托和自愿选择为前提。
- **公正性**：税务代理机构不是税务行政机关，而是征纳双方的中介结构，因而只能站在公正的立场上，客观地评价代理人的经济行为。同时，代理人必须在法律范围内为被代理人办理税收事宜，独立、公正地执行业务。既要维护国家利益，又要保护委托人的合法权益。

（三）税务代理的法定业务范围

税务代理的业务范围包括以下几方面。

- 办理税务登记、变更税务登记和注销税务登记。
- 办理发票准购手续。
- 办理纳税申报或扣缴税款报告。
- 申请减税、免税、退税、补税和延期缴税。
- 制作涉税文书。
- 进行税务检查。
- 建账建制。
- 办理账务。
- 开展税务咨询、税务业务培训。
- 受聘税务顾问。
- 申请税务行政复议或进行税务行政诉讼等。

六、税务检查

税务检查是税务机关根据税收法律、行政法规的规定，对纳税人、扣缴义务人履行纳税义务、扣缴义务及其他有关税务事项进行审查、核实、监督活动的总称。税务检查是税收征收管理的重要内容，也是税务监督的重要组成部分。搞好税务检查，对于加强依法治税，保证国家财政收入，有着十分重要的意义。

（一）税务检查的职责

税务检查的职责有以下几个方面。

- **税务检查的权利**：税务机关有权询问和检查被检查人的相关财务资料。税务机关查询所获得的资料，不得用于税收以外的用途。
- **有逃税行为的处理**：税务机关对从事生产、经营的纳税人以前纳税期的纳税情况依法进行税务检查时，发现纳税人有逃避纳税义务行为，并有明显的转移、隐匿其应纳税的商品、货物以及其他财产或应纳税收入的迹象的，可按规定采取税收保全措施或强制执行措施。

> **知识补充**
>
> 税务机关财务税收保全措施的期限一般不得超过6个月，重大案件需要延长期限的，应报国家税务总局批准。

- **税务违反案件的记录**：税务机关调查税务违法案件时，对案件有关的情况和资料，可记录、录音、录像、照相和复制。
- **税务检查需出示证件**：税务机关派出的人员进行税务检查时，应出示税务检查证和税务检查通知书，并有责任为被检查人保守秘密；未出示税务检查证和税务检查通知书的，被检查人有权拒绝检查。

（二）被检查人的义务

税务机关进行税务检查时，被检查人有以下义务配合工作。

- 纳税人、扣缴义务人必须接受税务机关依法进行的税务检查，如实反映情况，提供有关资料，不得拒绝、隐瞒。
- 税务机关依法进行税务检查时，有权向有关单位和个人调查纳税人、扣缴义务人和其他当事人与纳税或代扣代缴、代收代缴税款有关的情况，相关单位和个人有义务向税务机关如实提供有关资料及证明材料。

七、税收法律责任

税收法律责任是指税收法律关系的主体因违反税收法律规范所应承担的法律后果。税收法律责任可分为行政责任和刑事责任。

（一）行政责任

行政处罚是指对违反税法的当事人，由税务机关或由税务机关提请有关部门依照行政程序所给予的一种税务行政制裁。行政责任的追究一般以税务违法行为的发生为前提，这种税务违法行为不一定造成直接的经济损失。对违反税法的当事人追究行政责任，通常是在运用经济制裁还不足以消除其违法行为的社会危害性的情况下采取的。

追究行政责任的方式具体有行政处罚和行政处分两种，行政处罚主要有以下几种。

- 警告（责令限期改正）。
- 罚款。
- 停止出口退税权。
- 没收财产和违法所得。
- 收缴未用发票和暂停供应发票。

（二）刑事责任

刑事责任是对违反税法行为情节严重，已构成犯罪的当事人或直接责任人所给予的刑事制裁。追究刑事责任以税务违法行为情节严重、构成犯罪为前提。经济责任和行政责任通常是由税务机关依法追究的，而刑事责任则由司法机关追究。刑事责任是税收法律责任中最严厉的一种制裁措施。

（三）行政责任和刑事责任的区别

刑事责任与行政责任的不同之处主要体现在追究的违法行为、追究责任的机关、承担法律责任的后果3个方面，具体如表3-7所示。

表3-7 行政责任和刑事责任的区别

法律责任类型	追究的违法行为	追究责任的机关	承担法律责任的后果
行政责任	一般违法行为	由国家特定的行政机关依照有关法律的规定决定	相比刑事责任，承担的后果较轻
刑事责任	犯罪行为	司法机关依照《刑法》的规定决定	最严厉的制裁，可以判处死刑，比追究行政责任严厉得多

（四）税务机关与税务人员的法律责任

依照《征管法》的规定，税务机关和税务人员违反税收法律制度的法律责任有下列规定。

- 税务机关违反规定擅自改变税收征收管理范围和税款入库预算级次的，责令限期改正，对直接负责的主管人员和其他直接责任人员依法给予降级或者撤职的行政处分。
- 税务人员徇私舞弊，对依法应当移交司法机关追究刑事责任而不移交，情节严重的，依法追究刑事责任。
- 未经税务机关依法委托征收税款的，责令退还收取的财物，依法给予行政处分或者行政处罚；致使他人合法权益受到损失的，依法承担赔偿责任；构成犯罪的，依法追究刑事责任。
- 税务机关、税务人员查封、扣押纳税人个人及其所扶养家属维持生活必需的住房和用品的，责令退还，依法给予行政处分；构成犯罪的，依法追究刑事责任。
- 税务人员与纳税人、扣缴义务人勾结，唆使或者协助纳税人、扣缴义务人实施税收违法行为，构成犯罪的，依法追究刑事责任；尚不构成犯罪的，依法给予行政处分。
- 税务人员利用职务上的便利，收受或者索取纳税人、扣缴义务人财物或者谋取其他不正当利益，构成犯罪的，依法追究刑事责任；尚不构成犯罪的，依法给予行政处分。
- 税务人员徇私舞弊或者玩忽职守，不征或者少征应征税款，致使国家税收遭受重大损失，构成犯罪的，依法追究刑事责任；尚不构成犯罪的，依法给予行政处分。
- 税务人员滥用职权，故意刁难纳税人、扣缴义务人的，调离税收工作岗位，并依法给予行政处分。
- 税务人员对控告、检举税收违法行为的纳税人、扣缴义务人以及其他检举人进行打击报复的，依法给予行政处分；构成犯罪的，依法追究刑事责任。
- 违反法律、行政法规的规定，提前征收、延缓征收或者摊派税款的，由其上级机关或者行政监察机关责令改正，对直接负责的主管人员和其他直接责任人员依法给予行政处分。
- 违反法律、行政法规的规定，擅自作出税收的开征、停征或者减税、免税、退税、补税以及其他同税收法律、行政法规相抵触的决定的，除按《征管法》的规定撤销其擅自作出的决定外，补征应征未征税款，退还不应征收而征收的税款，并由上级机关追究直接负责的主管人员和其他直接责任人员的行政责任。构成犯罪的，依法追究刑事责任。
- 税务人员私分扣押、查封的商品、货物或者其他财产，情节严重构成犯罪的，依法追究刑事责任；未构成犯罪的，依法给予行政处分。
- 税务人员在征收税款或者查处税收违法案件时，未按照《征管法》的规定进行回避的，对直接负责的主管人员和其他直接责任人员，依法给予行政处分。
- 未按照《征管法》的规定为纳税人、扣缴义务人、检举人保密的，对直接负责的主管人员和其他直接责任人员，由所在单位或者有关单位依法给予行政处分。

八、税务行政复议

税务行政复议是指当事人（纳税人、扣缴义务人、纳税担保人及其他税务当事人）对税务机关及其工作人员作出的税务具体行政行为不服，依法向上一级税务机关（复议机关）提出申请，复议机关对具体行政行为的合法性、合理性作出裁决。

（一）税务行政复议范围

纳税人及其他当事人（简称申请人）认为税务机关（简称被申请人）的具体行政行为侵犯其合法权益时，可依法向税务行政复议机关申请行政复议。

1. 行为申请

申请人对下列行政行为不服时，可以向税务行政复议机关提出行政复议申请。

- 税务机关作出的征税行为，包括确认纳税主体、征税对象、征税范围、减税、免税、退税、抵扣税款、适用税率、计税依据、纳税环节、纳税期限、纳税地点和税款征收方式等具体行政行为，征收税款、加收滞纳金，扣缴义务人、受税务机关委托的单位和个人作出的代扣代缴、代收代缴、代征行为等。
- 行政许可、行政审批行为。
- 发票管理行为，包括发售、收缴、代开发票等。
- 税收保全措施、强制执行措施。
- 税务机关作出的行政处罚行为，包括以下几种。

①罚款。

②没收财物和违法所得。

③停止出口退税权。

- 税务机关不依法履行下列职责的行为。

①颁发税务登记证。

②开具、出具完税凭证、外出经营活动税收管理证明。

③行政赔偿。

④行政奖励。

⑤其他不依法履行职责的行为。

- 资格认定行为。
- 不依法确认纳税担保行为。
- 政府公开信息工作中的具体行政行为。
- 纳税信用等级评定行为。
- 税务机关通知出入境管理机关阻止出境行为。
- 税务机关作出的其他具体行政行为。

2. 规定申请

申请人认为税务机关的具体行政行为所依据的下列规定不合法，对具体行政行为申请行政复议时，可一并向复议机关提出对该规定（不含规章）的审查申请。

- 国家税务总局和国务院其他部门的规定。
- 其他各级税务机关的规定。
- 地方各级人民政府的规定。
- 地方人民政府工作部门的规定。

（二）税务行政复议管辖

税务行政复议管辖的一般规定有以下几点。

- 对各级国家税务局的具体行政行为不服的，向其上一级国家税务局申请行政复议。
- 对各级地方税务局的具体行政行为不服的，可选择向其上一级地方税务局或该税务局的本级人民政府申请行政复议。省、自治区、直辖市人民代表大会及其常务委员会、人民政府对地方税务局的行政复议管辖另有规定的，从其规定。

- 对国家税务总局的具体行政行为不服的，向国家税务总局申请行政复议。对行政复议决定不服的，可向人民法院提起行政诉讼，也可向国务院申请裁决。国务院的裁决为最终裁决。

试题精讲

【多选题】对各级地方税务局的具体行政行为不服的，可以申请行政复议的机关有（　　）。

A. 上一级地方税务局　　B. 该税务局的本级人民政府

C. 国务院　　D. 人民法院

【答案】A、B

【解析】根据规定，对各级地方税务局的具体行政行为不服的，可选择向其上一级地方税务局或该税务局的本级人民政府申请行政复议。

（三）税务行政复议申请

1. 申请期限

申请人可以在知道税务机关作出具体行政行为之日起60日内提出行政复议申请。因不可抗力或被申请人设置障碍等原因耽误法定申请期限的，申请期限的计算应扣除被耽误的时间。

2. 申请方法

对各级国家税务局的具体行政行为（即征税行为）不服的，先向复议机关申请行政复议，对行政复议决定不服的，再向人民法院提起行政诉讼。

申请人按前述规定申请行政复议的，必须依照税务机关根据法律、行政法规确定的税额、期限，先缴纳或解缴税款及滞纳金，或提供相应的担保，才能在实际缴消税款和滞纳金后或所提供的担保得到作出具体行政行为的税务机关确认之日起60日内提出行政复议申请。

对各级国家税务局的具体行政行为以外的行为不服的，可申请行政复议，也可直接向人民法院提起行政诉讼。

3. 涉及罚款的申请流程

申请人对税务机关作出逾期不缴纳罚款加处罚款的决定不服的，应先缴纳罚款和加处罚款，再申请行政复议。

4. 申请方式

行政复议可书面申请，也可口头申请。

- **书面申请**：书面申请是指采取当面递交、邮寄、传真或电子邮件等方式提出行政复议申请。
- **口头申请**：口头申请时，复议机关应当制作行政复议申请笔录，交申请人核对或向申请人宣读，并由申请人确认。

【任务实施】

结合前文的讲解，分析下列情形中的涉税行为应分别应采用什么方式征收税款。

（1）税务机关对某企业进行税款征收时，发现该企业的会计账簿不健全，资料残缺，难以查账，且无法准确确定纳税人的应纳税额。

（2）小张是一家家具生产厂家的员工，单位向其支付4月份的工资。

（3）A企业向B企业销售了一批钢材，收到货物后，B企业向A企业支付了58 500元的货款，次日，B企业收到A企业寄来的一张58 500元的增值税专用发票。

（4）小王大学毕业后为了发展家乡的美食，毅然决定回当地开了一家小型作坊经营美食，作坊没有健全的生产制作流程和财务系统。

上述各项情形中的涉税行为应用什么方式征收税款的具体分析如下：

（1）该情形应采用核定征收的方式征收税款。根据规定，核定征收主要适用于纳税人的会计账簿不健全、资料残缺难以查账，或者因其他原因难以准确确定纳税人应纳税额的情况。

（2）该情形应采用代扣代缴的方式征收税款。代扣代缴是指按照税法规定，负有扣缴税款义务的法定义务人，负责对纳税人应纳的税款进行代扣代缴的一种方式。在此情形中，小张作为纳税人，而小张工作的单位是负有代其缴纳个人所得税义务的法定义务人。

（3）该情形应采用代收代缴的方式征收税款。代收代缴是指由与纳税人有经济业务往来的单位和个人向纳税人收取款项时，依照税收的规定收取税款。在此情形中，A企业收取的货款包含了B企业应缴纳的增值税税款8 500（50 000×17%）元。

（4）该情形应采用查定征收的方式征收税款。查定征收适用于生产经营规模小、产品零星、税源分散及会计账册不健全的小型厂矿和作坊。小王所开办的小型作坊符合查定征收的适用范围。

项目总结

本项目主要介绍税法的相关法律制度。具体包括税法的构成要素，几种主要税种的征收范围和计算，以及税收征收的管理制度。税收的相关内容是作为会计人员应该掌握的必要知识，也是今后办理涉税事项时需要的基本技能，特别是主要税种应纳税额的计算，是会计工作中常见且重要的工作。关于发票和纳税申报的相关知识，建议在学习过程中在理解的基础上加以记忆，不能死记硬背，也不能只了解其大概而不结合书本学习其具体内容。

本项目涉及的考试内容也非常容易出现在计算题中，因此，5个主要税种的相关计算是本项目的重点和难点。

项目实训一 计算增值税

增值税是企业日常经营活动中最常见的税种。我国对增值税的征收范围有明确的规定，同时也包括征收范围的一些特殊规定，会计人员在计算增值税时，应注意各项特殊规定。

【实训目标】

根据资料中提供的企业日常经济业务，按照要求计算出增值税的销项税额、进项税额以及应缴纳的增值税额。

【实训资料】

某商贸公司为一般纳税人，2015年2月发生以下购销业务。

（1）购入货物取得增值税专用发票，发票上注明的价款金额为255万元，增值税税额为43.35万元。同时，支付货物运输费用，取得的货运发票上注明的款额为5万元。

（2）销售货物，开具的专用发票上注明的销售价款为550万元（不含税）；另外，用以旧换新方式向消费者个人销售货物107万元（已扣除收购旧货支付的款额10万元）。

（3）购买了一批广告性质的礼品，赠送给客户，取得的增值税专用发票上注明的价款为10万元。

（4）当月为公司食堂购进两台大冰柜，取得的增值税专用发票上注明的税额为8 500元。

假设上述各项购销货物税率均为17%，购进货物均取得防伪税控系统开具的增值税专用发票，当月通过税务机关认证。支付的运输费按7%扣除率计算进项税额。

要求：（1）计算该公司当期应缴纳的销项税额。

（2）计算该公司当期可抵扣的进项税额。

（3）计算该公司当期应缴纳的增值税额。

【实训指导】

STEP 1 仔细阅读资料，分析各事项涉及的款项价格为含税价还是不含税价。

STEP 2 计算该公司的销项税额。

STEP 3 计算该公司的进项税额。

STEP 4 计算该公司当期应缴纳的增值税额。（答案参见：光盘\项目实训\项目三\计算增值税.doc）。

项目实训二 计算消费税、营业税

消费税与营业税是企业日常经营中常见的两种税种。所以，计算企业应缴纳的增值税与营业税也是作为会计人员日常的工作范畴。

【实训目标】

能够从企业的日常经济业务中提炼有效信息，在此基础上计算出企业应缴纳的消费税、营业税的税款。

【实训资料】

某市一娱乐公司于2014年1月1日开业，经营范围包括娱乐，餐饮及其他服务，当年餐饮收入600万元（其中包括销售自制的180吨啤酒所取得的收入）。

要求：计算该公司应缴纳的消费税、营业税。

【实训指导】

STEP 1 仔细阅读资料，分析该公司收入所涉及的税种。

STEP 2 计算应缴纳的消费税。

STEP 3 计算应缴纳的营业税（答案参见：光盘\项目实训\项目三\计算消费税、营业税.doc）。

项目实训三 计算个人所得税

个人所得税是以个人作为纳税主体而缴纳的税款，其计税依据为个人所得。

【实训目标】

根据所提供的经济业务，计算个人所得税的应纳税额。

【实训资料】

中国居民张某是一家国有企业员工，其2014年的收入情况如下：

（1）出租居住用房月租金3 000元，全年共36 000元；

（2）取得国库券利息收入1 500元；

（3）取得工资薪金收入5 000元／月，全年共60 000元；

（4）4月份，因意外事故取得保险赔偿25 000元；

（5）为出版社撰写文章一次性取得稿酬收入3 000元；

（6）12月份，彩票中奖20 000元；

（7）为其他单位提供技术咨询，取得一次性个人劳务报酬4 000元；

（8）年终获得一次性奖金100 000元。

要求：

（1）计算张某2014年下半年工资薪金个人所得税额。

（2）计算张某劳务报酬收入应纳个人所得税。

（3）计算张某出租居住用房每月个人所得税额。

（4）计算张某2014年1月份工资薪金个人所得税额。

【实训指导】

STEP 1 仔细阅读资料，分析张某各项收入是否应缴纳个人所得税。

STEP 2 分析张某应缴纳个人所得税的各项收入的计税依据及税率。

STEP 3 计算张某2014年应缴纳的个人所得税。（答案参见：光盘\项目实训\项目三\计算个人所得税.doc）。

拓展知识

一、企业报税流程

1. 地税申报

地税申报的税金有：营业税、城建税、教育费附加、个人所得税、印花税、房产税、土地使用税和车船使用税。

地税申报的时间如下。

- 每月7号前，申报个人所得税。
- 每月15号前，申报营业税、城建税、教育费附加、地方教育费附加。
- 印花税，年底时申报一次（全年的）。
- 房产税、土地使用税，每年4月15号前、10月15号前申报。但是，各地税务要求不一样，按照单位主管税务局要求的期限进行申报。
- 车船使用税，每年4月份申报缴纳。各地税务要求也不一样，按照单位主管税务局要求的期限进行申报。
- 如果没有发生税金，也要按时进行零申报。

2. 国税申报

国税申报的税金有：增值税、所得税。

国税申报的时间如下。

- 每月15号前申报增值税。
- 每季度末下月的15号前申报所得税。
- 国税纳税申报比较复杂，需要安装网上纳税申报系统，一般国税都要对申报单位进行培训的。

3. 纳税申报方式

企业申报纳税可采用网上申报和上门申报。如果是网上申报，直接登录当地地税局网站，进入纳税申报系统，输入税务代码、密码后进行申报就行了。如果是上门申报，需填写纳税申报表，然后报送主管税务局就行了。

二、网上报税系统的使用

企业网上报税系统的使用可分为以下几个步骤。

- 纳税人首先到税务局申请，获得网上报税系统的密码。
- 登录税务局的网站，输入纳税识别码、密码进入报税系统。
- 进入“报税申报”界面，将在“电子报税”系统里面导出的报表，导入到网上的报税系统即可。
- 报税后可以进入“报税查询”界面，打印所上报的报表。

真题精练

一、单选题

1. 下列各项不属于税收特征的有（　　）。

A. 强制性　　B. 分配性

C. 无偿性　　D. 固定性

2. 下列税种中，不属于《中华人民共和国税收征管法》适用范围的是（　　）。

A. 所得税　　B. 营业税

C. 耕地占用税　　D. 土地增值税

3. 下列属于税收程序法的是（　　）。

A. 《中华人民共和国消费税暂行条例》

B. 《中华人民共和国个人所得税法》

C. 《中华人民共和国税收征收管理法》

D. 《中华人民共和国企业所得税法》

4. 我国税法构成要素中，（　　）是税法中具体规定应当征税的项目，是征税对象的具体化。

A. 税率　　B. 税目

C. 纳税人　　D. 征税对象

5. 按征税对象的性质分类，增值税属于（　　）。

A. 流转税类　　B. 所得税类

C. 财产税类　　D. 行为税类

6. 2014年7月，某增值税小规模纳税人填开普通发票销售货物，销售收入为92 700元，外购货物2 700元，其当期应缴增值税（　　）。

A. 5 247元　　B. 2 621元

C. 2 700元　　D. 3 565元

7. 某卡拉OK歌舞厅2014年5月各项营业收入总额为90万元，其中烟酒和饮料收入20万元，适用的营业税税率为20%。歌舞厅该月应缴纳营业税（　　）万元。

A. 14　　B. 4

C. 18　　D. 22

8. 下列各项中，按从价从量复合计征消费税的是（　　）。

A. 汽车轮胎　　B. 化妆品

C. 白酒　　D. 珠宝玉石

9. 飓风公司2014年度实现利润总额为320万元，无其他纳税调整事项。经税务机关核实的2013年度亏损额为300万元。2014年度应缴纳的企业所得税税额为（　　）万元。

A. 105.6　　B. 5

C. 5.4　　D. 3.6

10. 下列各项中，属于个人所得税居民纳税人的是（　　）。

A. 在中国境内无住所，居住也不满一年的个人

B. 在中国境内无住所且不居住的个人

C. 在中国境内无住所，而在境内居住超过6个月不满1年的个人

D. 在中国境内有住所的个人

11. （　　）是整个税收征收管理的起点。

A. 税务登记　　B. 税款征收

C. 填写发票　　D. 注册公司

12. 某大学于教授受某企业邀请，为该企业中层干部进行管理培训讲座，从企业取得报酬5 000元。该笔报酬在缴纳个人所得税时适用的税目是（　　）。

A. 工资薪金所得　　B. 劳务报酬所得

C. 稿酬所得　　D. 偶然所得

13. 关于营业税的税目及其税率，以下各项中表述正确的是（　　）。

A. 金融保险业为3%　　B. 转让无形资产为3%

C. 服务业为5%　　D. 建筑业为5%

二、多选题

1. 以下属于对流转额课税的有（　　）。

A. 增值税　　B. 关税

C. 营业税　　D. 印花税

2. 根据我国《宪法》及有关法律的规定，有权参与税收立法和政策制定的机关有（　　）。

A. 财政部　　B. 国务院

C. 国家税务总局　　D. 教育局

3. 下列属于增值税征税范围的有（　　）。

A. 交通运输业　　B. 邮政业

C. 部分现代服务业　　D. 建筑业

4. 下列属于小规模纳税人的是（　　）。

A. 从事货物生产或提供应税劳务的纳税人，年应税销售额在50万元以下的

B. 从事货物批发零售的纳税人，年应税销售额在80万元以下的

C. 年应税销售额超过小规模纳税人标准的个人、非企业型单位

D. 以从事货物生产或提供应税劳务为主，并兼营货物批发或零售的纳税人，年应税销售额在50万元以下的

5. 我国消费税的税率形式包括（　　）。

A. 比例税率　　B. 定额税率

C. 超额累进税率　　D. 超率累进税率

6. 申报缴纳企业所得税的企业包括（　　）。

A. 居民企业　　B. 有限合伙企业

C. 非居民企业　　D. 个人独资企业

7. 根据个人所得税法律制度的规定，可以将个人所得税的纳税义务人区分为居民纳税义务人和非居民纳税义务人，依据的标准有（　　）。

A. 境内有无住所　　B. 境内工作时间

C. 取得收入的工作地　　D. 境内居住时间

8. 下列关于发票的基本联次说法正确的是（　　）。

A. 发票的基本联次为三联　　B. 第一联为记账联

C. 第二联为发票联　　D. 第三联为存根联

9. 目前我国使用的发票，主要有增值税专用发票、普通发票和专业发票等几类，其中普通发票包括（　　）。

A. 行业发票　　B. 保险凭证

C. 专用发票　　D. 邮票

10. 下列情况中，税务机关应采用核定征收方式的有（　　）。

A. 依照法律，行政法规的规定可以不设置账簿的

B. 依照法律，行政法规的规定应当设置账簿而未设置的

C. 擅自销毁账簿的

D. 虽设置账簿，但账簿混乱的

三、判断题

1. 强制性、有偿性和固定性是税收活动的主要特征。（　　）

2. 目前，我国税收制度中属于行为税类的主要有耕地占用税、印花税等。（　　）

3. 税率是指应纳税额与征税对象之间的比例，是计算应纳税额的尺度，它体现征税的广度。（　　）

4. 超额累进税率是指以征税对象数额的相对额划分若干级距，分别规定相应的差别税率。我国的土地增值税就是采用这种税率。（　　）

5. 划分一般纳税人和小规模纳税人的依据是纳税人经营规模的大小。（　　）

6. 营业税的纳税期限分别为5日、10日、15日、1个月或者1个季度。（　　）

7. 委托个体经营者加工的应税消费品，由受托方向其机构所在地或居住地主管税务

机关申报缴纳消费税。（ ）

8. 企业所得税的纳税年度，自公历1月1日起至12月31日止。（ ）

9. 增值税专用发票只限于增值税一般纳税人领购使用，小规模纳税人不得领购使用。（ ）

10. 纳税人享受减税、免税待遇的，在减税、免税期间应当按照规定办理纳税申报。（ ）

四、案例分析题

甲公司为大型国有企业，主营运输业务，其5月发生如下交易或事项：（1）主营业务收入总额为900万元；（2）销售厂房180万元，该厂房的成本为110万元。同月，同级财政部门对其进行的会计工作检查，具体内容为：（1）对该企业的内部会计监督和控制制度，以及会计核算工作进行了检查；（2）检查会计工作人员的从业资格，发现部分会计人员没有会计从业资格证书，且会计部门负责人不满足任职条件。

要求：根据上述资料，回答下列问题。

1. 经税务机关批准，该公司目前可以采取的纳税申报方式有（ ）。

A. 简易申报　　B. 数据电文方式申报

C. 邮寄申报　　D. 直接申报

2. 该月甲公司应纳增值税税额为（ ）。

A. 153万元　　B. 85万元

C. 65万元　　D. 140万元

3. 该月甲公司应纳营业税税额为（ ）。

A. 54万元　　B. 36万元

C. 9万元　　D. 5.4万元

4. 下列属于财政部门对该单位进行检查的内容包括（ ）。

A. 审查会计工作人员是否取得会计从业资格证书并接受财政部门的管理

B. 审查企业财务会计报告，并出具审计报告

C. 检查会计资料的真实性和完整性

D. 检查会计机构的负责人、会计主管人员的任职资格是否符合条件

5. 担任会计机构负责人（会计主管人员）的，必须同时具备（ ）。

A. 取得会计从业资格

B. 具备会计师以上专业技术职务资格或者从事会计工作3年以上经历

C. 取得大学本科学历

D. 取得大学专科学历

PART 4

项目四 财政法律制度

项目引入

杜老师：小叶，你知道什么是财政法律制度吗？

叶丽娜：就是从事财务工作应该遵守的纪律，可是为什么要学习它呢？

杜老师：因为财政法律制度是由预算法律制度、政府采购法律制度及国库集中收付制度等构成的，完备的财政法律制度对于规范财政管理，保障财政工作，建立稳固、平衡的财政,具有重要的意义。每一个会计人员都应该掌握好财政法律制度的内容。

叶丽娜：原来是这样的，那我也应该好好学习一下财政法律制度。

杜老师：对啊，下面我们就具体介绍一下财政法律制度。

学习目标

- 了解预算法律制度的构成。
- 掌握国家预算概述、预算管理的职权、预算组织程序及预决算的监督。
- 熟悉预算收入、预算支出及决算的相关知识。
- 了解政府采购法律制度的构成、政府采购的概念与原则。
- 掌握政府采购的功能与执行模式、采购方式及采购的监督检查。
- 了解国库集中收付制度的概念。
- 掌握国库单一账户体系、财政收支的方式。

考情分析

- 题型与分值：单选题、多选题、判断题和案例分析题，所占分值约为10%。
- 复习重点与建议：注意区分预算法律制度、政府采购法律制度和国库集中收付制度的概念，学习时应熟悉并理解涉及的相关法律制度。

任务一 预算法律制度

预算法是财政法的组成部分，预算法律制度在财政法体系中居于核心地位。因此要想学好财政法律制度，就必须对预算法律制度有深入的了解，下面将介绍预算法律制度的相关知识。

【任务目标】

本任务的目标是掌握预算法律制度的构成、国家预算的级次划分、预算管理职权划分、预算组织程序和预决算的监督等知识。另外，对于决算的概念、草案的编制和审查批准、预决算的各种具体监督方式等知识也应重点掌握。

【知识讲解】

一、预算法律制度的构成

预算法律制度是指国家经过法定程序制定的，用以调整国家预算关系的法律、行政法规和相关规章制度。我国预算法律制度由《预算法》、《预算法实施条例》以及有关国家预算管理的其他法规制度构成。

（一）《预算法》

《中华人民共和国预算法》（以下简称《预算法》）是调整在国家进行预算资金的筹集、分配、使用和管理过程中发生的经济关系的法律规范的总称，它是我国第一部财政基本法律，是我国国家预算管理工作的根本性法律，是制定其他预算法规的基本依据。该法自1995年1月1日起施行，全文共11章79条，包括总则、预算管理职权、预算收支范围、预算编制、预算审查和批准、预算执行、预算调整、决算、监督、法律责任和附则。

知识补充

2014年8月31日，十二届全国人民代表大会常务委员会第十次会议通过了《全国人民代表大会常务委员会关于修改〈中华人民共和国预算法〉的决定》，并决议于2015年1月1日起施行。

（二）《预算法实施条例》

《中华人民共和国预算法实施条例》（以下简称《预算法实施条例》）是《预算法》有关规定的具体和细化，它的颁布实施保证了《预算法》的贯彻实施，使之更具有操作性，为预算及其监督提供更为具体明确的行为准则。该法由国务院于1995年11月22日颁布实施，全文共8章79条，包括总则、预算收支范围、预算编制、预算执行、预算调整、决算、监督和附则。

二、国家预算概述

（一）国家预算的概念

国家预算也称政府预算，是政府的基本财政收支计划，即经法定程序批准的国家年度财政收支计划。国家预算是实现财政职能的基本手段，反映国家的施政方针和社会经济政策，规定政府活动的范围和方向。

国家预算由预算收入和预算支出组成。我国的预算收入采取税收等形式，是社会主义经济的内部积累。我国的预算支出主要用于经济建设和国防、文化、教育、科学、卫生、社会福利等各项事业。

> **知识补充** 国家预算原则是指国家选择预算形式和体系应遵循的指导思想，也就是制定政府财政收支计划的方针，包括公开性、可靠性、完整性、统一性和年度性。

（二）国家预算的作用

国家预算作为财政分配和宏观调控的主要手段，具有分配、调控和监督职能，它在经济生活中的作用包括以下3个方面。

- **财力保证作用**：通过国家预算，可以集中资金保证国家的主要财力服从整体利益的需要，保证了国家有计划地建立后备资金的需要，也保证了国家政权建设和人民民主专政，以及社会主义经济健康、有序、协调发展。
- **调节制约作用**：预算支出的结构可以对国民经济结构起调节作用，通过调节产业结构，协调国民经济的重大比例关系，促进生产要素的优化配置和经济效益的提高。国家预算的收支规模则可以对社会总供给和总需求的平衡起到调节作用，因此国家预算的编制和执行对国家经济和社会发展都有直接的制约作用。
- **反映监督作用**：通过国家预算的编制和执行，便于掌握国民经济的发展趋势，发现国民经济发展中存在的问题，从而及时采取应对措施，促进国民经济稳定、协调、健康、快速地发展。

（三）国家预算的级次划分

国家预算即政府收支预算，根据国家政权结构、行政区域划分和财政管理体制的要求，按照一级政府设立一级预算的原则，我国国家预算共分为五级预算，具体划分如图4-1所示。

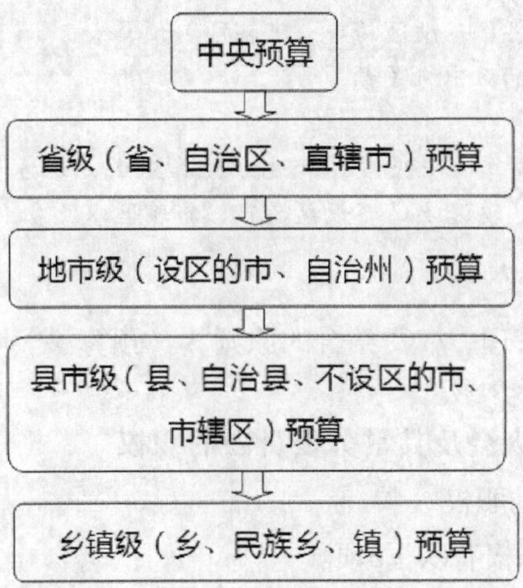

图4-1 国家预算

其中，对于不具备设立预算条件的乡、民族乡、镇，经省、自治区、直辖市政府确定，可以暂不设立预算。上述预算中，除中央预算外，其他4个级次的预算都称为地方预算。

（四）国家预算的构成

国家预算按照政府级次可分为中央预算和地方预算；按照收支管理范围则可分为总预算和部门单位预算。国家预算的构成如表4-1所示。

表4-1 国家预算的构成

分类标准	分类	含义
政府级次	中央预算	①由中央各部门（含直属单位）的预算构成 ②包括地方向中央上交的收入数额和中央对地方返还或者给予补助的数额
	地方预算	①由各省、自治区、直辖市总预算构成 ②地方各级政府预算由本级各部门（含直属单位）的预算组成，包括下级政府向上级政府上交的收入数额和上级政府对下级政府返还或者给予补助的数额
收支管理范围	总预算	①各级总预算由本级政府预算和所属下级政府的总预算汇编而成 ②由财政部门负责编制 ③下级政府只有本级预算的，下级政府总预算即指下级政府的本级预算 ④没有下级政府预算的，总预算即指本级预算
	部门单位预算	①各部门预算由本部门所属各单位预算组成。单位预算是指列入部门预算的国家机关、社会团体和其他单位的收支预算 ②部门单位预算是总预算的基础，由各预算部门和单位编制 ③部门预算是一项综合预算，既包括行政单位预算，又包括其下属的事业单位预算；既包括一般预算收支计划，又包括政府基金预算收支计划；既包括正常经费预算，又包括专项支出预算；既包括财政预算内拨款收支计划，又包括财政预算外核拨资金收支计划和部门其他收支计划

知识补充

预算以人民币为计算单位，各级预算的编制、执行应当建立健全相互制约、相互协调的机制。我国各级预算都要实行收支平衡的原则。

试题精讲

【单选题】下列选项中，不属于我国国家预算体系的是（　　）。

A. 中央预算

B. 省级（省、自治区、直辖市）预算

C. 县市级（县、自治县、不设区的市、市辖区）预算

D. 县级以上地方政府的派出机关预算

【答案】D

【解析】我国的国家预算由中央预算和地方预算组成。地方预算分为省、自治区、直辖市，设区的市、自治州，县、自治县、不设区的市、市辖区以及乡、民族乡、镇四级预算。

三、预算管理的职权

根据统一领导、分级管理、权责结合的原则，《预算法》明确规定了各级政府和部门的预算职权。下面分别进行介绍。

（一）各级人民代表大会及其常务委员会的职权

1. 全国人民代表大会的职权

全国人民代表大会的职权有以下3项。

- 审查中央和地方预算草案及中央和地方预算执行情况的报告。
- 批准中央预算和中央预算执行情况的报告。
- 改变或者撤销全国人民代表大会常务委员会关于预算、决算的不适当的决议。

2. 全国人民代表大会常务委员会的职权

全国人民代表大会常务委员会的职权有以下5项。

- 监督中央和地方预算的执行。
- 审查和批准中央预算的调整方案。

- 审查和批准中央决算。
- 撤销国务院制定的同宪法、法律相抵触的关于预算、决算的行政法规、决定和命令。
- 撤销省、自治区、直辖市人民代表大会及其常务委员会制定的同宪法、法律和行政法规相抵触的关于预算、决算的地方性法规和决议。

3. 县级以上地方各级人民代表大会的职权

县级以上地方各级人民代表大会的职权有以下4项。

- 审查本级总预算草案及本级总预算执行情况的报告。
- 批准本级预算和本级预算执行情况的报告。
- 改变或者撤销本级人民代表大会常务委员会关于预算、决算的不适当的决议。
- 撤销本级政府关于预算、决算的不适当的决定和命令。

4. 县级以上地方各级人民代表大会常务委员会的职权

县级以上地方各级人民代表大会常务委员会的职权有以下4项。

- 监督本级总预算的执行。
- 审查和批准本级预算的调整方案。
- 审查和批准本级政府决算（以下简称本级决算）。
- 撤销本级政府和下一级人民代表大会及其常务委员会关于预算、决算的不适当的决定、命令和决议。

5. 乡、民族乡、镇的人民代表大会的职权

乡、民族乡、镇的人民代表大会的职权有以下5项。

- 审查和批准本级预算和本级预算执行情况的报告。
- 监督本级预算的执行。
- 审查和批准本级预算的调整方案。
- 审查和批准本级决算。
- 撤销本级政府关于预算、决算的不适当的决定和命令。

名师点睛

需要注意的是，关于各级预算组织中，只有县级以上人民代表大会设置了常务委员会，乡、民族乡、镇没有设置人民代表大会常务委员会。

试题精讲

【多选题】下列选项中，属于地方各级政府财政部门预算管理职权的有（　　）。

A. 具体编制本级预算、决算草案　　B. 具体编制上级预算的调整方案

C. 具体组织上级总预算的执行　　D. 提出本级预算预备费动用方案

【答案】A、D

【解析】地方各级政府财政部门只能对本级的预算进行管理，选项B、C错在不是上级，而应该是本级，除此之外，地方各级政府财政部门预算管理职权还包括定期向本级政府和上一级政府财政部门报告本级总预算的执行情况。

（二）各级财政部门的职权

各级财政部门的职权如表4-2所示。

表4-2 各级财政部门的职权

国务院财政部门的职权	地方各级政府财政部门的职权
①具体编制中央预算、决算草案 ②具体组织中央和地方预算的执行 ③提出中央预算预备费动用方案 ④具体编制中央预算的调整方案 ⑤定期向国务院报告中央和地方预算的执行情况	①具体编制本级预算、决算草案 ②具体组织本级总预算的执行 ③提出本级预算预备费动用方案 ④具体编制本级预算的调整方案 ⑤定期向本级政府和上一级政府财政部门报告本级总预算的执行情况

（三）各部门、各单位的职权

各部门是指与财政部门直接发生预算缴款、拨款关系的国家机关、军队、政党组织和社会团体等。各单位是指与财政部门直接发生预算缴款、拨款关系的企业和事业单位等。各部门、各单位的职权如表4-3所示。

表4-3 各部门、各单位的职权

各部门的职权	各单位的职权
①各部门具体负责编制本部门预算、决算草案 ②组织和监督本部门预算的执行 ③定期向本级政府财政部门报告预算的执行情况	①编制本单位预算、决算草案 ②按照国家规定上缴预算收入，安排预算支出，并接受国家有关部门的监督

试题精讲

【判断题】各部门、各单位都要具体负责编制本部门、本单位预算、决算草案；组织和监督本部门、本单位预算的执行。（ ）

【答案】×

【解析】各部门、各单位都要具体负责编制本部门、本单位预算、决算草案；但组织和监督预算的执行是各部门的职权。

四、预算收入与预算支出

（一）预算收入

根据《预算法》第四条规定，预算由预算收入和预算支出组成。其中，预算收入是指在预算年度内通过一定的形式和程序，有计划地筹措到的归国家支配的资金。按照不同的标准预算收入可以划分为不同的类型。

1. 按照来源划分

按照来源划分预算收入由税收收入、国有资产收益、专项收入和其他收入4部分组成。

- **税收收入**：税收收入是指国家按照预定标准，向经济组织和居民无偿地征收实物或货币所取得的一种财政收入，是国家预算资金的重要来源。税收也是目前世界各个国家财政收入的主要来源。在我国，目前来自税收的收入占全部财政收入的90%以上。
- **国有资产收益**：国有资产收益是指各部门和各单位占有和使用及依法处分境内外国有资产产生的收益，按照国家有关规定应当上缴的预算部分。
- **专项收入**：专项收入是指根据特定需要由国务院批准或者经国务院授权由财政部批准，设置、征集和纳入预算管理，有专项用途的收入。
- **其他收入**：其他收入是指除上述各项收入以外的纳入预算管理的收入。

2. 按照归属划分

按照归属划分，预算收入由中央预算收入、地方预算收入及中央和地方预算共享收入

3部分组成。

- **中央预算收入**：中央预算收入是指按照分税制财政管理体制，纳入中央预算、地方不参与分享的收入，包括中央本级收入和地方按照规定向中央上交的收入。
- **地方预算收入**：地方预算收入是指按照分税制财政管理体制，纳入地方预算、中央不参与分享的收入，包括地方本级收入和中央按照规定返还或者补助地方的收入。
- **中央和地方预算共享收入**：中央和地方预算共享收入是指按照分税制财政管理体制，中央预算和地方预算对同一税种的收入，按照一定划分标准或者比例分享的收入。

案例阅读与思考

2014年，某市财政收入完成15.33亿元，其中，地方预算收入完成10亿元，上交中央收入完成4.2亿元，其他预算收入为1.13亿元。该市本级地方预算收入中增值税（25%部分）完成5 100万元，企业所得税（25%部分）完成6 488万元，个人所得税（25%部分）完成1 266万元。

在该市的财政预算收入中包括中央预算收入（5.23亿元）、地方预算收入（10亿元）及中央和地方预算共享收入（地方预算收入中增值税、企业所得税、个人所得税25%部分12 854万元）。

（二）预算支出

预算支出是指国家对集中的预算收入有计划地分配和使用而安排的支出。按照不同的标准，预算支出可以划分为不同的类型。

1. 按照内容划分

预算支出按照内容划分可分为经济建设支出、科教文卫体等事业发展支出、其他内容支出。

- **经济建设支出**：经济建设支出是预算支出的主要组成部分，是指国家用于生产性投资和基本建设方面的财政支出，该支出既有涉及社会公共需要的，也有涉及宏观调控的。主要包括基本建设拨款、支援农业生产支出、城市维护费、环境保护支出、简易建筑费、地质勘探费、国有企业挖潜改造资金和国家物资储备支出等。
- **科教文卫体等事业发展支出**：科教文卫体等事业发展支出是指用于教育、科学、文化、卫生、体育、工业、交通、商业、农业、林业、环境保护、水利和气象等方面事业的支出，具体包括公益性基本建设支出、设备购置支出、人员费用支出和业务费用支出以及其他事业发展支出。
- **其他内容支出**：其他内容支出包括国家管理费用支出、国防支出、各项补贴支出和其他支出。

2. 按照主体划分

预算支出按照主体划分可分为中央预算支出和地方预算支出。

- **中央预算支出**：中央预算支出是指按照分税制财政管理体制，由中央财政承担并列入中央预算的支出，包括中央本级支出和中央返还或者补助地方的支出。
- **地方预算支出**：地方预算支出是指按照分税制财政管理体制，由地方财政承担并列入地方预算的支出，包括地方本级支出和地方按照规定上交中央的支出。

知识补充

中央预算与地方预算有关收入和支出项目的划分、地方向中央上交收入、中央对地方返还或者给予补助的具体办法，由国务院制定，报全国人民代表大会常务委员会备案。上级政府不得在预算之外调用下级政府预算的资金，下级政府不得挤占或者截留属于上级政府预算的资金。

五、预算组织程序

预算组织程序包括预算的编制、审批、执行和调整。

（一）预算的编制

预算的编制是指各级政府、各部门、各预算单位制定筹集和分配预算资金年度计划的预算活动，是预算法必须规范的主要内容。预算的编制应当遵守国家编制预算的原则，按照编制办法和程序进行。对此，我国《预算法》作出了明确的规定。

> **名师点睛** 关于预算的编制，需要注意两点：一是应由国务院及时下达关于编制下一年度预算草案的指示；二是由财政部门负责编制预算草案的具体事项的部署。

1. 预算的年度

我国的预算年度从公历1月1日起，至12月31日止。各预算活动的主体都必须按照法律规定的时间要求及时地编制预算。

2. 预算草案的编制依据

预算草案是指各级政府、各部门、各单位编制的未经法定程序审查和批准的预算收支计划。中央预算和地方各级政府预算，应当参考上一年预算执行情况和本年度收支预测进行编制。各级政府、各部门、各单位编制年度预算草案的依据如表4-4所示。

表4-4 编制预算草案的依据

各级政府编制年度预算草案的依据	各部门、各单位编制年度预算草案的依据
①法律、法规 ②国民经济和社会发展计划、财政中长期计划以及有关的财政经济政策 ③本级政府的预算管理职权和财政管理体制确定的预算收支范围 ④上一年度预算执行情况和本年度预算收支变化因素 ⑤上级政府对编制本年度预算草案的指示和要求	①法律、法规 ②本级政府的指示和要求以及本级政府财政部门的部署 ③本部门、本单位的职责、任务和事业发展计划 ④本部门、本单位的定员定额标准 ⑤本部门、本单位上一年度预算执行情况和本年度预算收入

3. 预算草案的编制内容

中央预算和地方各级政府预算按照复式预算编制，其具体的编制内容如表4-5所示。

表4-5 预算草案的编制内容

中央预算的编制内容	地方各级政府预算的编制内容
①本级预算收入和支出 ②上一年度结余用于本年度安排的支出 ③返还或者补助地方的支出 ④地方上交的收入	①本级预算收入和支出 ②上一年度结余用于本年度安排的支出 ③上级返还或者补助的收入 ④返还或者补助下级的支出 ⑤上交上级的支出 ⑥下级上交的收入

（二）预算的审批

预算的审批分为人民代表大会审批、政府财政部门及各部门的批复和预算上报备案3个部分。

1. 人民代表大会审批

中央预算由全国人民代表大会审查和批准。国务院在全国人民代表大会举行会议时，向大会作关于中央和地方预算草案的报告。

地方各级政府预算由本级人民代表大会审查和批准。地方各级政府在本级人民代表大会举行会议时，向大会作关于本级总预算草案的报告。

2. **政府财政部门及各部门的批复**

各级政府预算经本级人民代表大会批准后，本级政府财政部门应当及时向本级各部门批复预算。各部门应当及时向所属各单位批复预算。主要包括以下几种情况。

- 财政部自全国人民代表大会批准中央预算之日起30日内，批复中央各部门预算。
- 中央各部门自财政部批复本部门预算之日起15日内，批复所属各单位预算。
- 县级以上地方各级政府自本级人民代表大会批准本级政府预算之日起30日内，批复本级各部门预算。
- 地方各部门自本级财政部门批复本部门预算之日起15日内，批复所属各单位预算。

3. **预算上报备案**

预算批准后要及时向国家机关备案，国务院汇总后报全国人民代表大会常务委员会备案。

（三）预算的执行

预算执行是指经法定程序批准的预算进入具体实施阶段，各级政府、各部门、各预算单位在组织实施本级权力机关批准的本级预算中筹措预算收入、拨付预算支出等的活动。预算执行工作是实现预算收支任务的关键步骤，也是整个预算管理工作的中心环节。各级预算由本级政府组织执行，具体工作由各级政府财政部门负责。

预算年度开始后，各级政府预算草案在本级人民代表大会批准前，可以安排下列支出。

- 上一年度结转的支出。
- 参照上一年同期的预算支出数额安排必须支付的本年度部门基本支出、项目支出，以及对下级政府的转移性支出。
- 法律规定必须履行支付义务的支出，以及用于自然灾害等突发事件处理的支出。

根据上述规定安排支出的情况，应当在预算草案的报告中作出说明。预算经本级人民代表大会批准后，按照批准的预算执行。

知识补充

各级政府应当加强对预算执行的领导，支持政府财政、税务、海关等预算收入的征收部门依法组织预算收入，支持政府财政部门严格管理预算支出。县级以上各级预算必须设立国库，具备条件的乡、民族乡、镇也应当设立国库。

试题精讲

【单选题】乡级政府编制的决策草案，由（ ）审批。

A. 国务院　　B. 县级以上人民政府

C. 本级人民代表大会　　D. 县级人民代表大会

【答案】C

【解析】乡、民族乡、镇政府编制本级决算草案，提请本级人民代表大会审查和批准。

（四）预算的调整

预算的调整是指经全国人民代表大会批准的中央预算和地方各级人民代表大会批准的本级预算，在执行中因特殊情况需要增加支出或减少收入，使原批准的收支平衡的预算的总支出超过总收入，或使原批准的预算中举借债务的数额增加的部分的变更。需要进行调整的情况有：增加或者减少预算总支出的；调入预算稳定调节基金的；调减预算安排的重点支出数额的；增加举借债务数额的。另外，预算的调整还需要进行审批和备案。

1. 预算调整方案的审批

预算调整方案的审批可分为以下三种情况。

- 中央预算的调整方案必须提请全国人民代表大会常务委员会审查和批准。
- 县级以上包括中央预算的调整方案由本级人民代表大会常务委员会审批。
- 乡、民族乡、镇政府预算的调整方案必须提请本级人民代表大会审查和批准。未经批准，不得调整预算。

2. 预算调整方案的备案

根据《预算法》第73条规定，地方各级政府预算的调整方案经批准后，由本级政府报上一级政府备案。

3. 不属于预算调整的范围

在预算执行中，因上级政府返还或给予补助而引起的预算收支变化，不属于预算调整。接受返还或者补助款项的县级以上地方各级政府应当向本级人民代表大会常务委员会报告有关情况；乡镇级别的，向本级人民代表大会报告有关情况。

六、决算

决算是对年度预算收支执行结果的年度会计报告，是预算执行的总结，是国家管理预算活动的最后一道程序。当国家预算执行进入终结阶段时，要根据年度执行的最终结果编制国家决算。它反映年度国家预算收支的最终结果，是国家经济活动在财政上的集中反映。决算包括决算收入和决算支出，其具体含义如下。

- **决算收入：**决算收入表明国家建设资金的主要来源、构成和资金积累水平。
- **决算支出：**决算支出体现了国家各项经济建设和社会发展事业的规模和速度 。

（一）决算草案的编制

决算草案由各级政府、各部门、各单位，在每一预算年度终了后按照国务院规定的时间编制。编制决算草案的具体事项，由国务院财政部门部署。各部门对所属各单位的决算草案，应当审核并汇总编制本部门的决算草案，在规定的期限内报本级政府财政部门审核。各级政府财政部门对本级各部门决算草案审核后发现有不符合法律、行政法规规定的，有权予以纠正。编制决算草案，必须符合法律、行政法规，做到收支真实、数额准确、内容完整、报送及时。

（二）决算草案的审批

决算草案的审查批准分为以下三种情况。

- 国务院财政部门编制中央决算草案，报国务院审定后，由国务院提请全国人民代表大会常务委员会审查和批准。
- 县级以上地方各级政府财政部门编制本级决算草案，报本级政府审定后，由本级政府提请本级人民代表大会常务委员会审查和批准。
- 乡、民族乡、镇政府编制本级决算草案，提请本级人民代表大会审查和批准。

（三）决算草案的备案

地方各级政府应当将经批准的决算，报上一级政府备案。

（四）决算的批复

县级以上各级政府决算草案经本级人民代表大会常务委员会批准后，本级政府财政部门应当自批准之日起20日内向本级各部门批复决算。各部门应当自本级政府财政部门批复本部门决算之日起15日内向所属各单位批复决算。

试题精讲

【判断题】县级以上地方各级政府财政部门编制本级决算草案后，报本级政府审定后，本级政府有权予以审查和批准。（ ）

【答案】×

【解析】县级以上地方各级政府财政部门编制本级决算草案后，报本级政府审定后，由本级政府提请本级人民代表大会常务委员会审查和批准。

知识补充

县级以上地方各级政府对下一级政府依《预算法》有关规定报送备案的预算，认为有同法律、行政法规相抵触或者有其他不适当之处，需要撤销批准预算决议的，应当提请本级人民代表大会常务委员会审议决定。

七、预决算的监督

预决算的监督包括国家权力机关的监督、各级政府的监督、各级政府财政部门的监督和各级政府审计部门的监督。

（一）国家权力机关的监督

国家权力机关的监督包括以下三种情况。

- 全国人民代表大会及其常务委员会对中央和地方预算、决算进行监督。
- 县以上地方各级人民代表大会及其常务委员会对本级和下级政府预算、决算进行监督。
- 乡、民族乡、镇人民代表大会对本级预算、决算进行监督。

（二）各级政府的监督

各级政府监督下级政府预算执行。

（三）各级政府财政部门的监督

各级政府财政部门负责监督本级各部门及所属单位预算执行，并向本级政府和上级政府财政部门报告。

（四）各级政府审计部门的监督

各级政府审计部门对本级各部门、各单位和下级政府的预算和决算实行审计监督。

知识补充

《预算法》规定：县级以上地方各级人民代表大会常务委员会监督本级总预算的执行；审查和批准本级预算的调整方案；审查和批准本级决算；乡、民族乡、镇的人民代表大会审查和批准本级预算和本级预算执行情况的报告；监督本级预算的执行；审查和批准本级预算的调整方案；审查和批准本级决算。

【任务实施】

1. 结合前面的讲解，回答下列问题。

（1）什么是国家预算？国家预算有什么作用？

（2）预算组织程序包括哪些内容？

2. 按规定，某市各部门单位需编制2015年度预算，结合前文的讲解，将图4-2的括号内容补充完整。

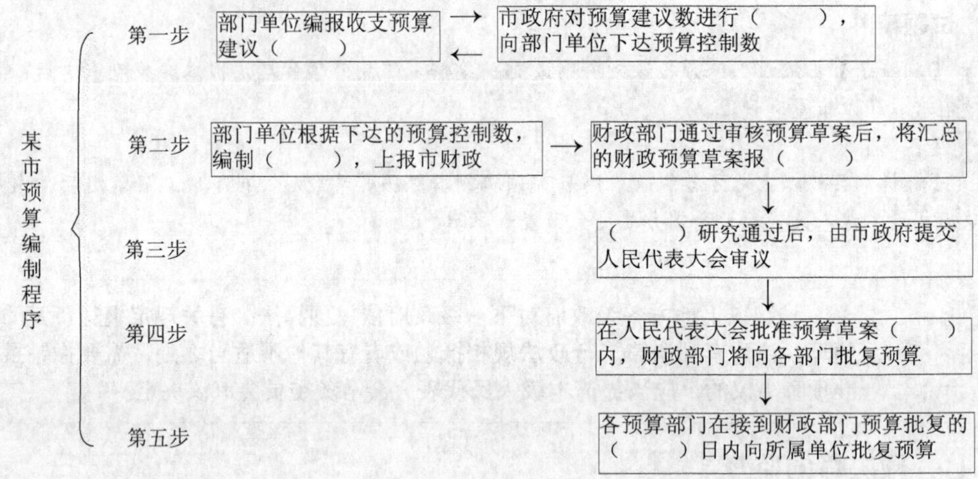

图 4-2　预算编制程序

任务二 政府采购法律制度

政府采购法律制度是财政法律体系中的一项重要内容，建立规范的政府采购制度也有利于国家财政政策的宏观调控，促进经济发展。通过对政府采购法律制度的学习，将进一步提高对财政法律制度的认识。

【任务目标】

本任务的目标是通过学习政府采购法、政府采购原则、集中采购的模式和政府采购监督检查等知识，掌握政府采购的概念、主体范围、政府采购的当事人、政府采购中的公开招标、邀请招标、竞争性谈判等内容。

【知识讲解】

一、政府采购法律制度的构成

我国的政府采购法律制度由《中华人民共和国政府采购法》（以下简称《政府采购法》）、国务院各部门特别是财政部颁布的一系列部门规章以及地方性法规和政府规章组成。

（一）政府采购法

《政府采购法》于2002年6月29日由中华人民共和国第九届全国人民代表大会常务委员会第二十八次会议通过，自2003年1月1日起开始施行。全文共9章88条，包括总则、政府采购当事人、政府采购方式、政府采购程序、政府采购合同、质疑与投诉、监督检查、法律责任、附则。《政府采购法》第1条指出，该法是为了规范政府采购行为，提高政府采购资金的使用效益，维护国家利益和社会公共利益，保护政府采购当事人的合法权益，促进廉政建设而制定的。同时，《政府采购法》也是规范我国政府采购活动的根本性法律，是制定其他政府采购法规制度的基本依据。

（二）政府采购部门规章

政府采购部门规章是为了贯彻国家有关法律法规和政府政策，由国务院各部门颁布的一系列有关政府采购的配套规章和规范性制度。财政部颁布有关政府采购的部门规章，以细化《政府采购法》中的原则性规定。如财政部制定的《政府采购货物和服务招标投标管理办法》《政府采购信息公告管理办法》《政府采购供应商投诉处理办法》《政府采购代理机构资格认定办法》《政府采购评审专家管理办法》等。

（三）政府采购地方性法规和政府规章

政府采购地方性法规是指省、自治区、直辖市的人民代表大会及其常务委员会在不与法律、行政法规相抵触的情况下制定的规范性文件。政府规章是指省、自治区、直辖市的人民政府制定的地方规范性文件。这种地方性的法规和规章一般都带有地名，如《成都市政府采购办法》《上海市政府采购管理办法》和《四川省政府采购管理规定》等。

试题精讲

【多选题】政府采购法律制度是由（　　）构成的。

A. 《中华人民共和国政府采购法》　　B. 政府采购部门规章

C. 政府采购地方性法规和政府规章　　D. 《政府采购货物和服务招标投标管理办法》

【答案】A、B、C

【解析】选项A、B、C符合题意，选项D属于政府采购部门规章的范畴。

二、政府采购的概念与原则

（一）政府采购的概念

采购是指企业在一定的条件下从供应市场获取产品或服务作为企业资源，以保证企业生产及经营活动正常开展的一项企业经营活动。采购是一个商业性质的有机体为维持正常运转而寻求从体外摄入的过程。

政府采购是指各级国家机关、事业单位和团体组织，使用财政性资金采购依法制定的集中采购目录以内的或者采购限额标准以上的货物、工程和服务的行为。政府采购不仅是具体的采购过程，而且是采购政策、采购程序、采购过程及采购管理的总称，是一种对公共采购管理的制度。完善、合理的政府采购对社会资源的有效利用，提高财政资金的利用效率起到很大的作用，因而是财政支出管理的一个重要环节。

1. 政府采购的主体范围

在我国，政府采购的主体是依靠国家财政资金运作的政府机关、事业单位和社会团体等，而所有个人、私人企业和公司，以及集体企业均不能成为政府采购的采购方主体。另外，《政府采购法》规定，国有企业不属于政府采购的主体范围。

名师点睛

国有企业、私营企业和集体企业都不属于政府采购的主体范围，没有纳入政府采购目录，但是上述企业的采购内容在采购限额标准以上的也需要集中采购。

2. 政府采购的资金范围

政府采购资金分为财政性资金和财政偿还的公共借款，其中，财政性资金包括财政预算资金和预算外资金。这些资金的最终来源为纳税人缴纳的税款和政府对公共服务的收费。

3. 政府采购的对象范围

《政府采购法》中所称的采购，是指以合同方式有偿取得货物、工程和服务的行为，包括购买、租赁、委托和雇用等。因此，政府采购的对象范围就是货物、工程和服务，这里的货物是指各种形态和种类的物品，包括原材料、燃料、设备等；工程是指建设工程，包括建筑物和构筑物的新建、改建、修缮等；服务是指除货物和工程以外的其他政府采购对象。

4. 政府集中采购目录和政府采购限额标准

集中采购是政府采购的主要方式之一，政府采购目录及其限额标准的相关规定如图4-3所示。

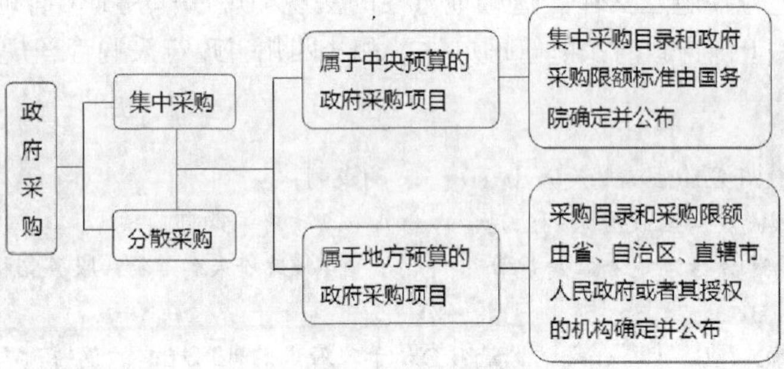

图4-3　政府采购目录和限额标准

试题精讲

【多选题】政府采购的主体包括（　　）。

A. 政府机关　　B. 企业公司　　C. 社会团体　　D. 事业单位

【答案】A、C、D

【解析】根据规定，企业公司不能成为政府采购的主体。

（二）政府采购的原则

政府采购有别于其他采购方式，具有其特殊性，因而其法律原则也不同于其他采购方式。根据《政府采购法》第3条的规定，政府采购应当遵循公开透明原则、公平竞争原则、公正原则和诚实信用原则。

1. 公开透明原则

公开透明原则是指有关采购的法律、政策、程序和采购活动对社会公开，所有相关信息都必须公之于众。公开透明原则应当贯穿于政府采购全过程，具体体现为以下3个方面。

- **公开的内容**：应当公开的政府采购信息包括政府采购法规政策，省级以上人民政府公布的集中采购目录、政府采购限额标准和公开招标数额标准，政府采购招标业务代理机构名录，招标投标信息，财政部门受理政府采购投诉的联系方式及投诉处理决定，财政部门对集中采购机构的考核结果，采购代理机构、供应商不良行为记录名单等。
- **公开的标准**：政府采购公开的信息应当符合内容真实、准确可靠、发布及时、便于获得和查找等标准。

- **公开的途径**：政府采购信息应当在省级以上财政部门指定的政府采购信息发布媒体上向社会公开发布。

2. 公平竞争原则

公平竞争原则要求政府采购活动在确保公平的前提下充分引入竞争机制。因此，公平竞争原则可以进一步划分为竞争性原则和公平性原则，其具体含义如图4-4所示。

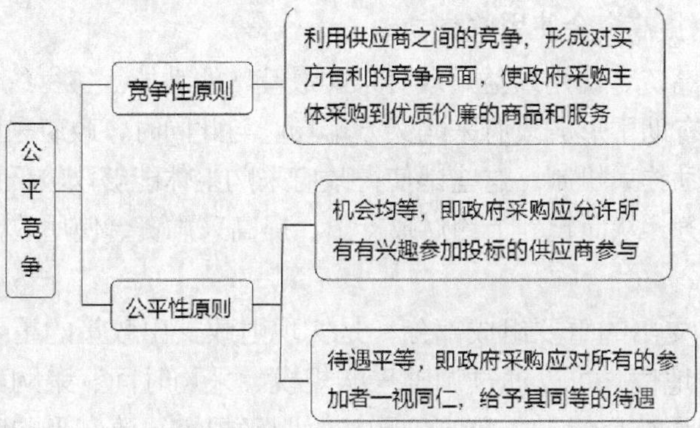

图4-4 公平竞争

只有公平竞争才能保证财政资金的使用效益，才能让参与政府采购的供应商信服，才能维护政府采购在市场上的声誉，有利于引导整个市场形成良性竞争的环境。

3. 公正原则

公正原则主要是指采购人、采购代理机构相对于作为投标人、潜在投标人的多个供应商而言，政府采购主管部门相对于作为被监督人的多个当事人而言，应站在中立、公允、超然的立场上，对于每位相对人都要一碗水端平、不偏不倚、平等对待、一视同仁，不厚此薄彼，不因其身份不同而施行差别对待。公正原则是建立在公开透明和公平的基础上的，只有公开透明和公平，才能有公正的政府采购结果。

4. 诚实信用原则

诚实信用原则本是民事活动的基本原则，政府采购既包括民事因素也包括公共管理的因素，也应遵守民事活动的基本原则。诚实信用原则要求采购主体在项目发标、信息公布、评标、审标过程中要真实，不得有所隐瞒；另一方面，也要求供应商在提供物品、服务时达到投标时做出的承诺，树立相应的责任意识。

案例阅读与思考

2014年11月，某市政府采购中心就一个家具项目进行公开招标采购。采购中心负责人按采购人代表提出的要求在招标文件中加入“家具所使用的涂料不低于A品牌相关质量标准”的规定。采购结果显示，B供应商中标。中标结果公布后，采购中心接到了F供应商的质疑函：招标文件作出“家具所使用的涂料不低于A品牌相关质量标准”的规定属于变相指定品牌。A品牌涂料价格较高，其他品牌家具厂商很少使用，但中标供应商B一直与A品牌涂料长期合作，招标文件作出这样的规定，为变相指定品牌。采购中心认为，确定参考质量标准与指定品牌是两个概念，并以此为由答复了F供应商。后者对答复不满，遂向当地财政部门提起投诉。财政部门认定，招标文件中存在排斥潜在投标人的内容，本次采购废标，责令采购中心重新开展采购活动。

从上述资料可以看出，政府采购应遵循公开透明原则、公平竞争的原则，给予所有潜在投标人的机会应当是均等的，任何违反政府采购原则的做法都是不可取的。

三、政府采购的功能与执行模式

（一）政府采购的功能

政府采购既不同于私人、企业采购，也不同于政府的其他行政行为，它作为政府调节经济和社会生活的一种重要手段，以及一种有效的政策手段，具有独特的功能。具体体现在以下几个方面。

1. 节约财政支出，提高资金使用效益

节约财政支出，提高资金使用效益是政府采购最基本的功能。实行统一集中的政府采购使采购规模得到扩大，有助于形成政府采购买方市场。与此同时，政府采购充分引入竞争机制并建立对供应商的激励约束机制，这些都使得政府采购主体能够以较低廉的价格购买到高质量的货物、工程和服务，从而起到节约财政支出、提高采购资金使用效益的作用。

2. 强化宏观调控

政府采购作为财政支出的重要组成部分，是实现财政支出政策的重要工具。政府在政府采购市场中处于有利地位，可以通过调整采购规模、采购时间、采购项目、采购规则等方式来实现特定的宏观调控目标。《政府采购法》明确规定，政府采购应当有助于实现国家的经济和社会发展政策目标，包括保护环境，扶持不发达地区和少数民族地区，促进中小企业发展等。

3. 活跃市场经济

政府采购必须遵循公开、公平、公正的原则，在竞标过程中执行严密、透明的“优胜劣汰”机制，所有这些都会调动供应商参与政府采购的积极性，并能够促使供应商不断提高产品质量、降低生产成本或改善售后服务，以使自己能够赢得政府订单。而供应商竞争能力的提高又能够带动整个国内市场经济的繁荣。从国际竞争的角度看，政府采购有助于供应商的产品走向国际市场，提高我国产品在国际市场上的竞争力，并早日进入国际采购市场。

4. 推进反腐倡廉

政府采购作为一项制度安排可以从两方面推进政府的反腐倡廉工作。首先，政府采购中的采购人、采购代理机构和供应商在各自内在利益驱动下所形成的内在相互监督机制可以促进反腐倡廉；其次，实行政府采购制度的同时也建立了一套外在的监督机制，可以增加政府采购的透明度，从而避免腐败现象的发生。

5. 保护民族产业

政府采购是世界各国为保护民族产业所普遍采用的有效手段。根据我国《政府采购法》的规定，除极少数法定情形外，政府采购应当采购本国货物、工程和服务。这一规定体现了国货优先原则，即具有保护民族产业的功能。

（二）政府采购的执行模式

《政府采购法》规定，政府采购实行集中采购和分散采购相结合的方式。

1. 集中采购

集中采购是指由政府设立的职能机构统一为其他政府机构提供采购服务的一种采购组织实施形式，分为政府集中采购和部门集中采购两种方式。集中采购的范围由省级以上人民政府公布的集中采购目录确定。纳入集中采购目录的政府采购项目，应当实行集中采购。

集中采购必须委托集中采购机构代理采购。设区的市、自治州以上人民政府根据本级政府采购项目组织集中采购的需要设立集中采购机构。

2. 分散采购

分散采购是指采购单位自行组织或委托采购代理机构实施的，在集中采购目录以外并在采购限额标准以上的项目采购活动。它是集中采购的完善和补充，有利于采购环节与存货、供料等环节的协调配合，有利于增强基层工作责任心，使基层工作富有弹性和成效。

与集中采购相对应，分散采购有利于满足采购及时性和多样性的需求，且手续简单。其不足之处是失去了规模效益，加大了采购成本，也不便于实施统一的管理和监督。

3. 集中采购和分散采购的区别

（1）采购项目特征不同

集中采购的项目通常都是一些大宗的、通用性的项目，而且采购单位都会涉及并需要采购一些社会关注度较高、影响较大的特定商品、大型工程和重要服务类项目。

分散采购的项目则是一些专业化程度较高或单位有特定需要的项目，这些项目通常都不具有通用性。

（2）采购执行主体不同

在进行集中采购时，采购单位必须委托集中采购机构代理采购，采购单位不得擅自自行组织采购，其中的部门集中采购才可以由主管部门统一组织集中采购。

在进行分散采购时，采购单位既可以依法自行组织采购，也可以委托集中采购机构或其他具有政府采购代理资格的社会中介机构代理采购。委托集中采购机构进行采购的，采购单位不需要支付任何采购费用；如果委托社会中介代理机构采购，则需要按规定支付一定的采购代理费用。

（3）采购目的和作用不同

集中采购具有采购成本低、操作相对规范和社会影响大的特点。其作用是不但能发挥政府采购的规模优势，体现政府采购的效益性和公共性原则，也有利于政府的集中监督和对分散采购的良好示范作用。

分散采购可以借助单位的技术优势和社会中介代理机构的专业优势，充分调动单位政府采购的积极性和主动性，提高采购效率，同时也能实现政府采购不断“扩面增量、稳步渐进”的工作目标。

名师点睛

采购单位必须委托集中采购机构代理采购时，如果有没有纳入政府采购目录的，但是在采购限额标准以上的也需要集中采购。

四、政府采购当事人

政府采购当事人是指在政府采购活动中享有权利和承担义务的各类主体，包括采购人、供应商和采购代理机构等。

（一）采购人

采购人是指依法进行政府采购的国家机关、事业单位、团体组织。

1. 采购人的权利

- 自行选择采购代理机构的权利。
- 要求采购代理机构遵守委托协议约定的权利。
- 审查政府采购供应商资格的权利。

- 依法确定中标供应商的权利。
- 签订采购合同并参与对供应商履约验收的权利。
- 特殊情况下提出特殊要求的权利，例如，对于纳入集中采购目录，属于本部门、本系统、有特殊要求的项目，应当实行部门集中采购；属于本单位有特殊要求的项目，经省级以上人民政府批准，可以自行采购。
- 其他合法权利。

2. 采购人的义务

- 遵守政府采购的各项法律、法规和规章制度。
- 接受和配合政府采购监督管理部门的监督检查，同时还要接受和配合审计机关的审计监督以及检察机关的监察。
- 尊重供应商的正当合法权益。
- 遵守采购代理机构的工作秩序。
- 在规定时间内与中标供应商签订政府采购合同。
- 在指定媒体及时向社会发布政府采购信息、招标结果。
- 依法答复供应商的询问和质疑。
- 妥善保存反映每项采购活动的采购文件。
- 其他法定义务。

（二）供应商

供应商是指向采购人提供货物、工程或服务的法人、其他组织或自然人。供应商参加政府采购活动的法定条件，以及其相关的权利与义务如下。

1. 法定条件

- 具有独立承担民事责任的能力。
- 具有良好的商业信誉和健全的财务会计制度。
- 具有履行合同所必需的设备和专业技术能力。
- 有依法缴纳税收和社会保障资金的良好记录。
- 参加政府采购活动前三年内，在经营活动中没有重大违法记录。
- 法律、行政法规规定的其他条件。

2. 供应商的权利

- 平等地取得政府采购供应商资格的权利。
- 平等地获得政府采购信息的权利。
- 自主、平等地参加政府采购竞争的权利。
- 就政府采购活动事项提出询问、质疑和投诉的权利。
- 自主、平等地签订政府采购合同的权利。
- 要求采购人或采购代理机构保守其商业秘密的权利。
- 监督政府采购依法公开、公正进行的权利。
- 其他合法权利。

3. 供应商的义务

- 遵守政府采购的各项法律、法规和规章制度。
- 按规定接受供应商资格审查，并在资格审查中客观、真实地反映自身情况。
- 在政府采购活动中，满足采购人或采购代理机构的正当要求。

● 投标中标后，按规定程序签订政府采购合同并严格履行合同义务。

● 其他法定义务。

（三）采购代理机构

政府采购代理机构是指具备一定条件，经政府有关部门批准而依法拥有政府采购代理资格的社会中介机构。

1. 采购代理机构的分类

采购代理机构分为一般采购代理机构和集中采购机构。

● **一般采购代理机构**：一般采购代理机构由国务院有关部门或省级人民政府有关部门认定，主要负责分散采购的代理业务。

● **集中采购机构**：集中采购机构是进行政府集中采购的法定代理机构，由设区的市、自治州以上人民政府根据本级政府采购项目组织集中采购的需要设立。

2. 采购代理机构的义务和责任

采购代理机构的性质、义务与责任如表4-6所示。

表4-6　采购代理机构的性质、义务与责任

类别	性质	义务与责任
一般采购代理机构	一般采购代理机构是接受采购人的委托，以采购人的名义，利用招标等方式，为采购人择优选定供应商，主要负责分散采购的代理业务	①依法开展代理采购活动并提供良好的服务 ②依法发布采购信息 ③依法接受监督管理 ④不得向采购人行贿或者采取不正当手段谋取非法利益 ⑤其他法定义务和责任
集中采购机构	集中采购机构是采购代理机构，它只能根据采购人的委托，以代理人的身份办理政府采购事务，完全是为了向采购人提供采购服务而设立的	

试题精讲

【单选题】政府采购当事人的范围不包括（　　）。

A. 采购人　　B. 供应商

C. 政府采购监督管理机构　　D. 采购代理机构

【答案】C

【解析】政府采购当事人包括采购人、供应商、采购代理机构，但不包括政府采购监督管理机构。

五、政府采购方式

政府采购可以采用公开招标、邀请招标、竞争性谈判、单一来源、询价采购的方式。其中，公开招标是政府采购的主要采购方式。

（一）公开招标

公开招标是指采购人或其委托的政府采购代理机构以招标公告的方式邀请不特定的供应商参加投标竞争，从中择优选择中标供应商的采购方式，它是政府采购的主要方式。

1. 公开招标的条件

公开招标需符合以下条件。

● 招标人需向不特定的法人或其他组织（有些科研项目的公开招标可包括个人）发出投标邀请。招标人应当通过社会所熟悉的公共媒体公布其招标项目、拟采购的具体设备或工程内容等信息，向不特定的人发出邀请。任何认为自己符合招标人要求的法人或其他组织、个人都有权向招标人索取招标文件并届时投标。

名师点睛

采用公开招标的，招标人不得以任何借口拒绝向符合条件的投标人出售招标文件；依法必须进行招标的项目，招标人不得以地区或者部门不同等为借口违法限制任何潜在投标人参加投标。

- 公开招标须采取公告的方式，向社会公众明示其招标要求，使尽量多的潜在投标商获取招标信息，前来投标，从而保证公开招标的公开性。如在实际生活中，人们经常在报纸上看到“×××招标通告”，此种方式即为公告方式。招标公告的发布有多种途径，如可以通过报纸、广播和网络等公共媒体发布。公开招标的优点在于能够在最大限度内选择投标商，竞争性更强，择优率更高，同时也可以在较大程度上避免招标活动中的贿标行为。因此，我国政府采购通常采用公开招标方式。

2. **公开招标的要求**

对政府采购的公开招标，还有以下3点要求。

- 采购人不得将应当以公开招标方式采购的货物或服务化整为零或以其他任何方式回避公开招标采购。
- 采用公开招标方式采购的，自招标文件发出之日起至投标人提交投标文件截止之日止，不得少于20日。
- 采购人采购货物或者服务应当采用公开招标方式的，其具体数额标准，属于中央预算的政府采购项目由国务院规定；属于地方预算的政府采购项目由省、自治区、直辖市人民政府规定。

知识补充

《政府采购法》第27条规定，因特殊情况需要采用公开招标以外的采购方式的，应当在采购活动开始前获得设区的市、自治州以上人民政府采购监督管理部门的批准。

（二）邀请招标

邀请招标也称有限竞争性招标或选择性招标，是指采购人或其委托的政府采购代理机构以投标邀请书的方式邀请三家或三家以上特定的供应商参与投标的采购方式。邀请招标一般以选择3~10个参加者较为适宜，具体数量要视具体的招标项目的规模大小而定。

1. **邀请招标的特点**

邀请招标具有以下特点。

- 发布信息的方式为投标邀请书。
- 采购人在一定范围内邀请供应商参加投标。
- 竞争范围有限，采购人只要向三家以上供应商发出投标邀请书即可。
- 招标时间大大缩短，招标费用也相对低一些。
- 公开程度逊色于公开招标。

2. **邀请招标的条件**

《政府采购法》第29条规定，符合下列情形之一的货物或服务，可以依照法律采用邀请招标的方式采购。

- 具有特殊性，只能从有限范围的供应商处采购的，如保密项目和急需或者因高度专业性等因素使提供产品的潜在供应商数量较少，公开招标与不公开招标都不影响提供产品的供应商数量的。
- 采用公开招标方式的费用占政府采购项目总价值的比例过大的，或采用公开招标方式所需时间和费用与拟采购的项目总金额不成比例的。

案例阅读与思考

某采购项目采购预算为300万元，但由于拟采购货物具有特殊性，相关生产厂家较少。为此采购人向采购中心提出申请，建议采用邀请招标的方式进行采购，并同时向采购中心提供了该单位集体考察合格的4家供应商名单。采购中心接到申请后，考虑该行业的实际情况后，经中心领导批准，同意了采购人的申请。随后，按照规定的程序，在核实完采购需求后，采购中心向上述4家供应商发出了招标邀请，并进行了邀请招标。

从上述资料可以看出，具有特殊性的货物或服务应该采用邀请招标的方式进行采购，案例中的情况即符合这一要求。

（三）竞争性谈判

竞争性谈判是指采购人或其委托的政府采购代理机构通过与多家供应商就采购事宜进行谈判，经分析比较后从中确定中标供应商的采购方式。

1. 竞争性谈判的条件

根据《政府采购法》第30条规定，符合下列情形之一的货物或者服务，可以依照法律采用竞争性谈判的方式采购。

- 招标后没有供应商投标或者没有合格标的或者重新招标未能成立的。
- 技术复杂或者性质特殊，不能确定详细规格或者具体要求的。
- 采用招标所需时间不能满足用户紧急需要的。
- 不能事先计算出价格总额的。

2. 竞争性谈判的程序

竞争性谈判的程序如图4-5所示。

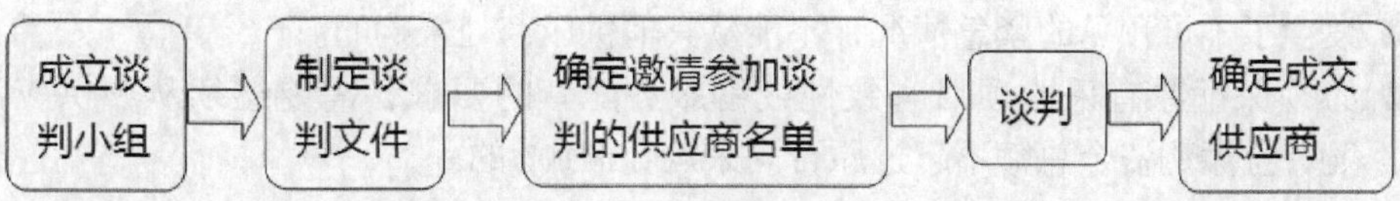

图4-5 竞争性谈判的程序

在该程序涉及项目的具体介绍如下。

- **谈判小组**：谈判小组是代表采购人与供应商进行谈判的主体，是具有相当的专业技术水平和谈判技巧的组织。《政府采购法》规定，谈判小组由采购人的代表和有关专家共3人以上的单数组成，其中专家的人数不得少于成员总数的2/3。
- **谈判文件**：谈判文件中至少应当明确谈判程序、谈判内容、合同草案的条款以及评定标准等事项。
- **谈判**：在谈判中，谈判的任何一方不得透露与谈判有关的其他供应商的技术资料、价格和其他信息。谈判文件如有实质性的变动，须经谈判小组2/3以上成员同意并签字确认后，由谈判小组以书面形式通知所有参加谈判的供应商，并要求其授权代表签字确认（如不签字确认，即被视为拒绝修改并放弃投标）。

试题精讲

【单选题】根据《政府采购法》的有关规定，招标后没有供应商投标或者没有合格标的或者重新招标未能成立的，其适用的政府采购方式是（ ）。

A. 询价方式　　B. 邀请招标方式

C. 公开招标方式　　D. 竞争性谈判方式

【答案】D

【解析】符合下列情形之一的货物或者服务，可以采用竞争性谈判方式采购：（1）招标后没有供应商投标或者没有合格标的或者重新招标未能成立的；（2）技术复杂或者性质特殊，不能确定详细规格或者具体要求的；（3）采用招标所需时间不能满足用户紧急需要的；（4）不能事先计算出价格总额的。

（四）单一来源

单一来源是指采购人采购不具备竞争条件的物品，只能从唯一的供应商取得采购货物或服务的情况下，直接向该供应商协商采购的采购方式。

1. 单一来源采购的基本要求

采用单一来源采购方式时应当遵循的基本要求如下。

- 采购人与供应商应当坚持《政府采购法》第3条的规定：政府采购应当遵循公开透明原则、公平竞争原则、公正原则和诚实信用原则开展采购。
- 政府采购的质量直接关系到政府机关履行行政事务的效果，因此，保证采购质量非常重要。虽然单一来源采购供货渠道单一，但也要考虑采购产品的质量，否则实行单一来源政府采购本身就没有意义。
- 单一来源采购虽然缺乏竞争性，但也要按照物有所值原则与供应商进行协商，本着互利原则，合理确定价格。

2. 单一来源采购的条件

《政府采购法》第31条规定，符合下列情形之一的货物或者服务，可以依法采用单一来源方式采购。

- 只能从唯一供应商处采购的。
- 发生了不可预见的紧急情况，不能从其他供应商处采购的。
- 必须保证原有采购项目一致性或者服务配套的要求，需要继续从原供应商处添购，且添购资金总额不超过原合同采购金额10%的。

（五）询价采购

询价采购是指采购人向三家以上潜在的供应商发出询价单，对各供应商一次性报出的价格进行分析比较，按照符合采购需求、质量和服务相等且报价最低的原则确定中标供应商的采购方式。

1. 询价采购的条件

符合下列情形之一的货物或者服务，可以依照法律采用询价方式采购。

- 采购现成的并非按采购实体的特定规格特别制造货物或提供的服务。
- 采购合同的估计价值低于采购条例规定的数额。

2. 询价采购的程序

采用询价的方式进行政府采购时，应该遵循的程序如图4-6所示。

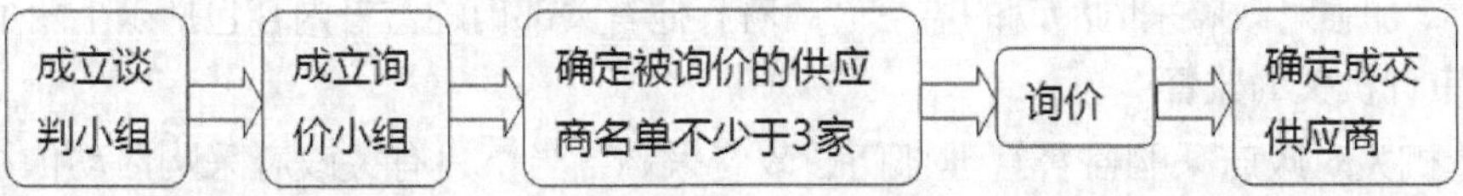

图4-6 询价采购的程序

> **知识补充**
> 询价小组由采购人代表和有关专家共3人以上的单数组成，专家人数不得少于成员总数的2/3；询价小组要求被询价的供应商一次报出不得更改的价格。

六、政府采购的监督检查

各级人民政府财政部门是负责政府采购监督管理的部门，依法履行对政府采购活动的监督管理职责，政府采购的监督检查包括以下5个方面的内容。

（一）政府采购监督管理部门的监督

政府采购监督管理部门应当加强对政府采购活动及集中采购机构的监督检查。监督检查的主要内容是：有关政府采购的法律、行政法规和规章的执行情况；采购范围、采购方式和采购程序的执行情况；政府采购人员的职业素质和专业技能。

政府采购监督管理部门不得设置集中采购机构，不得参与政府采购项目的采购活动。采购代理机构与行政机关不得存在隶属关系或者其他利益关系。

（二）集中采购机构的内部监督

集中采购机构的内部监督包括以下两方面的内容。

1. 建立健全内部监督管理制度

集中采购机构应当建立健全内部监督管理制度。采购活动的决策和执行程序应当明确，并相互监督、相互制约。经办采购的人员与负责采购合同审核、验收人员的职责权限应当明确，并相互分离。

2. 提高采购人员的职业素质和专业技能

集中采购机构的采购人员应当具有相关职业素质和专业技能，符合政府采购监督管理部门规定的专业岗位任职要求。集中采购机构对其工作人员应当加强教育和培训；对采购人员的专业水平、工作实绩和职业道德状况定期进行考核。采购人员经考核不合格的，不得继续任职。

（三）采购人的内部监督

采购人的内部监督包括以下两方面的内容。

1. 政府采购项目的采购标准和采购结果应当公开

政府采购项目的采购标准应当公开。采用《政府采购法》规定的采购方式的，采购人在采购活动完成后，应当将采购结果予以公布。

2. 采购人选择采购方式和采购程序应当符合法定要求

采购人必须按照《政府采购法》规定的采购方式和采购程序进行采购。任何单位和个人不得违反本法规定，要求采购人或者采购工作人员向其指定的供应商进行采购。

（四）政府其他有关部门的监督

依照法律、行政法规的规定对政府采购负有行政监督职责的政府有关部门，应当按照其职责分工，加强对政府采购活动的监督。政府其他有关部门的监督内容包括以下两个方面。

1. 审计机关的监督

审计机关对政府采购监督管理部门、政府采购各当事人有关政府采购活动依法进行审计监督，政府采购监督管理部门、政府采购各当事人应当接受审计机关的审计监督。

2. 监察机关的监督

监察机关对参与政府采购活动的国家机关、国家公务员和国家行政机关任命的其他人员实施监察。

（五）政府采购活动的社会监督

任何单位和个人对政府采购活动中的违法行为，有权控告和检举，有关部门、机关依照各自职责及时处理。

试题精讲

【单选题】各级人民政府负责政府采购监督管理的部门是（　　）。

A. 财政部门　　B. 税务部门

C. 审计部门　　D. 监察部门

【答案】A

【解析】各级人民政府财政部门是负责政府采购监督管理的部门。

【任务实施】

甲单位有关政府采购的资料如下。

甲单位是实行国库集中收付的事业单位。2015年1月，甲单位根据预算安排拟采购一台纳入政府采购集中采购目录的实验设备B。由于急需设备B，甲单位决定选择邀请招标方式自行采购。甲单位向4家供应商发出招标邀请书，最终选择了供应商丙企业并与其签订了合同，但未将中标情况通知其他投标人。2015年4月，一家未中标供应商丁企业向甲单位所在地政府采购监管部门戊单位投诉，理由为甲单位没有及时将中标结果通知所有未中标的投标人。监管部门对甲单位进行调查，发现甲单位未按规定保管该项采购活动的采购文件，而且丁企业所反映情况属实。监管部门对甲单位进行了相应的处罚。

要求：根据上述资料回答下列问题。

（1）甲单位采购设备B应实行哪种采购方式?

（2）上述材料中，属于政府采购当事人的有哪些?

（3）甲单位作为政府采购的采购人享有哪些权力?

（4）甲单位作为政府采购的采购人应承担哪些义务?

对上述问题的具体分析如下。

（1）甲单位采购设备B应实行委托集中采购机构代理采购的方式。

（2）甲单位、丙企业均属于政府采购当事人。

（3）甲单位作为政府采购的采购人应享有的权力有：依法确定中标供应商的权力；自行选择采购代理机构的权力；审查政府采购供应商的资格的权力 。

（4）甲单位作为政府采购的采购人应承担的义务有：在规定时间内与中标供应商签订政府采购合同；妥善保存反映每项采购活动的采购文件；尊重供应商的正当合法权益；在指定媒体及时向社会发布政府采购信息、招标结果。

任务三 国库集中收付制度

为了规范、安全、高效地实施政府财政收支管理制度，我国采用了国库集中收付制度。该制度的核心是建立国库单一账户制度，统一收支预算资金，通过政府采购、直接发放工资等手段统一使用预算资金，加强收支情况的全过程监督。

【任务目标】

本任务的目标是了解国库集中收付制度的概念，掌握国库单一账户体系及财政收支方式的相关知识。

【知识讲解】

一、国库集中收付制度的概念

国库集中收付制度一般也称为国库单一账户制度，包括国库集中支付制度和收入收缴管理制度，是指由财政部门代表政府设置国库单一账户体系，所有的财政性资金均纳入国库单一账户体系收缴、支付和管理的制度。

试题精讲

【判断题】国库集中收付制度是对财政资金实行集中收缴和支付的制度，由于其核心是通过国库单一账户对现金进行集中管理，所以这种制度一般又称国库单一账户制度。（　　）

【答案】√

【解析】题干属于国库集中收付制度的概念，其说法是正确的。

二、国库单一账户体系

（一）国库单一账户体系的概念

国库单一账户体系是指以财政国库存款账户为核心的各类财政性资金账户的集合。所有财政性资金的收入、支付、存储及资金清算活动均在该账户体系中运行。

名师点睛

国库单一账户是由财政部门设置的，只有财政部门才能持有和管理国库单一账户。

（二）国库单一账户体系

财政部、中国人民银行《财政国库管理制度改革试点方案》将我国财政国库账户设置为国库单一账户、财政部门零余额账户、预算单位零余额账户、预算外资金财政专户和特设专户的集合，统称为国库单一账户体系。

1. 国库单一账户

国库单一账户即财政部门在中国人民银行开设的国库存款账户，用于记录、核算和反映纳入预算管理的财政收入和支出活动，并用于同财政部门在商业银行开设的零余额账户进行清算，实现支付。

2. 财政部门和预算单位零余额账户

财政部门在商业银行为本单位开设的零余额账户，用于财政直接支付和与国库单一账户进行清算；并同时为预算单位开设零余额账户，用于财政授权支付和与国库单一账户进行清算。

零余额账户与财政部门在中国人民银行开设的国库单一账户相互配合，构成财政资金支付过程的基本账户。每当发生财政资金支付行为时，先由代理银行将实际应支付的款项垫付给收款人，每日终了后再由代理银行与中国人民银行国库单一账户进行清算，划转代理银行已垫付资金。营业中每笔支付额达5 000万元人民币以上的（含5 000万元），应当及时与国库单一账户清算。

3. 预算外资金财政专户

财政部门在商业银行开设的预算外资金财政专户，主要用于记录、核算和反映非税收收入的收支活动，用于非税收收入资金的日常收支清算。

4. 特设专户

特设专户是经国务院和省级人民政府批准或授权政府部门批准开设的特殊专户（简称特设专户），用于记录、核算和反映预算单位的特殊专项支出活动，并与国库单一账户清算。预算单位不得将特设专户的资金转入本单位其他账户，也不得将其他账户资金转入本账户核算。

三、财政收支的方式

财政收支的方式包括财政收入收缴方式和财政支出支付方式。

（一）财政收入收缴方式

1. 收缴方式

财政收入的收缴分为直接缴库和集中汇缴两种方式。

- **直接缴库**：直接缴库方式是由预算单位或缴款人按规定，直接将收入缴入国库单一账户，属预算外资金的，则直接缴入预算外资金财政专户，不再设立各类过渡性账户。
- **集中汇缴**：集中汇缴方式是由征收机关和依法享有征收权限的单位按规定，将所收取的应缴收入汇总直接缴入国库单一账户，属预算外资金的，则直接缴入预算外资金财政专户，也不再通过过渡性账户收缴。实行集中汇缴方式的收入，主要包括小额零散税收和非税收收入中的现金缴款。

2. 收缴程序

财政收入的收缴程序分为直接缴库程序和集中汇缴程序两种方式。

- **直接缴库程序**：直接缴库的税收收入，由纳税人或税务代理人提出纳税申报，经征收机关审核无误后，由纳税人通过开户银行将税款缴入国库单一账户。直接缴库的其他收入，比照上述程序缴入国库单一账户或预算外资金财政专户。
- **集中汇缴程序**：小额零散税收和法律另有规定的应缴收入，由征收机关于收缴收入的当日汇总缴入国库单一账户。非税收收入中的现金缴款，比照本程序缴入国库单一账户或预算外资金财政专户。

（二）财政支出支付方式

财政支出按是否对资源和生产要素形成直接需求的标准分类，可以分为购买性支出和转移性支出两大类。根据支付管理的实际需要，又可以将购买性支出和转移性支出分为工资支出、购买支出、零星支出和转移支出。

1. 支付方式

财政性资金的支付实行财政直接支付和财政授权支付两种方式。

- **财政直接支付**：财政直接支付是由财政部门发出支付令的支付方式，包括工资支出、购买支出以及转移支出。
- **财政授权支付**：财政授权支付是由预算单位经财政部门授权自行发出支付令的支付方式，包括未实行财政直接支付的购买支出和零星支出。

2. 支付程序

财政直接支付程序和财政授权支付程序的具体内容如表4-7所示。

表4-7　财政支出支付程序

财政直接支付程序	财政授权支付程序
①预算单位申请 ②财政部门国库支付执行机构开具支付令 ③代理银行划拨资金 ④资金清算 ⑤出具入账通知书 ⑥会计处理	①预算单位申请月度用款限额 ②通知支付银行 ③代理银行办理支付 ④代理银行办理资金清算 ⑤预算单位使用资金

试题精讲

【多选题】预算单位实行财政直接支付的财政性资金包括（　　）。

A.工资支出　　B.工程采购支出

C.物品采购支出　　D.服务采购支出

【答案】A、B、C、D

【解析】预算单位实行财政直接支付的财政性资金包括工资支出、工程采购支出、物品采购支出、服务采购支出等。

【任务实施】

丙单位有关国库集中收付的资料如下。

丙单位是实行国库集中支付的事业单位。2015年1月，审计机构对丙单位2014年度财政资金使用情况进行检查，对以下情况提出质疑。

（1）2014年2月，丙单位将其代收的纳入预算管理的行政事业性收费存入本单位在商业银行开设的基本存款账户；4月，丙单位将部分行政事业性收费缴入国库，剩余部分直接用于购买本单位办公设备。

（2）2014年5月，丙单位通过本单位零余额账户借款40万元给所属下级单位。

（3）2014年6月至7月，丙单位对办公楼进行内部装修，按照规定应采用财政直接支付方式支付工程款，丙单位申请通过财政部门零余额账户支付施工方工程款项130万元。

（4）2014年10月，丙单位使用财政性资金购买了一台大型专用设备，通过本单位零余额账户向本单位基本户转账60万元，再通过基本户向供应商支付设备款。

（5）2014年12月，丙单位通过本单位零余额账户提取现金支付日常办公用品零星支出1万元。

要求：根据上述材料回答下列问题。

（1）国库单一账户体系中的各银行账户中，财政直接支付和与国库单一账户支出清算应使用的哪类账户？

（2）根据国库集中收付制度有关规定，预算单位代收的纳入预算管理的行政事业性收费是否全额缴库。

（3）指出丙单位实行财政直接支付方式的正确做法。

（4）指出丙单位使用零余额账户的正确做法。

对上述问题的具体分析如下：

（1）国库单一账户体系中的各银行账户中，财政部门按资金使用性质在商业银行开设的零余额账户，属于财政直接支付和与国库单一账户支出清算应使用的账户。

（2）预算单位代收的纳入预算管理的行政事业性收费应该按规定的时限全额缴库。

（3）丙单位进行财政直接支付时，应首先按照批复的部门预算和资金使用计划向财政国库支付执行机构提出支付申请；财政直接支付中代理银行应根据财政部门支付指令通过国库单一账户体系将资金直接支付到丙单位账户。

（4）丙单位在使用零余额账户时，可通过本单位零余额账户提取现金支付日常办公用品零星支出，也可以通过财政部门零余额账户支付办公楼装修工程款。

项目总结

本项目主要介绍了预算法律制度、政府采购法律制度和国库集中收付制度的相关内容。具体包括各种制度的概念、构成以及原则等。

此外，财政直接支付程序中各程序的具体内容和预决算的监督，将在后面的“拓展知识”板块中进行介绍。

项目实训　政府采购案例阅读与分析

政府采购制度是一种由政府承办的社会事务，在社会经济生活中举足轻重，同时，政府采购制度也是落实政府重大政策目标的有效手段。下面通过实训练习，将前面所讲的内容与实际工作相结合，以便加深读者对政府采购的了解。

【实训目标】

学会将实际中的政府采购与前文所讲解的内容进行对比，在此基础上进一步理解政府采购的相关知识，并能够正确判断在不同情况下应采取的采购方式。

【实训资料】

某省机关单位以公开招标方式，利用财政资金采购一台水文专用仪器，达到了政府采购限额标准。国内有13家制造商生产该仪器。投标截止时，没有供应商投标。经审查，招标文件中没有不合理条款，招标公告及采购程序均符合政府采购相关规定。

由于重新公开招标不能满足时间要求，经财政部门批准，可以改变采购方式。但采购人不能确定采用哪种方式好，为此，采购人向某政府采购中心咨询，得到以下4条建议。

（1）采用邀请招标。

（2）采用竞争性谈判。采购人可直接确定2家生产该仪器的制造厂家谈判。采购人再成立由采购人1人和从财政部门专家库中随机确定的有关专家2人组成采购小组。进行两轮谈判，按照谈判中确定的最低报价来确定成交供应商。

（3）采用单一来源采购方式。采购人直接与本地一家仪器制造厂家谈判，签订采购合同。

（4）采用询价采购。采购人先制定询价文件，询价文件中明确规定采购项目的价格构成和评定成交的标准。评定成交的办法可采用综合打分法。

要求：

（1）根据上述材料，指出上述政府采购中心提出的4条建议的不妥之处。

（2）根据所学知识，为该机关单位重新拟定建议。

【实训指导】

STEP 1 仔细阅读材料，着重对4条建议进行理解，尝试从不同角度找出不妥之处，如采用不同采购方式时对于供应商的数量要求等。

STEP 2 将书本知识与提供的材料进行对比，找出4条建议的不妥之处，然后罗列出不妥原因。

STEP 3 根据所罗列的不妥的原因，给出正确的建议（答案参见：光盘\项目实训\项目四\政府采购案例阅读与分析.doc）。

拓展知识

一、 财政直接支付程序各步骤的具体内容

财政直接支付程序各步骤的具体内容包括以下5点。

- **申请**：财政直接支付的申请由一级预算单位汇总，填写“财政直接支付汇总申请书”，报财政部门国库执行机构。
- **开具支付令**：财政部门国库支付执行机构对一级预算单位提出的支付申请审核无误后，开具“财政直接支付汇总清算额度通知单”和“财政直接支付凭证”，经财政部门国库管理机构加盖印章签发后，分别送中国人民银行和代理银行。
- **划拨资金**：代理银行根据“财政直接支付凭证”及时将资金直接支付给收款人或用人单位。
- **资金清算**：代理银行依据财政部门国库支付执行机构的支付指令，将当日实际支付的资金，按一级预算单位分预算科目汇总，将实际支付清单与国库单一账户进行资金清算。
- **出具入账通知书**：代理银行根据“财政直接支付凭证”办理支出后，开具“财政直接支付入账通知书”。“财政直接支付入账通知书”作为一级预算单位和基层预算单位收到或付出款项的凭证。

二、预、决算的监督

在预、决算的监督中，其所指的监督主要包括监督部门拥有的组织调查权、询问和质询权。组织调查权是指各级人民代表大会和县级以上人大常委会有权就预决算中的重大事项或特定的问题组织调查，有关的政府、部门、单位和个人应当如实反映情况和提供必要的材料。询问和质询权则是各级人大和县级以上人大常委会举行会议时，人大代表或常委会组成人员依照法律规定程序，就预决算中的有关问题提出询问或质询，受询问或质询的有关政府或财政部门必须及时给予答复。

真题精练

一、单选题

1. 国家预算作为财政分配和宏观调控的主要手段，具有（　　）、调控和监督的职能。

A. 协调　　B. 计划　　C. 分配　　D. 管理

2. 根据我国《预算法》的规定，不属于全国人民代表大会常务委员会负责的是（　　）。

A. 监督中央和地方预算的执行

B. 审查和批准中央预算的调整方案

C. 审查和批准中央预决算

D. 具体组织中央和地方预算的执行

3. 我国国家预算收入的最主要部分是（　　）。

A. 税收收入　　B. 依照规定应当上缴的国有资产收入

C. 专项收入　　D. 其他收入

4. 乡级政府编制的决策草案，由（　　）审批。

A. 国务院　　B. 县级以上人民政府

C. 本级人民代表大会　　D. 县级人民代表大会

5. 下列选项中，不属于我国政府采购主体的是（　　）。

A. 国家机关　　B. 事业单位

C. 从事公共社会活动的团体组织　　D. 国有企业

6. 根据政府采购法律制度的规定，采用邀请招标方式的，采购人应当从符合相应资格条件的供应商中随机邀请（　　）或以上的供应商，并以投标邀请书的方式，邀请其参加投标。

A. 3家　　B. 5家　　C. 10家　　D. 15家

7. （　　）是持有和管理国库单一账户体系的职能部门，其他任何单位不得擅自设立、变更或撤销国库单一账户体系中的各类银行账户。

A. 税务部门　　B. 审计部门　　C. 财政部门　　D. 监察部门

二、多选题

1. 下列有关各部门预算管理职权的表述中，不正确的是（　　）。

A. 编制本部门预算、决算草案

B. 组织和监督本部门预算的执行

C. 定期向上级政府财政部门报告预算的执行情况

D. 不定期向本级政府财政部门报告预算的执行情况

2. 下列选项中，属于各级政府编制年度预算草案的依据的有（　　）。

A. 法律、法规

B. 国民经济和社会发展计划、财政中长期计划以及有关的财政经济政策

C. 本级政府的预算管理职权和财政管理体制确定的预算收支范围

D. 上一年度预算执行情况和本年度预算收支变化因素

3. 政府采购应当遵循公开透明的原则，具体表现为（　　）。

A．公开的内容　　　　　　　　　　　　　B．公开的程序

C．公开的标准　　　　　　　　　　　　　D．公开的结果

4．下列选项中，可以作为政府采购当事人中采购人的有（　　）。

A．中华人民共和国商务部　　　　　　　　B．人民教育出版社

C．中国红十字会　　　　　　　　　　　　D．个人独资企业

5．根据政府采购法律制度的规定，下列情形中，采购人可以采用竞争性谈判方式采购的有（　　）。

A．采用招标方式所需时间不能满足用户紧急需要的

B．不能事先计算出价格总额的

C．采用公开招标方式的费用占政府采购项目总价值的比例过大的

D．技术复杂或者性质特殊，不能确定详细规格或者具体要求的

三、判断题

1．每一收支项目的数字指标必须运用科学的方法，依据充分确实的资料，并总结出规律性进行计算，不得假定、估算，更不能任意变造，体现了国家预算的完整性原则。（　　）

2．我国的预算分为中央预算和地方预算，而中央预算是由各地方预算组成的。（　　）

3．政府采购的执行模式有集中采购和分散采购两种。（　　）

4．政府采购监督管理部门，经上级财政部门批准，可以设置集中采购机构。（　　）

5．对于政府采购活动中的违法行为，任何个人无权进行控告和检举，通常由有关部门、机关依照各自职责及时处理。（　　）

四、案例分析题

乙事业单位是实行国库集中支付的事业单位。2015年3月，上级主管部门派检查组对乙单位进行检查，并对下列情况提出质疑。

（1）2014年4月，乙单位通过零余额账户向所属下级单位转款，为下级单位职工购买个人商业保险。

（2）2014年6月，乙单位通过询价的方式采购达到采购限额标准以上的一台办公仪器设备，该设备采购纳入乙单位的基本支出。乙单位对2家供应商进行询价。其中供应商A企业进行了两次报价。乙单位最终选择报价低的A企业作为成交供应商，但没有将结果通知未成交的另一家供应商B企业。B企业向乙单位提起询问和质疑，乙单位不予答复。2014年8月，乙单位收到采购物资，验收合格后，采用财政直接支付的方式支付了采购款。

根据上述情况，请回答如下问题：

1．下列各项关于预算单位使用零余额账户的情形中，不正确的为（　　）。

A．通过零余额账户向下级单位划转资金，为本单位职工购买个人商业保险

B．通过零余额账户向下级单位划转资金，为下级单位职工购买个人商业保险

C．通过零余额账户向上级单位划转资金，为本单位职工购买个人商业保险

D．通过零余额账户向上级单位划转资金，为上级单位职工购买个人商业保险

2．下列各项中，属于政府采购可以采用的采购方式的为（　　）。

A．公开招标　　B．邀请招标　　C．询价　　D．单一来源

3．下列各项关于丙单位采购C设备的情形中，不符合规定的为（　　）。

A. 采用询价方式采购时，向两家供应商发出询价单

B. 采用询价方式采购时，允许一家供应商两次报价

C. 未将中标结果通知未中标的投标人

D. 未答复供应商的询问和质疑

4. 下列各银行账户中，应用于财政直接支付的账户为（　　）。

A. 丙单位在商业银行开设的基本户

B. 财政部门按资金使用性质在商业银行开设的零余额账户

C. 财政部门在商业银行为丙单位开设的零余额账户

D. 财政部门在商业银行开设的预算外资金财政专户

5. 下列各项关于财政直接支付的表述中，不正确的是（　　）。

A. 预算单位进行财政直接支付时，首先按照批复的部门预算和资金使用计划，向财政国库支付执行机构提出支付申请

B. 由财政部门向中国人民银行和代理银行签发支付指令

C. 代理银行根据支付指令通过财政部门零余额账户将资金直接支付到收款人账户

D. 预算单位零余额账户可用于财政直接支付和清算

PART 5

项目五 会计职业道德

项目引入

杜老师：小叶，前面学习了这么多会计工作中可能会涉及的法律知识，现在你能告诉我要怎样做才能真正成为一个合格的会计工作人员吗？

叶丽娜：当然知道啦！要按时完成领导要求的工作，在工作中要认真仔细，要准确地记录事项、总结会计工作中的问题。

杜老师：你说的非常正确，但是，如果领导要求的工作与会计职业道德规范相违背，你要怎么处理呢？

叶丽娜：会计职业道德规范是什么？

杜老师：俗话说“无规矩不成方圆”，每种职业都有相应的规范准则，会计也不例外，我们称之为“会计职业道德”，接下来将会对此进行详细介绍。

学习目标

- 熟悉会计职业道德的特征与作用。
- 掌握会计职业道德规范的主要内容。
- 掌握会计职业道德教育的途径。
- 掌握会计职业道德建设组织与实施。
- 掌握会计职业道德的检查与奖惩。

考情分析

- 题型与分值：单选题、多选题、判断题和案例分析题，所占分值约为10%。
- 复习重点与建议：会计职业道德规范的主要内容是案例分析题中常考的内容，学习时需要重点掌握具体的8项内容，做到融会贯通、举一反三。

任务一 会计职业道德概述

会计职业道德概述包括会计职业道德的概念与特征，会计职业道德的功能与作用，会计职业道德与会计法律制度的关系等，此部分内容是本项目的基础。

【任务目标】

本任务的目标是了解职业道德的概念与特征，以及会计职业道德的功能与特征，掌握会计职业道德与会计法律制度的关系。

【知识讲解】

一、职业道德的特征与作用

（一）职业道德的概念

职业道德的概念有广义和狭义之分。广义的职业道德是指从业人员在职业活动中应该遵循的行为准则。狭义的职业道德是指在一定职业活动中应遵循的、体现一定职业特征的、调整一定职业关系的职业行为准则和规范。我国《公民道德建设实施纲要》提出了职业道德的基本内容，即“爱岗敬业、诚实守信、办事公道、服务群众、奉献社会”。

（二）职业道德的特征

职业道德具有职业性（行业性）、实践性、继承性和多样性等特征。

- **职业性（行业性）**：一定的职业道德规范只适用于一定的职业活动领域，适用于会计行业的道德规范，不完全适用于其他行业，或完全不适用。
- **实践性**：职业活动都是具体的实践活动，具有较强的针对性和实践性，通常会受行业内外人员（包括服务对象）的检查和监督。
- **继承性**：职业道德有较强的相对稳定性和历史继承性，如医生的救死扶伤和商人的公平买卖等道德要求。
- **多样性**：有多少种职业就有多少种职业道德，而随着新兴行业的不断产生，与之相适应的职业道德也层出不穷。

（三）职业道德的作用

职业道德的作用主要有：促进职业活动的有序进行、对社会道德风尚产生积极的影响。

二、会计职业道德的概念与特征

（一）会计职业道德的概念

会计职业道德是指在会计职业活动中应当遵循的、体现会计职业特征的、调整会计职业关系的职业行为准则和规范。

会计职业道德是调整会计职业活动中各种利益关系的手段，会计职业道德具有相对稳定性和广泛的社会性，其具体内容如下。

- **会计职业道德是调整会计职业活动中各种利益关系的手段**：在我国社会主义市场经济条件下，会计职业活动中需要处理和调节各种复杂的经济关系，这些经济关系的实质是经济利益关系。会计职业道德可以允许个人和各经济主体获取合法的自身利益，但不允许通过损害国家和社会公众利益而获取违法的经济利益。当各经济主体的利益与国家利益、社会公众利益发生冲突时，会计职业道德应配合国家法律制度，调整经济利益关系，维护正常的经济秩序。

- **会计职业道德具有相对稳定性**：时代在不断进步，每个历史阶段中，每种职业会适应时代的特点，有其特定的利益和义务、特定的活动内容和方式、特定的服务对象和服务方式等，但固有的职业传统和习惯却并不会消失。所以，职业道德虽然会随着经济关系和社会更替发生变化，会增加新的内容和要求，但也会保持相对的稳定和延续。会计是一种专业技术性很强的职业，其活动都必须遵循其内在的客观经济规律和要求。在客观经济规律的作用下，会计职业道德在社会经济关系的不断变迁中，始终保持有相对稳定性。在会计职业活动中，诚实守信和客观公正等是对会计人员的普遍要求。
- **会计职业道德具有广泛的社会性**：会计职业道德是社会对于会计职业行为的客观要求，会计职业行为的好坏直接影响着国家和社会公众的利益，影响着社会经济的发展和社会经济秩序的健康运行。因此，会计职业道德具有广泛的社会性。会计职业行为的服务对象涉及面很广，包括政府机构、企业管理层、金融机构、投资者、债权人和社会公众，一旦出现会计造假行为，将会使这些对象遭受巨大的损失，从而严重干扰社会经济的正常秩序。

试题精讲

【单选题】会计职业道德是指在会计职业活动中应当遵循的、体现（　　）特征和调整会计职业关系的职业行为标准和规范。

A. 会计工作　　　　B. 会计职业

C. 会计活动　　　　D. 会计人员

【答案】B

【解析】会计职业道德是指在会计职业活动中应当遵循的、体现会计职业特征和调整会计职业关系的职业行为准则和规范。

（二）会计职业道德的特征

会计作为社会经济活动中的一种特殊职业，除具有职业道德的一般特征外，还具有一定的强制性和较多关注公众利益的特征。

- **具有一定的强制性**：道德一般不具有强制性，但会计职业道德和其他道德不同，《中华人民共和国会计法》和《会计基础工作规范》等都规定了会计职业道德的内容和要求。因此，会计职业道德具有和法律一样的一定的强制性。
- **较多关注公共利益**：会计职业活动与社会公众利益密切联系，是会计职业道德的一个显著特征。在会计职业活动中，对单位经济事项进行确认、计量、记录和报告，进行会计标准的设计、会计政策的制定、会计方法的选择等，都必须遵循其内在的客观经济规律和要求。大多数情况下，会计人员自身的经济利益与其所处的经济主体的利益是一致的，一旦经济主体利益与国家利益和社会公众利益出现矛盾，会计人员的态度和行为就会决定矛盾双方谁的利益将得到维护，谁的利益将受到损失。因此，会计职业的特殊性对会计职业道德有更高的要求，要求会计人员客观公正，在会计职业活动中发生道德冲突时要坚持准则，把社会公众利益放在第一位。

三、会计职业道德的功能与作用

（一）会计职业道德的功能

会计职业道德的功能是指会计职业道德在会计工作中可以发挥的职能作用。会计职业道德具有指导、评价和教化等基本功能。

- **指导功能**：指导功能是指会计职业道德具有指导会计人员正确认识善恶、美丑和是非的职能作用。
- **评价功能**：评价功能是指根据会计职业道德的标准对会计人员的会计行为进行评判和考量。
- **教化功能**：教化功能是指会计职业道德具有教育会计人员正确认识自己对他人、对社会、对国家应尽义务的作用。

（二）会计职业道德的作用

会计职业道德的作用包括以下几点。

- **是规范会计行为的基础**：会计职业道德对会计的行为动机提出了相应的要求，如诚实守信、客观公正等，引导、规劝、约束会计人员树立正确的职业观念，遵循职业道德要求，从而达到规范会计行为的目的，最终实现提高社会生产力水平。
- **是实现会计目标的重要保证**：会计目标就是为会计职业关系中的各个服务对象提供有用的会计信息。会计职业道德规范约束着会计人员的职业行为，是实现会计目标的重要保证。
- **是对会计法律制度的重要补充**：会计法律制度是会计职业道德的最低要求，会计职业道德是对会计法律规范的补充和辅助作用。
- **是提高会计人员职业素养的内在要求**：倡导会计职业道德，加强会计人员职业道德教育，并结合会计职业活动，引导会计人员进一步加强自我修养，提高专业胜任能力，有利于促进会计职业者整体素质的不断提高。

试题精讲

【单选题】会计职业道德评价的根本标准是（　　）。

A. 是否有利于社会生产力发展

B. 是否有利于国家会计法律法规和会计制度的落实

C. 是否有利于保证各项会计业务工作的正常秩序和单位的发展

D. 是否有利于充分调动员工的积极性

【答案】A

【解析】会计职业道德是通过指导、规范和约束会计人员在会计工作中的行为，达到提高会计人员的工作水平和保证会计工作顺利进行的目的，所以其根本的目的是为了提高社会生产力水平。

四、会计职业道德与会计法律制度的关系

会计职业道德与会计法律制度都属于会计人员行为规范的范畴，两者既有联系，也有区别。

（一）会计职业道德与会计法律制度的联系

会计职业道德与会计法律制度的联系主要表现在4个方面，具体内容如表5-1所示。

表 5-1　会计职业道德与会计法律制度的联系

联系	内容
在作用上相互补充、相互协调	对会计行为的规范不能完全依赖会计法律制度的强制力而排斥会计职业道德的感召力；会计职业道德是会计法律制度正常运行的社会和思想基础，会计法律制度是促进会计职业道德规范形成和遵守的重要保障

续表

联系	内容
在内容上相互借鉴、相互吸收	会计法律制度中含有会计职业道德规范的内容，同时，会计职业道德规范中也包含会计法律制度的某些条款
在地位上相互转化、相互吸收	最初的会计职业道德规范就是对会计职业行为约定俗成的基本要求，后来制定的会计法律制度吸收了这些基本要求，便形成了会计法律制度
在实施过程中相互作用、相互促进	会计职业道德是会计法律制度正常运行的社会和思想基础，会计法律制度是促进会计职业道德规范形成和遵守的制度保障

（二）会计职业道德与会计法律制度的区别

会计职业道德与会计法律制度的区别主要表现在5个方面，具体内容如表5-2所示。

表 5-2 会计职业道德与会计法律制度的区别

区别	内容
性质不同	会计法律制度通过国家机器强制执行，具有很强的他律性；会计职业道德主要依靠会计从业人员的自觉性，具有很强的自律性
作用范围不同	会计法律制度侧重于调整会计人员的外在行为和结果的合法化，具有较强的客观性；会计职业道德的作用范围更为广泛，不仅要求调整会计人员的外在行为，还要调整会计人员内在的精神世界
表现形式不同	会计法律制度是通过一定的程序由国家立法机关或行政管理机关制定和颁布的，其表现形式是具体的、明确的、正式形成文字的成文规定；会计职业道德源自会计人员的职业生活和职业实践，日积月累、约定俗成，其表现形式既有明确成文的规定，也有不成文而只存在于会计人员内心的意识和信息
实施保障机制不同	会计法律制度由国家强制保障实施；会计职业道德既有国家法律的相应要求，又需要会计人员的自觉遵守
评价标准不同	会计法律制度的评价标准比较低，是对会计人员提出的最基本的要求；会计职业道德对会计人员提出了较高的要求，它以善恶为标准来判定会计人员的行为是否违背会计职业道德规范

名师点睛

违反会计法律制度的行为肯定违反会计职业道德，但违反会计职业道德的行为不一定违反会计法律制度。

案例阅读与思考

李某在某公司担任会计一职，仗着自己有点小聪明，就利用职务之便，将公司的一些财务信息泄露给其他公司，给公司带来了不小的损失。但李某认为自己只是犯了点“小错”，会计职业道德既然是“道德”，那就不具有强制性，只是要会计人员尽量遵守，并不需要为自己的行为进行反思和改正。

在本例中，李某的行为已经违反了《中华人民共和国会计法》和《会计基础工作规范》中关于会计职业道德的规定。会计职业道德具有和法律一样一定的强制性，是会计人员必须要遵守的规定。同时，李某泄露商业秘密，不仅违反了会计职业道德，而且违反了法律。

试题精讲

【多选题】以下关于会计职业道德的描述中，正确的有（　　）。

A. 会计职业道德具有广泛的社会性

B. 会计职业道德与会计法律制度两者在作用范围上一样

C. 会计职业道德规范与会计法律制度两者在表现形式上不同

D. 会计职业道德以会计人员享有的权利和义务为标准来判定其行为是否违背会计职业道德

【答案】A、C

【解析】会计职业道德具有一定的强制性和广泛的社会性，选项A正确；会计职业道德与会计法律制度两者在作用范围上不同，会计职业道德的调节范围要比会计法律制度广泛，选项B错误；会计法律制度以会计人员享有的权利和义务为标准来判定其行为是否违法，会计职业道德以善恶为标准来判定其行为是否违背会计职业道德，选项C正确，选项D错误。

【任务实施】

根据前文的讲解，回答下列问题。

（1）职业道德与会计职业道德有什么联系和区别?

（2）简述道德与法律、会计职业道德与会计法律制度的关系。

任务二 会计职业道德规范的主要内容

会计职业道德规范是指一定社会经济条件下，对会计职业行为及职业活动的系统要求或明文规定。会计职业道德规范的主要内容有爱岗敬业、诚实守信、廉洁自律、客观公正、坚持准则、提高技能、参与管理、强化服务。

【任务目标】

本任务的目标是了解会计职业道德规范的具体内容，掌握8项会计职业道德规范的含义，并记住其基本要求。

【知识讲解】

一、爱岗敬业

（一）爱岗敬业的含义

爱岗敬业是指忠于职守的事业精神，这是会计职业道德的基础。是否爱岗敬业是判断每个从业者是否具有职业道德的首要标志。

爱岗就是会计人员热爱本职工作，安心本职岗位，并为做好本职工作尽心尽力、尽职尽责。敬业是指人们对其所从事的会计职业或行业的正确认识和恭敬态度，并用这种严肃恭敬的态度，认真地对待本职工作，将身心与本职工作融为一体。

（二）爱岗敬业的基本要求

爱岗敬业的基本要求有：正确认识会计职业，树立职业荣誉感；热爱会计工作，敬重会计职业；安心工作，任劳任怨；严肃认真，一丝不苟；忠于职守，尽职尽责。

1. 正确认识会计职业，树立职业荣誉感

爱岗敬业精神自始至终都是以人们对职业的认识程度以及所采取的态度作为行动的指导并体现在实际工作中的。如果会计人员对所从事的会计职业缺乏正确的认识，认为会计不过是简单的“写写算算”“收收支支”的琐碎工作，或者有“会计难当，职权难用，成绩难见，违纪难免”的想法，就必然会自觉不自觉地把这些意识反映到其工作行动之中，就会表现出“懒”“惰”“拖”的不良行为，给会计职业及其声誉造成不良影响。

会计人员只有正确地认识会计本质，明确会计在经济管理工作中的地位和重要性，树立职业荣誉感，才有可能认真出色地完成会计工作，做到真正的爱岗敬业。这是做到爱岗敬业的前提，也是首要要求。

2. 热爱会计工作，敬重会计职业

热爱一项工作，首先就意味着对这项工作有一种职业的荣誉感，有自信心和自尊心；其次是对这项工作抱有浓厚的兴趣。即使从事的职业与自己的兴趣、爱好不一致时，要求人们对其所从事的职业有一个正确的认识态度。如果做了会计，就应该热爱会计工作，敬重会计职业，即使对会计职业并不感兴趣。对自己的岗位是否敬重，是做好本职工作的前提。

会计人员只要树立了“干一行爱一行”的思想，就会发现会计职业中的乐趣；只有树立“干一行爱一行”的思想，才会刻苦钻研会计业务技能，才会努力学习会计业务知识，才会发现在会计核算、企业理财领域有许多值得人们去研究探索的东西。有了对本职工作的热爱，就会激发出一种敬业精神，自觉自愿地执行职业道德的各种规范，不断改进自己的工作，在平凡的岗位上作出不平凡的业绩。

3. 安心工作，任劳任怨

安心本职工作，就是以从事会计工作为“乐”，而不是“这山望着那山高”。只有安心本职工作，才能潜下心来“勤学多思，勤问多练”，才能对会计工作中不断出现的新问题进行探索和研究，也才能真正做到敬业。任劳任怨，要求会计人员具有不怕吃苦的精神和不计较个人得失的思想境界。

会计人员在进行会计事项的处理中，有时会出现两难的境地，当集体利益与职工个人利益，或国家利益与单位利益发生冲突时，会计人员如果维护了国家利益或集体利益，可能不被人们理解甚至抱怨，但这却是正确的做法；若会计人员没有维护国家或集体利益，则会有道德危机。会计职业道德要求会计人员既任劳也任怨。

4. 严肃认真，一丝不苟

会计人员对会计工作的热爱，必定会体现在对各种会计职业技能的态度上，体现在对工作成果的追求上，这就是对工作严肃认真、一丝不苟，对技术精益求精。会计工作是一项严肃细致的工作，没有严肃认真的工作态度和一丝不苟的工作作风，就容易出现偏差。

会计人员应该对一些损失浪费、违法乱纪的行为和一切不合法、不合理的业务开支，要严肃认真地对待，把好费用支出关。严肃认真、一丝不苟的职业作风贯穿于会计工作的始终，不仅要求数字计算准确、手续清楚完备，而且绝不能有“都是熟人不会错”的麻痹思想和“马马虎虎”的工作作风。

5. 忠于职守，尽职尽责

忠于职守，不仅要求会计人员认真地执行岗位规范，而且要求会计人员在各种复杂的情况下，能够抵制各种诱惑，忠实地履行岗位职责，做到忠于服务主体、忠于社会公众、忠于国家。尽职尽责具体表现为会计人员对自己应承担的责任和义务所表现出的一种责任感和义务感，这种责任感和义务感包含两方面的内容：一是社会或他人对会计人员规定的责任；二是会计人员对社会或他人所负的道义责任。

案例阅读与思考

因实施岗位轮换，小刘从筹资和投资岗位轮换到了成本费用岗位，负责成本费用的核算。成本费用核算工作量大，业务繁忙，与以前筹资和投资核算业务相比，小刘的工作量大大增加，但其工资收入却没有增长。所以，小刘整日牢骚满腹，对待工作粗心大意，频频出现核算错误的情况。在本例中，小刘的行为违背了会计职业道德中“爱岗敬业”的要求。爱岗敬业要求会计人员热爱本职工作，忠于职守，尽职尽责，严肃认真，尽心尽力。而小刘却是满腹牢骚，对工作粗心大意，不符合相关要求。

试题精讲

【单选题】会计人员张某认为会计工作整天就是与数字打交道，没有什么前途，工作中马马虎虎、积极性不高。张某的做法违背了（ ）的会计职业道德要求。

A. 爱岗敬业　　B. 诚实守信

C. 廉洁自律　　D. 坚持准则

【答案】A

【解析】爱岗敬业要求会计人员正确认识会计职业，树立职业荣誉感；热爱会计工作，敬重会计职业；安心工作，任劳任怨；严肃认真，一丝不苟；忠于职守，尽职尽责。张某的行为完全就是不安心工作，没有忠于职守，尽职尽责。

二、诚实守信

（一）诚实守信的含义

中国现代会计学之父潘序伦先生认为：“诚信”是会计职业道德的重要内容。他终身倡导“信以立志，信以守身，信以处事，信以待人，毋忘‘立信’，当必有成”。诚实是指言行跟内心思想一致，不弄虚作假、不欺上瞒下，做老实人，说老实话，办老实事。守信就是遵守自己所作出的承诺，讲信用，重信用，信守诺言，保守秘密。诚实守信是做人的基本准则，是人们在古往今来的交往中产生出的最根本的道德规范，也是会计职业道德的精髓。

人无信不立，国无信不强。在现代市场经济社会，“诚信”尤为重要。市场经济是“信用经济”“契约经济”，注重的就是“诚实守信”。可以说，信用是维护市场经济步入良性发展轨道的前提和基础，是市场经济社会赖以生存的基石。

知识补充

朱镕基同志在2001年视察北京国家会计学院时，为北京国家会计学院题词：“诚信为本，操守为重，坚持准则，不做假账。”这是对广大会计人员最基本的要求。

（二）诚实守信的基本要求

诚实守信要求会计人员做老实人，说老实话，办老实事，不搞虚假；保密守信，不为利益所诱惑；执业谨慎，信誉至上。

1. 做老实人、说老实话、办老实事、不搞虚假

做老实人，要求会计人员言行一致，表里如一，光明正大。说老实话，要求会计人员说话诚实，即是一说一，是二说二，不夸大，不缩小，不隐瞒，如实反映和披露单位经济业务事项。办老实事，要求会计人员工作踏踏实实，不弄虚作假，不欺上瞒下。总之，会计人员应言行一致，实事求是，如实反映单位经济业务活动情况，不为个人和小集团利益伪造账目，弄虚作假，损害国家和社会公众利益。会计人员要树立良好的职业形象，就必须恪守诚实守信的基本道德准则。

2. 保密守信，不为利益所诱惑

保守秘密就是指会计人员在履行自己的职责时，应树立保密观念，做到保守商业秘密，对机密资料不外传、不外泄，守口如瓶。在市场经济中，秘密可以带来经济利益，严守单位的商业秘密是极其重要的，它往往关系到单位的生死存亡。而会计人员因职业特点经常接触到单位和客户的一些秘密，如单位的财务状况、经营情况、成本资料及重要单据、经济合同等。会计人员应依法保守单位秘密，这是会计人员应尽的义务，也是诚实守信的具体体现。

3. 执业谨慎，信誉至上

对于会计工作，诚信是所有会计工作者的立身之本，也是会计工作“取信于民”的关键所在。随着社会主义市场经济的快速发展，企业规模不断扩大，大型企业集团日益增多，经济业务的复杂化和市场需求的多元化，要求会计提供专业服务的领域明显增多，业务拓展领域也在不断加大。尤其是在当前金融危机的背景下，会计行业更要不断增强忧患意识，既要把行业发展面临的困难估计得更充分一些，把应对措施考虑得更周密一些，又要注重从变化的形势中捕捉和把握住会计行业难得的发展机遇。因此，机会和风险共存，这就要求在会计工作中必须强化风险管理，保障质量控制，把会计的诚信建设落到实处，严格遵守职业道德规范，牢固树立诚信为本的理念，依法执业，诚信执业，谨慎执业，勤勉尽责，信誉至上。

案例阅读与思考

2014年11月，某公司因产品销售不畅，新产品研发受阻。公司财务部预测公司本年度将发生800万元亏损。刚刚上任的公司总经理想要总会计师王某千方百计实现当年盈利目标，并对王某说：“实在不行，可以对会计报表做一些会计技术处理”。总会计师很清楚公司年度亏损已成定局，要落实总经理的盈利目标，只能在财务会计报告上做手脚。总会计师感到左右为难：如果不按总经理的意见去办，自己以后在公司不好待下去；如果照总经理意见办，对自己也有风险，为此，总会计师思想负担很重，不知如何是好。在本例中，王某应当果断拒绝总经理的提议擅自改动财务报告的做法。因为这种做法违背了会计职业道德“诚实守信”中“做老实人，说老实话、办老实事、不搞虚假”的原则。

三、廉洁自律

（一）廉洁自律的含义

廉洁就是不贪污钱财，不收受贿赂，保持清白。自律是指自律主体按照一定的标准，自己约束自己、自己控制自己的言行和思想的过程。廉洁自律是会计职业道德的前提，也是会计职业道德的内在要求。

作为整天与钱财打交道的会计人员，必须“两袖清风，不取不义之财，做到面对金钱不眼红”。会计人员只有首先做到自身廉洁，严格约束自己，才能要求别人廉洁，才能理直气壮地阻止或防止别人侵占集体利益，正确行使反映和监督的会计职责，保证各项经济活动正常进行。自律的核心就是用道德观念自觉地抵制自己的不良欲望。

试题精讲

【单选题】下列各项中，既是会计职业道德的内在要求，也是会计职业声誉的“试金石”的是（　）。

A. 参与管理　　B. 廉洁自律

C. 提高技能　　D. 强化服务

【答案】B

【解析】廉洁自律既是会计职业道德的内在要求，也是会计职业声誉的“试金石”。

（二）廉洁自律的基本要求

廉洁自律要求会计人员树立正确的人生观和价值观；公私分明，不贪不占；遵纪守法，一身正气。

1. 树立正确的人生观和价值观

廉洁自律，首先要求会计人员必须加强世界观的改造，树立正确的人生观和价值观。人生观是人们对人生的目的和意义的总的观点和看法。价值观是指人们对于价值的根本观点和看法，它是世界观的一个重要组成部分，包括对价值的本质、功能、创造、认识、实现等有关价值的一系列问题的基本观点和看法。会计人员应以马克思主义、毛泽东思想、邓小平理论、“三个代表”重要思想为指导，树立科学的人生观和价值观，自觉抵制享乐主义、个人主义、拜金主义等错误的思想，这是在会计工作中做到廉洁自律的思想基础。

2. 公私分明，不贪不占

公私分明就是指严格划分公与私的界线，公是公，私是私。如果公私分明，就能够廉洁奉公，一尘不染，做到“常在河边走，就是不湿鞋”。如果公私不分，就会出现以权谋私的腐败现象，甚至出现违法违纪行为。廉洁自律的天敌就是“贪”“欲”。在会计工作中，由于大量的钱财要经过会计人员之手，因此，很容易诱发会计人员的“贪”“欲”。一些会计人员贪图金钱和物质上的享受，利用职务之便，自觉或不自觉地行“贪”。有的被动受贿，有的主动索贿，有的贪污、挪用公款，有的监守自盗，有的集体贪污。究其根本原因是这些会计人员忽视了世界观的自我改造，放松了道德的自我修养，弱化了职业道德的自律。

3. 遵纪守法，一身正气

遵纪守法就是正确处理会计职业权利与职业义务的关系，增强抵制行业不正之风的能力，是会计人员廉洁自律的又一个基本要求。会计人员的权利和义务在《会计法》中作出了明确规定。会计人员不仅要遵纪守法，不违法乱纪、以权谋私，做到廉洁自律；而且要敢于、善于运用法律所赋予的权利，尽职尽责，勇于承担职业责任，履行职业义务，保证廉洁自律。

案例阅读与思考

某公司的会计科有3名工作人员：会计主管王某、会计姚某和出纳卫某。2014年8月，出纳卫某因哥哥急需资金，趁会计姚某离开办公室时，填写了5万元的现金支票一张，并私自将姚某遗放在办公桌上的印鉴加盖在现金支票上，从银行提取现金。6天后，卫某的哥哥资金周转正常，卫某的哥哥将5万元现金归还卫某，卫某又填写了现金缴款单，将资金存入单位银行账户。

在本例中，卫某的行为属于挪用公款，公私不分，违反了会计职业道德的“廉洁自律”原则。廉洁自律要求会计人员树立正确的人生观和价值观，公私分明，遵纪守法。虽然卫某最后将5万元归还公司账户，对公司经济并未带来较大的影响，但是卫某因为个人事务擅自挪用公司的财物，是没有树立正确的人生观和价值观的表现，也没有做到公私分明，更没有做到遵纪守法，一身正气。

四、客观公正

（一）客观公正的含义

客观是指按事物的本来面目去反映，不掺杂个人的主观意愿，也不为他人意见所左右。公正就是平等、公平、正直，没有偏失。但公正是相对的，世上没有绝对的公正。客观公正是会计职业道德所追求的理想目标。

对于会计职业活动而言，客观主要包括两层含义：一是真实性，即以实际发生的经济活动为依据，对会计事项进行确认、计量、记录和报告；二是可靠性，即会计核算要准确，记录要可靠，凭证要合法。

在会计职业活动中，由于涉及对多方利益的协调处理，因此，公正就是要求各企、事业单位管理层和会计人员不仅应当具备诚实的品质，而且应公正地开展会计核算和会计监督工作，即在履行会计职能时，摒弃单位、个人私利，公平公正，不偏不倚地对待相关利益各方。作为注册会计师在进行审计鉴证时，应以超然独立的姿态，进行公平公正的判断和评价，出具客观、适当的审计意见。

客观是公正的基础，公正是客观的反映。要达到公正，仅仅做到客观是不够的。公正不仅仅单指诚实、真实、可靠，还包括在真实、可靠中作出公正选择。这种选择尽管是建立在客观的基础之上，同时也需要在主观上作出公平合理的选择。是否公平、合理，既取决于客观的选择标准，也取决于选择者的道德品质和职业态度。

（二）客观公正的基本要求

客观公正要求会计人员依法办事，实事求是，如实反映。

1. 依法办事

依法办事就是认真遵守法律法规，是会计工作保证客观公正的前提。当会计人员有了端正的态度和专业知识技能之后，必须依据《会计法》《企业会计准则》《企业会计制度》等法律、法规和制度的规定进行会计业务处理，并对复杂疑难的经济业务，作出客观的会计职业判断。总之，只有熟练掌握并严格遵守会计法律法规，才能客观公正地处理会计业务。

2. 实事求是

在会计工作中，做到客观公正的基础是要有“实事求是”的科学态度。没有实事求是的严谨态度，主观地、片面地、表面地看问题，就无法做到不偏不倚，也就无法根据客观情况来公正地处理问题。即使主观上想“客观公正”，客观上也无从实现。会计的职业特征是维护国家和社会公众的利益。会计在进行职业判断时，会涉及多方的利益，在处理这些复杂的利益关系时，绝不能采取折中的态度和方法。最好始终站在第三者的独立立场上，不偏不倚地对待有关利益各方，不以牺牲一方利益为条件而使另一方受益，超然、独立地对企业遵守会计准则、制度的具体情况进行客观公正的评价并作出恰当的判断。只有这样，才能保证国家、社会、企业和个人的利益不受侵犯。

3. 如实反映

会计人员只有根据实际发生的经济业务事项，真实、正确地记录，如实反映单位经济业务活动情况，才能实现会计核算、监督的真正内涵。如实反映是客观公正的最基本要求。

试题精讲

【多选题】下列关于会计职业道德规范的表述中，不正确的是（　　）。

A. 爱岗敬业是会计职业道德的基础

B. 诚实守信是会计职业道德的内在要求

C. 廉洁自律是会计职业道德的精髓

D. 客观公正是会计职业道德的理想目标

【答案】B、C

【解析】诚实守信是会计职业道德的精髓，廉洁自律是会计职业道德的内在要求。

五、坚持准则

（一）坚持准则的含义

坚持准则是指会计人员在处理业务过程中，要严格按照会计法规、会计法律制度办事，不会因为主观原因或他人意志而改变。这里所说的“准则”不仅指会计准则，还包括会计法律、法规以及国家统一的会计制度和与会计工作相关的法律制度。坚持准则是会计职业道德的核心。

会计人员在进行核算和监督的过程中，只有坚持准则，才能以准则作为自己的行动指南，在发生道德冲突时，应坚持准则，维护国家利益、社会公众利益和正常的经济秩序。注册会计师在进行审计业务时，应严格按照独立审计准则的有关要求和国家统一会计制度的规定，出具客观公正的审计报告。

国际会计师联合会发布的《职业会计师道德守则》中提出的发生道德冲突时解决的途径值得借鉴。我国会计人员在遇到道德冲突时，首先要对发生的事件作出“是”“非”判断，如涉及严重的道德冲突，则应维护国家和社会公众利益。

（二）坚持准则的基本要求

坚持准则要求会计人员熟悉准则，遵循准则，敢于同违法行为作斗争。

1. 熟悉准则

熟悉准则是指会计人员应了解和掌握《会计法》和国家统一的会计制度及与会计相关的法律制度。

熟悉准则是遵循准则和坚持准则的前提条件，只有熟悉准则，才能按准则办事，才能遵纪守法，才能保证会计信息的真实性和完整性。

2. 遵循准则

遵循准则即执行准则。准则是会计人员开展会计工作的外在标准和参照物。会计人员在会计核算和监督时要自觉地严格遵守各项准则，将单位具体的经济业务事项与准则相对照，先作出是否合法合规的判断，对不合法的经济业务不予受理。

在实际工作中，由于经济的发展和社会环境的变化，会计业务日趋复杂，因而准则规范的内容也会不断变化和完善。这就要求会计人员不仅要经常学习、掌握准则的最新变化，了解本部门、本单位的实际情况，准确地理解和执行准则，还要在面对经济活动中出现的新情况、新问题以及准则未涉及的经济业务或事项时，通过运用所掌握的会计专业理论和技能，作出客观的职业判断，予以妥善地处理。

3. 敢于同违法行为作斗争

市场经济是利益经济。在会计工作中，常常由于各种利益的交织，引起会计人员道德上的冲突。如果会计人员为了自己的个人利益不受影响，放弃原则，做“老好人”，就会使会计工作严重偏离准则，会计信息的真实性、完整性就无法保证，作为会计人员，也应当承担相应责任。

如果会计人员坚持准则，往往会受到单位负责人和其他方面的阻挠、刁难甚至打击报复。为了切实维护会计人员的合法权益，《会计法》强化了单位负责人对单位会计工作的法律责任，赋予了会计人员相应的权利，改善了会计人员的执法环境。会计人员应认真执行国家统一的会计制度，依法行使会计监督职责，发生冲突时，应坚持准则，对法律负责，对国家和社会公众负责，敢于同违反会计法律法规和财务制度的现象作斗争，确保会计信息的真实性和完整性。

试题精讲

【单选题】公司为工程验收的顺利通过，向所有验收有关人员支付“辛苦费”10万元。公司工程部持公司董事长的批示到财会部申领该笔款项。财会部经理李某认为，该项支出不符合有关规定，但考虑到公司主要领导已做出了批示，即同意拨付该笔款项。下列各项中，正确的是（　）。

A. 李某的行为违背了坚持准则的会计职业道德要求

B. 李某的行为违背了爱岗敬业的会计职业道德要求

C. 李某的行为符合参与管理的会计职业道德要求

D. 李某的行为与会计职业道德无关

【答案】A

【解析】李某的行为违反了坚持准则的会计职业道德要求，他为了公司和自己的个人利益不受影响，放弃原则，做“老好人”，从而使会计工作严重偏离准则。

案例阅读与思考

2014年，A公司由于经营管理和市场方面的原因，经营业绩下滑。为了获得配股资格，A公司的主要负责人张三便要求公司财务总监李四对该年度的财务资料进行调整，以保证公司的净资产收益率符合配股条件。李四组织公司会计人员王五以虚做营业额、隐瞒费用和成本开支等方法调整了公司财务资料。A公司根据调整后的财务资料，于2014年10月申请配股并获批准发行。在本例中，李四、王五作为会计人员，应当拒绝总经理的要求，其行为违背了会计职业道德中的会计人员应当坚持准则的要求。

名师点睛

在一些案例或者现实生活中，一种行为可能违背不止一种会计职业道德规范，其可能会涉及会计职业道德中的其他规范。因此，在解答案例分析题时，应该对案例进行多次阅读，并进行透彻分析多方面因素。

六、提高技能

（一）提高技能的含义

职业技能，也称为职业能力，是人们进行职业活动、承担职业责任的能力和手段。就会计职业而言，职业技能包括会计理论水平、会计实务操作能力、职业判断能力、自动更新知识能力、提供会计信息的能力、沟通交流能力以及职业经验等。提高技能是指会计人员通过学习、培训和实践等途径，持续提高会计职业技能，以达到和维持足够的专业胜任能力的活动。作为一名会计工作者，必须不断地提高其职业技能，这既是会计人员的义务，也是在职业活动中做到客观公正、坚持准则的基础，是参与管理的前提。

会计人员是会计工作的主体，会计工作质量的好坏会受到会计人员职业技能水平的影响。也就是说，会计人员的职业技能水平是会计人员职业道德水平的保证。而且，会计工作是一门专业性和技术性都非常强的工作，从业人员必须“具备一定的会计专业知识和技能”，才能胜任会计工作。会计人员在对会计事项进行确认、计量、记录和报告以及对单位内部会计控制制度进行设计时，都需要有扎实的理论功底和丰富的实践经验；在进行具体业务处理时，会计处理方法的选择、会计工作的变更、会计信息电算化的处理、网络化传输等都是技术性很强的工作，如果不提高会计知识，没有娴熟的专业技能，将无法开展会计工作、履行会计职责。

（二）提高技能的基本要求

提高技能要求会计人员具有不断提高会计专业技能的意识和愿望，具有勤学苦练的精神和科学的学习方法。

1. **具有不断提高会计专业技能的意识和愿望**

会计在经济发展中具有非常重要的作用，随着社会主义市场经济的发展，对会计的要求越来越高。会计人员要想在科技日新月异、经济全球化的条件下生存和发展，就必须具有不断提高会计专业技能的意识和愿望。会计人员需要不断进取，主动地求知、求学，刻苦钻研，使自身的专业技能不断提高，使自己的知识不断更新，从而掌握过硬的本领。

2. **具有勤学苦练的精神和科学的学习方法**

仅仅具有不断提高会计专业技能的意识和愿望是不够的，还需要进行专业的学习，而在学习专业技能的过程中，需要有勤学苦练的精神和科学的学习方法。因为专业技能的提高和学习不是一劳永逸之事，必须持之以恒，不间断地学习、充实和提高，要具有“活到老学到老”的精神。学习不能只靠勤奋，还需要掌握科学的学习方法，在学中思、在思中学，在实践中不断锤炼，才能不断地提高自己的业务水平，才能推动会计工作和会计职业的发展，以适应不断变化的新形势和新情况的需要。

案例阅读与思考

某企业每周二下午都有两个小时固定的业务理论学习时间。因为会计人员工作繁忙，现会计主管向领导提出，财务部门的全体人员能否不参加或少参加学习。

在本例中，会计主管的提议不正确，违反了会计职业道德规范的“提高技能”的原则。会计工作者应不断地提高职业技能，这是会计人员的义务，也是在工作中做到客观公正、坚持准则的基础，是参与管理的前提。企业安排员工进行业务理论的学习，正是提高员工职业技能的表现。

七、参与管理

（一）参与管理的含义

参与管理是指间接参加管理活动，为管理者当参谋，为管理活动服务。会计参与的管理包括会计管理和企业管理两个方面的内容。会计管理是企业管理的重要组成部分，每一个会计人员都有参与会计管理的义务和权力。但对于企业管理，会计工作的性质决定了会计在其中更多的是从事间接管理活动。

参与企业管理就是要求会计人员积极主动地向单位领导反映本单位的财务、经营状况及存在的问题，主动提出合理化建议，积极地参与市场调研和预测，参与决策方案的制定和选择，参与决策的执行、检查和监督，为领导的经营管理和决策活动当好助手和参谋。会计人员积极参与企业的经营管理，可以正确影响决策者，降低出现失误的概率。会计人员特别是会计部门的负责人，必须强化自己参与管理、当好参谋的角色意识和责任意识。

（二）参与管理的基本要求

参与管理要求会计人员努力钻研业务，熟悉财经法规和相关制度，提高业务技能，为参与管理打下坚实的基础；熟悉服务对象的经营活动和业务流程，使管理活动更具针对性和有效性。

1. **努力钻研业务，熟悉财经法规和相关制度，提高业务技能，为参与管理打下坚实的基础**

会计人员参与管理，首先对本职工作，也就是会计业务要娴熟，只有努力钻研业务，不断提高业务技能，深刻领会财经法规和会计相关制度，才能有效地参与管理，为提高经济效益服务。会计人员要钻研业务和提高技能，需要做到以下两点：首先，掌握会计的基本理论、基本方法和基本技能，做好会计核算的各项基础性工作，练就扎实的基本功；其次，就是充分利用掌握的大量会计信息，运用经济管理分析方法，对经营管理活动进行科学的分析和预测，找出其中的问题和薄弱环节，提出改进意见和措施，从而使会计的事后反映变为事前的预测和事中的控制，真正起到当家理财的作用，成为决策层的参谋、助手。

2. 熟悉服务对象的经营活动和业务流程，使管理活动更具针对性和有效性

参与管理的会计人员除要了解本单位的会计工作情况之外，还应了解本单位的整体情况，特别是生产经营、业务流程和管理情况，并仔细分析单位的生产经营能力、技术设备条件、产品市场及资源状况等情况。只有这样，才能充分利用会计工作的优势，更好地满足经营管理的需要，才能在参与管理的活动中有针对性地拟订可行性方案，从而提高经营决策的合理性和科学性，更有效地服务于单位的总体发展目标。

试题精讲

【单选题】某行业税利大户近年来经济严重滑坡，财务部经理王某在整改方案中指出："公司以前效益好，掩盖了铺张浪费现象，现在该是厉行节约的时候了"。公司采纳了王某的建议，上下形成了"人人节约成本"的良好风气。王某的行为体现了（　）的会计职业道德。

A. 诚实守信　　B. 参与管理

C. 提高技能　　D. 强化服务

【答案】B

【解析】参与企业管理就是要求会计人员积极主动地向单位领导反映本单位的财务、经营状况及存在的问题，主动提出合理化建议，积极地参与市场调研和预测，参与决策方案的制订和选择，参与决策的执行、检查和监督，为领导的经营管理和决策活动当好助手和参谋。

八、强化服务

（一）强化服务的含义

强化服务就是要求会计人员具有文明的服务态度、强烈的服务意识和优良的服务质量。服务态度表现为服务者行为，"文明服务、以礼待人"，不仅仅是对服务行业提出的道德要求，而是对所有职业活动提出的道德要求。强化服务的目的是奉献社会，任何职业的利益、职业劳动者个人的利益都必须服从社会的利益、国家的利益。如果说会计职业道德的出发点是爱岗敬业，那么，强化服务、奉献社会就是会计职业道德的归宿点。

在人类社会的发展过程中，人与人之间的服务具有相互性，在服务他人的过程中，人们在承担对他人的责任和义务的同时，也享受着他人的服务。社会中的各种行业都处于服务他人和接受他人服务的地位，会计工作也一样，由于其工作涉及面广，通常都需要服务对象和其他部门的协作及配合。会计工作的政策性又导致在工作交往和处理业务过程中，容易同其他部门及服务对象发生利益冲突或意见分歧，这时，会计人员的服务态度就直接关系到工作能否顺利开展和工作的成效。所以，对于会计人员的服务要求是不仅要有热情、耐心、诚恳的工作态度，待人平等礼貌，而且遇到问题要以商量的口吻，充分尊重服务对象和其他部门的意见。做到大事讲原则，小事讲风格，沟通讲策略，用语讲准确，建议看场合。

（二）强化服务的基本要求

强化服务要求会计人员强化服务意识，提高服务质量。

1. 强化服务意识

会计职业道德对于会计人员在服务方面的要求首先就是要树立强烈的服务意识，会计工作不仅是为管理者服务、为所有者服务，而且是为社会公众服务、为人民服务。不论服务对象的高低贵贱，会计人员都要摆正自己的工作位置，明确管钱管账是自己的工作职责，参与管理是自己的义务。只有树立了强烈的服务意识，才能做好会计工作，履行会计职能，为单位和社会经济的发展作出应有的贡献。

2. 提高服务质量

强化服务的关键是提高服务质量。单位会计人员的服务质量表现在，是否真实地记录单位的经济活动，向有关方面提供可靠的会计信息，是否积极主动地向单位领导反映经营活动情况和存在的问题，提出合理化建议，协助领导决策，参与经营管理活动。注册会计师的服务质量表现在，是否以客观、公正的态度正确评价委托单位的财务状况、经营成果，出具恰当的审计报告，为社会公众及信息使用者服务。

知识补充

在会计工作中提高服务质量，并不是无原则地满足服务主体的需要，而是需要在坚持原则、坚持准则的基础上，尽量满足用户或服务主体的要求。同时，提高服务质量必须是在坚持会计职业道德规范的前提之下。

【任务实施】

1. 结合本任务中所学的会计职业道德规范的知识，将会计职业道德各项内容的地位填入下列括号中。

（1）会计职业道德的基础是（　　）。

（2）会计职业道德的精髓是（　　）。

（3）会计职业道德的前提是（　　）。

（4）会计职业道德的内在要求是（　　）。

（5）会计职业道德所追求的理想目标是（　　）。

（6）会计职业道德的核心是（　　）。

（7）（　　）是会计人员在职业活动中做到客观公正、坚持准则的基础，是会计人员参与管理的前提。

2. 根据下面的资料，从会计职业道德的角度分析各事件属于何种行为。

大运公司在2014年的工作中，出现以下情况。

事件一：新兴公司财务经理找到大运公司王某，以给6 000元好处费为诱饵，希望王某促成大运公司为新兴公司银行贷款作担保，王某答应了新兴公司财务经理的要求。

事件二：公司处理一批报废汽车收入20 000元，公司领导要求不在公司收入账上反映，指定会计人员李某另行保管，以便经理室应酬所用。会计人员李某遵照办理。

事件三：财务部经理张某努力学习理论知识，抓住公司经营管理中的薄弱环节，以强化成本核算和管理为突破口，将成本逐层分解至各部门并实行过程控制，大大降低成本，提高了经济效益。

事件四：为帮助各部门及时反映成本费用，落实成本控制指标，会计人员徐某精心设计核算表格，并对相关人员进行核算业务指导，提高了该项工作的质量。

上述事件的具体分析如下。

事件一：王某为得到6 000元的好处费，主观地促成了大运公司为新兴公司银行贷款作担保的行为违背了会计职业道德中“廉洁自律”的规定。廉洁自律要求会计人员树立正确的人生观和价值观；公私分明，不贪不占；遵纪守法，一身正气。王某私收贿赂，不顾公司利益，这是违反廉洁自律的规定的行为。

事件二：李某为了不得罪领导，将本应在账上反映的经济业务没有在账上反映，这违反了会计职业道德中“坚持准则”的规定。坚持准则要求会计人员熟悉准则，遵循准则，敢于同违法行为作斗争。而李某不敢与领导交代的违法行为作斗争，这是违反坚持准则的规定的行为。其次，李某的这种行为还违反了会计职业道德中“诚实守信”和“客观公正”的规定。

事件三：张某努力学习理论知识，用学到的技能帮助公司降低成本，提高经济效益的行为是遵守了会计职业道德中“提高技能”的规定。提高技能要求会计人员具有不断提高会计专业技能的意识和愿望，具有勤学苦练的精神和科学的学习方法。张某努力学习技能，为公司带来积极的成效，这是遵守了提高技能的规定的行为。

事件四：徐某通过自己精心设计的核算表格，帮助各部门及时反映成本费用的行为是遵守了会计职业道德中“参与管理”的规定。参与管理要求会计人员努力钻研业务，熟悉财经法规和相关制度，提高业务技能，为参与管理打下坚实的基础；熟悉服务对象的经营活动和业务流程，使管理活动更具针对性和有效性。徐某积极参与公司各部门的管理，为各部门提供了更好的工作载体，并对相关人员进行业务指导，这是遵守了参与管理的规定的行为。

任务三 会计职业道德教育

实现以“诚信”为核心的会计职业道德目标，必须要多管齐下，开展全方位、多形式、多渠道的会计职业道德教育，从而有利于逐步培养会计人员的会计职业道德情感，树立会计职业道德观念，提高会计职业道德水平，使会计职业健康发展。

【任务目标】

本任务的目标是通过会计职业道德教育的含义介绍，了解会计职业道德教育的形式，并掌握其内容和途径。

【知识讲解】

一、会计职业道德教育的含义

会计职业道德教育是指根据会计工作的特点，有目的、有组织、有计划地对会计人员施加系统的会计职业道德影响，促使会计人员形成会计职业道德品质，履行会计职业道德义务的活动。会计职业道德的他律灌输，是职业道德形成的必要阶段，从他律向自律转化，才是职业道德的最高境界。

二、会计职业道德教育的形式

会计职业道德教育的主要形式包括接受教育（外在教育）和自我修养（内在教育）。

（一）接受教育（外在教育）

接受教育即外在教育，是指通过学校或培训单位对会计从业人员进行以职业责任、职业义务为核心内容的正面灌输，以规范其职业行为，维护国家和社会公众利益的教育。接受教育具有导向作用，行业部门或行业协会通常是职业道德教育的组织者，由其对从业人员开展正面职业道德教育和灌输；接受教育是一种被动学习、被动接受的教育。

（二）自我修养（内在教育）

自我修养即内在教育，是从业人员自我学习、自我改造、自我提高的行为活动。自我教育是将外在的职业道德的要求，逐步转变为会计从业人员内在的职业道德情感、职业道德意志和职业道德信念的教育。要大力提倡和引导会计人员进行自我教育，在社会实践中不断地加强职业道德修养，养成良好的道德行为，从而实现道德境界的升华。

试题精讲

【多选题】自我修养是从业人员依照会计职业道德原则进行（　　）的活动。

A. 自我教育　　B. 自我改造

C. 自身道德约束　　D. 自我提高

【答案】A、B、D

【解析】自我修养即内在教育（自我教育），包括自我学习、自我改造、自我提高的行为活动。值得注意的是，选项C中的“自身”具有强烈的迷惑性，但其后的“道德约束”才是关键，其是该选项的着重点，即选项C表述的不是自我教育，而是具有“约束”的外在教育。

三、会计职业道德教育的内容

会计职业道德教育的主要任务是帮助和引导会计人员培养会计职业道德情感，树立会计职业道德信念，遵守会计职业道德规范，使会计人员具有判断是非的能力。会计职业道德教育的内容主要有以下几个方面。

（一）会计职业道德观念教育

会计职业道德观念教育就是在社会上广泛宣传会计职业道德基本常识，使广大会计人员懂得什么是会计职业道德，了解会计职业道德对社会经济秩序、会计信息质量的影响，以及违反会计职业道德将受到的惩戒和处罚。并利用广播电视、报纸杂志等媒介，表彰坚持原则、德才兼备的会计人员，鞭笞违法违纪的会计行为，形成遵守职业道德光荣，违反职业道德可耻的社会氛围。

（二）会计职业道德规范教育

会计职业道德规范教育就是指对会计人员开展以会计职业道德规范为内容的教育。会计职业道德规范的主要内容包括爱岗敬业、诚实守信、廉洁自律、客观公正、坚持准则、提高技能、参与管理和强化服务等。这是会计职业道德教育的核心内容，应贯穿于会计职业道德教育的始终。

（三）会计职业道德警示教育

会计职业道德警示教育就是指通过开展对违反会计职业道德行为和对违反会计行为典型案例的讨论和剖析，给会计人员以启发和警示，从而可以提高会计人员的法律意识和会计职业道德观念，提高会计人员辨别是非的能力。

（四）其他教育

其他与会计职业道德相关的教育包括形势教育、品德教育、法制教育等。

四、会计职业道德教育的途径

会计职业道德教育的途径包括接受教育和自我教育。

（一）接受教育的途径

1. 岗前职业道德教育

岗前职业道德教育是指对将要从事会计职业的人员进行的道德教育，包括会计专业学历教育及获取会计从业资格中的职业道德教育。教育的侧重点应放在职业观念、职业情感及职业规范等方面。

- **会计学历教育中的职业道德教育**：学校是进行各种职业道德教育的阵地，各大专院校中会计专业的学生就是会计队伍的预备人员，他们当中的大部分人将走入会计队伍，从事会计工作。会计学历教育的阶段是他们的会计职业情感、道德观念和是非善恶判断标准初步形成的时期，所以会计专业类大专院校是会计职业道德教育的重要环节，是会计人员岗前道德教育的主要场所，在会计职业道德教育中具有基础性地位。

知识补充

会计学历教育中的职业道德教育有3个方面的目标：一是使学生了解会计职业道德规范的主要内容，树立职业道德观念；二是使学生了解会计职业所面临的道德风险，为今后从事会计工作并在职业活动中保持恰当的价值观与行为模式奠定基础；三是培养学生树立会计职业道德情感和观念，提高其运用道德标准判断是非的能力。

- **获取会计从业资格中的职业道德教育**：根据财政部门的有关规定，从事会计工作必须持证上岗。对于要从事会计工作的从业人员来说，必须通过考试取得会计从业资格。为了使希望从事会计职业的人员在进入会计岗位时具备一定的会计职业道德，财政部在会计从业资格考试科目中增加了《财经法规与会计职业道德》。我国注册会计师资格《审计》科目的考试中，也加入了注册会计师职业规范体系和注册会计师法律责任的内容。这就是说从事会计工作，就要接受必要的会计职业道德教育。

2. 岗位职业道德继续教育

继续教育是指从业人员在完成某一阶段的工作和学习后，重新接受一定形式的、有组织的、知识更新的教育和培训活动。会计人员继续教育则是针对会计从业人员的教育和培训活动，它是岗前会计职业道德教育的延续，是强化会计职业道德教育的有效形式。

会计职业道德教育应贯穿于整个会计人员继续教育的始终。在不同的阶段，道德教育的侧重点应有所不同。就现阶段而言，包括形势教育、品德教育和法制教育3个方面。

- **形式教育**：形式教育的重点是要贯彻“以德治国”重要思想和“诚信为本操守为重，坚持准则，不做假账”的指示精神，进一步全面、系统地加强会计职业道德培训，提高广大会计人员的政治水平和思想道德意识。
- **品德教育**：品德教育的重点是引导会计人员自觉地用会计职业道德规范指导和约束自身的行为，提高职业道德自律能力，最终形成良好的、稳定的道德品行。
- **法制教育**：法制教育的重点是引导会计人员熟悉并了解不同历史时期的会计法律法规政策，学会运用法律的手段处理会计事务。

（二）自我修养的途径

自我修养是指个人经过学习、磨炼、涵养和陶冶，对自身会计职业道德修养能力进行培养，以及对自我会计职业道德进行完善。自我修养的途径主要包括自我剖析、自重自省、自警自励、自律慎独。

- **自我剖析**：自我剖析就是会计人员对自己所做的会计工作要进行自我批评、自我解剖，用会计职业道德这面镜子对照检查，认真找出自己的缺点、差距，并通过主观努力来加以改正，将自己的行为纳入职业道德规范和要求的轨道，用自我批评的方法来加强自身的职业道德修养的同时要虚心听取别人意见。对待别人的批评，要态度诚恳，虚心接受。

- **自重自省**：自重自省就是会计人员通过注意自己的言行，反省自己的缺点，不断摒除杂念，严于自我剖析，敢于做到是非观、价值观、知行观的自我斗争，逐步树立起正确的道德观念，培养高尚的道德品质，提高自己的精神境界。
- **自警自励**：自警就是要随时警醒、告诫自己，要警钟长鸣。防止各种不良思想对自己的侵袭。自励就是要以崇高的会计职业道德理想、信念激励自己、教育自己。经常用会计职业道德规范这把标尺，认真度量自己在职业实践中的一切言行，树立起正确的会计职业道德观。
- **自律慎独**：慎独就是在单独处事、无人监督时，仍能坚持道德准则，不做任何对国家、对社会、对他人不道德的事情。慎独，既是一种道德修养方法，又是一种很高的道德境界。通过自我约束、自我监督，可以更好地培养、锻炼坚强的职业道德信念和意志。慎独的最基本特征是以高度自觉性为前提，要求会计人员在独立工作、无人监督的环境下，也能够严格按照会计职业道德规范行事。

试题精讲

【单选题】会计职业道德教育的各种途径中，具有基础性地位的是（　　）。

A. 会计学历教育

B. 会计继续教育

C. 会计自我教育

D. 会计职业荣誉教育

【答案】A

【解析】会计职业道德教育的各种途径中，具有基础性地位的是会计学历教育。

【任务实施】

结合本任务中所学的会计职业道德教育的内容，在图5-1所示的空白矩形框中填写完善会计职业道德教育的其他内容。

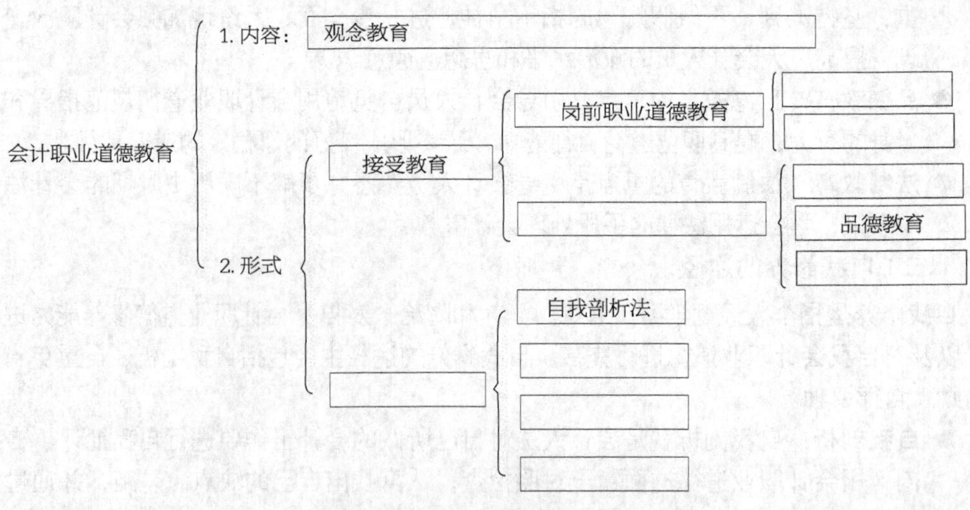

图5-1 会计职业道德教育内容

任务四 会计职业道德建设组织与实施

会计职业道德建设是一项复杂的系统工程，要抓好会计职业道德建设，关键在于加强和改善会计职业道德建设的组织和领导，并得到切实贯彻和实施。

【任务目标】

本任务的目标是了解会计职业道德建设是由财政部门的组织推动、会计行业自身的自律、企事业单位的内部监督和社会各界的监督与配合共同形成的，并掌握这些组织的具体内容。

【知识讲解】

一、财政部门的组织推动

我国的财政部门是会计工作的主管部门，各级财政部门应当负起组织和推动本地区会计职业道德建设的责任，把会计职业道德建设与会计法制建设紧密结合起来。

全国各级财政部门应当根据会计法律制度，积极探索将会计职业道德建设与会计从业人员管理相结合的机制，逐步完善会计从业人员的资格准入、考查、奖惩、培训和退出等制度，同时通过会计从业资格发证、注册和年检等手段，建立会计从业人员诚信档案。通过组织一定学时的继续教育，使会计人员了解和掌握会计职业道德的主要内容。

试题精讲

【多选题】财政部门对会计职业道德监督建设的途径有（　　）。

A. 会计法执法检查与会计职业道德建设相结合

B. 会计从业资格证书注册登记管理与会计职业道德建设相结合

C. 会计职业组织的行业自律

D. 社会各界齐抓共管

【答案】A、B

【解析】“会计职业组织的行业自律”和“社会各界齐抓共管”选项属于会计职业道德建设组织与实施的具体内容。

二、会计行业的自律

会计职业组织起着联系会员与政府的桥梁作用，应充分发挥协会等会计职业组织的作用，改革和完善会计职业组织自律机制，有效发挥自律机制在会计职业道德建设中的促进作用。

中国注册会计师协会先后发布了《中国注册会计师职业道德基本准则》《中国注册会计师职业道德规范指导意见》和《注册会计师、注册资产评估师行业诚信建设实施纲要》等重要文件，强化了对注册会计师在会计职业道德方面的管理和监督，逐步使行业自律规范化和制度化，对促进注册会计师职业道德建设起到了相当大的推动作用。对涉及会计职业道德的案件由会计职业组织进行处罚。

三、企事业单位的内部监督

企事业单位是职业道德建设的基层组织，在职业道德建设中发挥着至关重要的基础性作用。因此，各单位应加强内部监督，形成内部约束机制，防范舞弊和经营风险，支持并督促会计人员遵循会计职业道德，依法开展会计工作。单位责任人要作遵纪守法的表率，支持会计人员依法开展工作。

四、社会各界的监督和配合

加强会计职业道德建设，既是提高广大会计人员素质的一项基础性工作，又是一项复杂的社会系统工程，不仅是某一个单位、某一个部门的任务，也是各地区、各部门、各单位的共同责任。正如《公民道德建设实施纲要》指出："推进公民道德建设，需要社会各方面的共同努力。各级宣传、教育、文化、科技、组织人事、纪检监察等党政部门，工会、共青团、妇联等群众团体以及社会各界，都应当在党委的统一领导下，各尽其责，相互配合，把道德建设与业务工作紧密结合起来，纳入目标管理责任制，制定规划，完善措施，扎实推进。要充分发挥各民主党派和工商联在公民道德建设中的作用。"因此，加强会计职业道德建设，不仅各级党组织要管，各级机关、群众组织等也要管。广泛开展会计职业道德的宣传教育，加强舆论监督，在全社会会计人员中倡导诚信为荣、失信为耻的职业道德意识，引导会计人员加强职业修养。

试题精讲

【判断题】良好会计职业道德风尚的树立，离不开社会舆论的支持和监督。（　）

【答案】√

【解析】只有重视和加强各级组织、广大群众和新闻媒体的监督作用，齐抓共管，形成合力，才能有效地搞好会计职业道德建设，更好地提高广大会计人员的思想道德素质。

【任务实施】

结合前面所学知识，回答下列问题。

（1）会计职业道德建设主要依靠哪些力量进行推动？

（2）各种推动会计职业道德建设的力量在建设中能起到什么作用？

任务五 会计职业道德的检查与奖惩

为了充分发挥会计职业道德的作用，健全会计职业道德体系，应在建立会计职业道德规范和加强职业道德教育的基础上，强化对会计人员职业道德规范遵循情况的检查，并根据检查的结果进行相应的表彰和惩罚，建立起会计职业道德的奖惩机制，这是会计职业道德他律机制的重要组成部分。

【任务目标】

本任务的目标是了解会计职业道德检查与奖惩的作用和意义，在此基础上掌握会计职业道德检查与奖惩的机制。

【知识讲解】

一、会计职业道德检查与奖惩的意义

开展会计职业道德检查与奖惩是将道德规范付诸实施的必要方式，也是促使道德力量发挥作用的必要手段，有着重要的现实意义，具体作用有以下几个方面。

（一）具有促使会计人员遵守职业道德规范的作用

奖惩机制利用人类趋利避害的特点，以利益的给予或剥夺为砝码，对会计人员起着引导或威慑的作用，使会计行为主体不论出于什么样的动机，都必须遵循会计职业道德规范，否则就会遭受利益上的损失。奖惩机制把会计职业道德要求与个人利益结合起来，体现了义利

统一的原则。

（二）对会计行为进行裁决，对会计人员具有教育作用

会计人员对于会计行为的正确与否，均可通过会计职业道德的检查与奖惩作出裁决。在这里，会计职业道德的检查与奖惩起着道德法庭的作用，它是运用各种会计法规、条例及道德要求等一系列标准，鞭笞违反道德的行为，同时褒奖那些符合职业道德要求的行为，并使其发扬光大，蔚为风气，人之效尤，互相砥砺。因此，通过会计职业道德的检查与奖惩，使广大会计人员生动而直接地感受到道德的价值分量，其教育的作用是不可低估的。

（三）有利于形成抑恶扬善的社会环境

会计职业道德是整个社会道德的一个组成部分，因此，会计职业道德的好坏，对社会道德环境的优劣会产生一定的影响；反之，社会道德环境的好坏，也影响着会计的职业行为。奖惩机制是抑恶扬善的杠杆。对会计行为而言，判断善恶的标准就是会计职业道德规范。那些遵守职业道德规范的行为，就可称之为善行；反之，那些违背职业道德规范的行为，就可称之为恶行。通过倡导、赞扬、鼓励自觉遵守会计职业道德规范的行为，贬抑、鞭挞、谴责查处会计造假等不良行为，有助于人们分清是非，形成良好的社会风气，从而进一步促进会计职业道德的发展。

二、会计职业道德检查与奖惩的机制

会计职业道德检查与奖惩机制包括财政部门的监督检查、会计行业组织的自律管理与约束以及激励机制的建立。

（一）财政部门的监督检查

《会计法》规定，国务院财政部门主管全国的会计工作，县级以上财政部门管理本行政区域内的会计工作。各级财政部门应负起组织和推动本地区会计职业道德建设的责任，这是构筑会计职业道德检查与奖惩机制的重要组成部分。

财政部门的监督检查主要有以下3个方面的内容。

- **执法检查与会计职业道德检查相结合**：通过检查，一方面督促各单位严格执行会计法律法规，另一方面也是对各单位会计人员执行会计职业道德情况的检查和检验。财政部门可以采取在会计行业范围内通报批评、指令其参加一定学时的继续教育课程、暂停从业资格、在行业内部的公开刊物上予以曝光等手段对违反《会计法》或会计职业道德要求的会计人员进行行政处罚或刑事处罚及道德制裁。
- **会计从业资格证书注册登记和年检与会计职业道德检查相结合**：财政部门、业务主管部门和各单位应当定期检查会计人员遵守职业道德的情况，并作为会计人员晋升、晋级、聘任专业职务、表彰奖励的重要考核依据。会计人员违反职业道德的，由所在单位进行处罚；情节严重的，由会计证（会计从业资格证书）发证机关吊销其会计证（会计从业资格证书）。将会计从业资格证书注册登记和年检制度与会计职业道德检查结合起来，有利于强化对会计人员行为的约束，强制引导会计人员遵守会计职业道德。
- **会计专业技术资格考评、聘用与会计职业道德检查相结合**：由于高级会计师资格的取得采用考试和评审相结合的方式，因此，有必要在考试和评审两个方面对其会计职业道德进行检查、考核。一是在考试方面，考虑到职业道德对高级会计师的重要性，有必要增设职业道德的内容，从理论上加深其对会计职业道德的理解和认识；二是在评审方面要对申报人的会计职业道德情况进行严格审查；三是规定一些关于职业道德规范的否决条款。

（二）会计行业组织的自律管理与约束

中国注册会计师协会先后颁布了《中国注册会计师职业道德基本准则》《中国注册会计师职业道德规范指导意见》和《注册会计师、注册资产评估师行业诚信建设实施纲要》。

目前，我国会计职业的行业自律机制尚不健全，对违反会计职业道德的会计人员和会计师事务所的惩处力度还不够。所以，必须建立健全会计职业团体自律性监管机制，确保会计职业的健康发展。

（三）激励机制的建立

对自觉遵守会计职业道德的优秀会计工作者进行表彰、宣传，可以使获奖者感到对遵守道德规范的回报和社会肯定，从而促使其强化道德行为。同时，还可以树立本行业的楷模、榜样，使会计职业道德原则和规范具体化、人格化，使广大会计工作者从这些富于感染性、可行性的道德榜样中获得启示、获得动力，在潜移默化中逐渐提高自身的职业道德素质。因此，在对违反会计职业道德的行为进行惩戒的同时，还应对自觉遵守会计职业道德的先进人物进行表彰。

会计职业道德激励机制应当与会计人员表彰制度相结合，以起到弘扬正气、激励先进、鞭策后进的作用。对会计职业道德检查中涌现出的先进人物事迹进行表彰奖励，应注意将物质奖励和精神奖励相结合。

试题精讲

【单选题】建立激励机制，对会计人员遵守职业道德情况进行考核和奖惩的主要依据是（　）。

A. 会计职业道德准则和规范

B. 《会计法》等法律、法规

C. 单位内部工作纪律

D. 会计行业组织有关规定

【答案】B

【解析】建立激励机制，对会计人员遵守职业道德情况进行考核和奖惩的主要依据是会计法律法规。

【任务实施】

根据前文的讲解，回答下列问题。

（1）为什么会计职业道德建设要采用检查与奖励并存的方式，可以单独采用检查或奖励进行吗？为什么？

（2）会计职业道德建设检查与奖励的作用是什么？

（3）会计职业道德检查与奖励的机制有哪些方式？

项目总结

本项目主要介绍了会计职业道德的相关内容。本项目的内容是会计职业道德的概述，具体包括会计职业道德规范的主要内容、会计职业道德教育、会计职业道德建设组织与实施以及会计职业道德的检查与奖惩。掌握会计职业道德规范是作为会计人员最起码的职业素养，也是以后作为规范工作行为的准则，了解会计职业道德的奖励与惩罚，可以对自身工作进行督促和检查。特别是会计职业道德规范的8大项，是本项目的重点，在学习过程中必须在理解的基础上进行记忆，与实际工作进行融会贯通。

项目实训 会计职业道德案例阅读与分析

掌握会计职业道德的主要内容以及每项会计职业道德规范对于会计人员在工作中的意义，均需要通过实际案例进行分析才能更加形象生动地记忆。下面将本项目所学的内容与实际案例相结合，加深读者对会计职业道德的内容的理解。

【实训目标】

能够从具体事项中准确定位相关描述是会计职业道德规范的哪一原则，并且能准确地将相关原则进行具体分析。

【实训资料】

某公司有关会计职业道德的相关资料如下。

现象一：会计人员看人办事："官大办得快，官小办得慢，无官拖着办。"

现象二：会计人员"站得住的顶不住，顶得住的站不住""领导怎么说就怎么做，只要领导高兴"，"原则"可以变成"圆则"。

现象三：会计人员整天与钱物打交道，其认为"常在河边走，哪有不湿鞋"，只要坚持"不犯罪"这根底线就行了。

要求：根据上述现象，分别写出上述三种现象分别违背了哪三种会计职业道德规范？并分析其原因。

【实训指导】

STEP 1 仔细阅读材料，重点关注资料中引号的内容。

STEP 2 分析各种现象分别违背了哪些会计职业道德规范。

STEP 3 将上述分析进行整合，综合作答（答案参见：光盘\项目实训\项目五\会计职业道德案例阅读与分析.doc）。

拓展知识

一、会计人员应具备的专业技能

我国会计人员的职业技能的需求与国外大致相同，但是由于国情的不同，我国会计人员的技能基础更薄弱一些，社会要求其完善更强烈一些。

从目前来看，我国会计人员的整体水平尚处在比较低的水平上，而随着我国经济市场化、现代化的发展，社会对于会计人员的管理层品质、职业品质的要求会更为强烈。尤其在国内外证券市场经历了虚假信息洗礼之后，各利益主体强烈呼吁加强会计人员的诚信教育。会计人员的学校、社会教育急需根据技能需求的要求予以完善，会计的后续教育问题也有待妥善解决，另外，会计人员的诚信教育问题也有待完善。会计人员应具备的专业技能如图5-2所示。

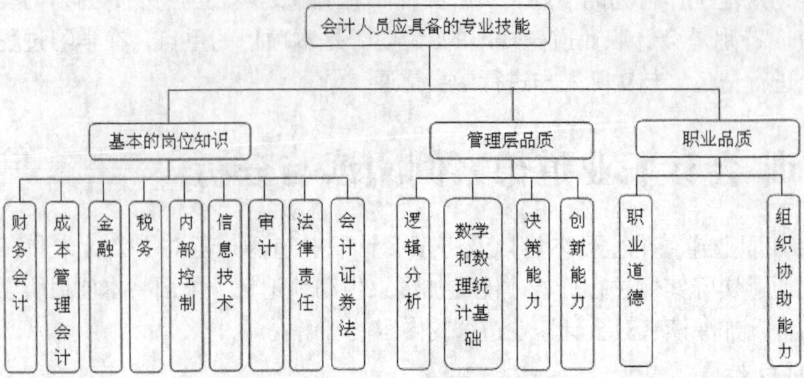

图5-2 会计人员应具备的专业技能

二、会计人员如何提高业务技能

在社会经济发展如此迅速的今天，每天与经济打交道的会计人员应如何提高业务技能，在社会发展的激流中站稳，应做到以下几点。

1. 能吃苦

财务会计人员刚进入工作时，不一定能完全从事与会计相关的工作，可以尝试进入企业基层锻炼。经历基层的锻炼之后，可以了解企业如何降低成本、财务如何进行监控、成本如何核算、绩效方案如何设计等，这一切都会使财务会计人员快速提升职业水平。但是，进入基层锻炼是非常艰苦的，所以要有能吃苦的决心。

2. 用先进的会计核算软件来做财务核算

会操作财务软件的会计人员，基本上在内部控制方面都非常优秀，因为一个非常严密的、一环扣一环的系统，各项作业各项数据都能无缝对接。现如今会计已进入会计电算化，通过软件做账将是必然的趋势。

3. 多学一些预算管理的知识

预算管理是财务管理的最高境界，也是财务人员获得高薪水的一项专业能力。预算管理不等于财务部的预算管理，而是整个企业的预算管理如果只是财务部来做预算，只会事倍功半，因此，大部分企业的预算一般都是财务部领导，由此，财务人员必须懂得各个部门各个工作中心的运作模式，懂得战略还有绩效管理，更要懂得内部控制与内部资金的流动，这一才能使自己的业务技能得到不断完善。

真题精练

一、单选题

1. 会计人员职业道德表现得好与差，最直接的受益者或受害者是（　　）。

A. 国家　　B. 社会　　C. 上级单位　　D. 所在单位

2. 会计人员应保守本单位的商业秘密，这是（　　）职业道德规范的要求。

A. 诚实守信　　B. 爱岗敬业

C. 服务群众　　D. 奉献社会

3. 某公司资金紧张，需向银行贷款600万元。公司财务科长老李业务熟练，公司经理于是要求其对公司提供给银行的会计报表进行技术处理。老李很清楚公司财务正处于困境，偿债能力较差，做这种技术处理是很危险的，但在公司经理的反复开导下，老李感恩于经理平时对自己的信任和关照，于是编制了一份经过技术处理后的会计报表，从而使公司顺利获得了银行的贷款。下列对于老李行为的认定中，正确的是（　　）。

A. 老李违反了爱岗敬业、客观公正的会计职业道德规范的要求

B. 老李违反了参与管理、坚持准则的会计职业道德规范的要求

C. 老李违反了客观公正、坚持准则的会计职业道德规范的要求

D. 老李违反了提高技能、客观公正的会计职业道德规范的要求

4. 某公司的会计人员于某大学毕业后被分配到单位财务部门从事出纳工作，随着时间的推移，于某慢慢对出纳工作产生了厌烦情绪，上班无精打采，工作中差错不断，业务考核在部门里位列倒数第一。单位要求会计人员提出“加强成本核算，提高经济效益”的合理化建议，他认为那是领导们的事情，与己无关。于某在公司的言行违背的会计职业道德规范中不包括（　　）。

A. 爱岗敬业　　B. 提高技能

C. 参与管理　　D. 诚实守信

5. 2014年10月，甲公司因产品销售不畅，新产品研发受阻。财务部预测企业本年度将发生1 000万元的亏损。刚刚上任的厂长孙某责成总会计师王某千方百计实现当年盈利目标，并说：“实在不行，可以对会计报表作一些会计技术处理。”王某很清楚公司本年度亏损已成定局，要落实厂长的盈利目标，只能在财务会计报告上做手脚。王某感到，如果不按厂长的意见去办，自己以后在公司不好立足，为此，王某以自己娴熟的财务技术与会计人员一同对公司账务进行了处理。下列有关王某的行为认定中，正确的是（　　）。

A. 王某的行为违反了参与管理、强化服务的会计职业道德要求

B. 王某的行为违反了坚持准则的会计职业道德要求

C. 王某的行为违反了廉洁自律的会计职业道德要求

D. 王某的行为是正确的，是会计人员执业时予以提倡的

6. 某财务会计在一次事故中受伤，导致双腿截肢，但他仍坚持学习，在病床上报名参加会计中专函授和企业管理专业的本科函授，这体现了会计职业道德规范中的（　　）。

A. 强化服务　　B. 廉洁自强

C. 提高技能　　D. 诚实守信

7. 下列各项中，不属于会计职业道德主要内容要求的是（　　）。

A. 提高技能　　B. 强化服务

C. 参与管理　　D. 奉献社会

8. 下列各项中，属于会计职业道德教育的核心内容，并贯穿于会计职业道德教育始终的是（　　）。

A. 职业道德规范教育　　B. 职业道德观念教育

C. 职业道德警示教育　　D. 形势政策教育

9. 下列各项中，不属于会计职业道德教育内容是（　　）。

A. 会计职业道德专业理论教育　　B. 会计职业道德规范教育

C. 会计职业道德观念教育　　D. 会计职业道德警示教育

10. 对会计职业道德进行自律管理与约束的机构是（　　）。

A. 财政部门　　B. 会计职业组织

C. 工商行政管理部门　　D. 国务院

二、多选题

1. 我国《公民道德建设实施纲要》提出的职业道德内容有（　）。

A. 爱岗敬业　　B. 诚实守信

C. 办事公道　　D. 坚持准则

2. 以下属于会计职业道德特征的是（　）。

A. 职业性　　B. 实践性

C. 强制性　　D. 继承性

3. 下列关于会计职业道德的表述中，正确的有（　）。

A. 会计职业道德是指在会计职业活动中应当遵循的、体现会计职业特征的、调整会计职业关系的职业行为准则和规范

B. 会计职业道德不允许通过损害国家和社会公众利益而获取违法利益，但允许个人和各经济主体获取合法的自身利益

C. 在会计职业活动中，发生道德冲突时要坚持准则，把社会公众利益放在第一位

D. 会计职业道德不具有强制性

4. 下列关于会计职业道德作用的表述中，正确的有（　）。

A. 会计职业道德是对会计法律制度的重要补充

B. 会计职业道德是规范会计行为的基础

C. 会计职业道德是实现会计目标的重要保证

D. 会计职业道德是提高会计人员素质的重要措施

5. 下列属于爱岗敬业的基本要求的是（　）。

A. 正确认识会计职业，树立职业荣誉感

B. 热爱会计工作，敬重会计职业

C. 严肃认真，一丝不苟

D. 忠于职守，尽职尽责

6. 下列各项中，体现会计职业道德“诚实守信”的有（　）。

A. 忠于职守，尽职尽责

B. 做老实人、说老实话、办老实事

C. 保守商业秘密，不为利益所诱惑

D. 不弄虚作假，信誉至上

7. 自我修养是从业人员依照会计职业道德原则进行（　）的活动。

A. 自我学习　　B. 自我改造

C. 自身道德约束　　D. 自我提高

8. 岗前职业道德教育包括（　）。

A. 会计专业学历教育

B. 形势教育

C. 法制教育

D. 获取会计从业资格中的职业道德教育

9. 会计职业道德规范中的“强化服务”对会计人员的要求有（　）。

A. 强化服务意识

B. 提高服务质量

C. 努力钻研业务

D. 依法办事

10. 财政部门对会计职业道德监督检查的途径有（　　）。

A. 会计法执法检查与会计职业道德检查相结合

B. 会计从业资格证书注册登记管理与会计职业道德检查相结合

C. 会计专业技术资格考评与会计职业道德检查相结合

D. 会计专业技术资格聘用与会计职业道德检查相结合

三、判断题

1. 职业道德既是从业人员在进行职业活动时应该遵守的行为规范，也是从业人员对社会应承担的道德责任和义务。（　　）

2. 无论在资本主义社会还是社会主义社会，诚实守信都是会计职业道德的核心。（　　）

3. 诚实守信是会计人员在职业活动中做到客观公正、坚持准则的基础，是参与管理的前提。（　　）

4. 会计职业道德教育的接受教育（外在教育），是以职业责任、职业义务为核心内容的正面灌输，以规范其职业行为，维护国家和社会公众利益的教育。（　　）

5. 各级财政部门应当负起组织和推动本地区会计职业道德建设的责任，把会计职业道德建设与会计法制建设紧密结合起来。（　　）

6. 会计人员违背了会计职业道德，就要受到法律制裁。（　　）

7. 对认真执行《中华人民共和国会计法》，忠于职守，坚持原则，做出显著成绩的会计人员，应给予精神的或者物质的奖励。（　　）

8. 会计职业组织起着联系会员与政府的桥梁作用，会计职业组织主要通过他律形式实现对会员的职业道德约束。（　　）

四、案例分析题

2015年3月，某商业银行按照财政部要求，决定在全行系统展开《会计法》执行情况检查。在检查中发现该银行下属支行行长李某、副行长胡某、财会科长罗某利用联行清算系统存在的漏洞，将C支行的资金划转到由李某等人控制的D企业名下，再从D企业的银行账户划转到由李某等人控制的境外公司账户。经查实，C支行负责清算业务的会计张某早就知道C支行几年来在联行系统中存在很不正常的巨额汇差，怀疑与李某等人有关，但考虑到李某是自己的直接领导，摄于李某的地位和权威，认为多一事不如少一事，便没有声张，听之任之，直至案发。

要求：根据以上情况，回答下列问题（正确答案为一个或多个选项）。

1. 下列关于会计职业道德作用的表述中，正确的有（　　）。

A. 会计职业道德是实现会计目标的重要保证

B. 会计职业道德是规范会计行为的基础

C. 会计职业道德是对会计法律制度的重要补充

D. 会计职业道德是提高会计人员素质的外在要求

2. 会计张某的行为违反下列会计职业道德要求的有（　　）。

A. 张某的行为违背了廉洁自律的会计职业道德要求

B. 张某的行为违背了强化服务的会计职业道德要求

C. 张某的行为违背了坚持准则的会计职业道德要求

D. 张某的行为违背了客观公正的会计职业道德要求

3. 公私分明、不贪不占体现的是（　　）的会计职业道德规范。

A. 客观公正　　B. 坚持准则

C. 廉洁自律　　D. 诚实守信

4. 会计人员运用会计知识理论为单位决策层、政府部门、投资人等提供真实、可靠的会计信息体现的是（　　）的会计职业道德规范。

A. 参与管理　　B. 诚实守信

C. 提高技能　　D. 强化服务

5. 下列关于诚实守信在会计职业道德规范中的表述，正确的是（　　）。

A. 是会计职业道德的基础

B. 是会计职业道德的内在要求

C. 是会计职业道德的精髓

D. 是会计职业道德的理想目标

appendix

附录 考情简介与应试策略

本附录介绍了会计从业资格考试的考情简介，并针对“财经法规与会计职业道德”考试科目，提供相应的考纲分析与应试策略，以便于参加考证时作为参考。

一、考情简介

会计从业资格考试（俗称“会计证考试”）是《中华人民共和国会计法》规定的从事会计工作的人员必须通过的考试，通过考试后即可获得会计从业资格证。

按照财政部的要求，于2013年7月1日开始，会计从业资格实行无纸化考试，即采用国家题库进行统一考试，通过随机组卷生成无纸化考试试卷，考试时在全国统一题库里随机抽题，每个考生的题都不相同。无纸化考试题库以财政部发布的《会计从业资格考试大纲》为依据，由财政部统一组织建设。财政部于2014年4月4日发布了《关于印发会计从业资格考试大纲（修订）的通知》（财办会〔2014〕13号），对2009年修订的会计从业资格考试大纲进行了修订，从2014年10月1日起施行。

（一）考试科目

会计从业资格考试科目包括“财经法规与会计职业道德”“会计基础”“会计电算化”（或者“珠算”）。其中，会计电算化或珠算科目，考生可择其一报考。按照《会计从业资格管理办法》（财政部令第73号）规定，自2013年7月1日以后参加考试的考生，一律实行“财经法规与会计职业道德”“会计基础”“会计电算化”3科连考，各科成绩须一次性同时合格才有效，并取消了会计从业资格考试的免试规定。

（二）考试形式

会计从业资格考试采用无纸化考试的形式，所有科目的考试答题全部通过计算机实现。

（三）考试题型

根据财政部《关于印发<全国会计从业资格无纸化考试题库建设方案>征求意见稿的函》文件规定的考试题型，“财经法规与会计职业道德”科目的考试题型为单项选择题、多项选择题、判断题和案例分析题。其中单项选择题20题（20分）、多项选择题20题（40分）、判断题20题（20分）、案例分析题2题（为不定项选择题，每题包括题干和5个小题，每小题2分，共20分）。

（四）考试时间

会计从业资格考试一般由省级财政部门组织，报考及考试时间全国各省有差异，上半年考试的报名集中在前一年的11月份到当年的4 月，考试集中在5～6月；下半年考试的报名集中在6～9月，考试集中在10～11月。

会计从业资格无纸化考试采用国家题库进行统一考试， 考生连续抽取3个科目的考题完成考试，3个科目满分均为100分，考试时间均为60分钟，考试总时间为180分钟。

各地考生可登录自己所在地财政局官方网站查询报考通知。

二、 考纲分析

“财经法规与会计职业道德”科目考试大纲规定的考试内容包括五个部分（考试大纲详细内容可参见本书配套光盘），从内容结构上来说，该科目就是讲解会计法律制度和会计职业道德的一门课程，其中会计法律制度包括会计法律制度的概念、构成和体制、基本职能、法律责任，以及结算、税收和财政三个方面的法律制度，主要包括项目一至项目四的内容。会计职业道德包括会计职业道德的概念、功能、主要内容，会计职业道德教育，以及会计职业道德建设组织与实施，会计职业道德的检查与奖惩等，即项目五的内容。

“财经法规与会计职业道德”科目考试大纲中五个部分的内容分别对应本教材前面的项目一至项目五，各项目的考核要点、考试题型及复习重视度如附表1–1所示。

附表1–1 各项目的考核要点、考试题型及复习重视度

对应位置	考核要点	主要考试题型	复习重视度
项目一	本项目是全书的核心内容，有很多需要记忆的内容，特别是各种会计法律和法规、会计岗位和会计人员的相关知识，以及违反会计制度规定的法律责任等，都需要准确记忆。而且本项目内容是本门课程的基础，所以，除了要认真记忆所有知识点外，还应该了解其含义，为后面项目的学习打下坚实的基础	单选题 多选题 判断题 案例分析题	★★★★★
项目二	本项目也是考试重点，特别是银行账户结算的相关知识，几乎属于每年必考的内容。由于本项目知识点较多，因此所涉及题型主要为客观题，在案例分析题中有时会设1～2个小问题考核重要的知识点	单选题 多选题 判断题 案例分析题	★★★★
项目三	本项目有一个比较重要的考点，也是对于很多考生来说比较难的问题，就是需要考生计算税额。这就需要考生记忆相关税种的税额计算方法，这样在答题时才能得出正确的答案。另外，对于各种税种，可以使用对比记忆的方法，比较它们的异同，以增强记忆的效果	单选题 多选题 判断题 案例分析题	★★★★
项目四	本项目内容在考试中所占的比例较小，大多以客观题为主，考查难度也不大。本项目的重要知识点包括国家预算的概念与作用、预算组织程序、政府采购当事人、政府采购方式、国库单一账户体系、财政支出支付方式和程序	单选题 多选题 判断题	★★★
项目五	本项目内容在考试中所占的比例虽然较小，但在案例分析题中几乎是必考的。本项目需要记忆的内容并不多，更多的是需要理解。考查的重点在于会计职业道德的概念、与法律制度的异同点、会计职业道德的主要内容	单选题 多选题 判断题 案例分析题	★★★

三、学习方法

掌握合理的学习方法，可以有效提高学习效率，节约学习时间。以下几种方法仅供参考，希望能对读者有所帮助。

- **收集信息，制订计划**：由于会计从业资格考试的考试科目和考试大纲由财政部统一制定，组织和安排考试由各地区自行决定，所以各个地区考试的情况都有所不同。因此考生可以通过本地财政局官方网站或该考试指定报名网站了解相关考试情况，在此基础之上，制订一些切实可行的计划。
- **精读教材，系统学习**：本教材是考试大纲的具体体现，考试的命题范围、命题依据一般都不会超出教材，无论考试时试题怎么变化，所有的试题大都出自教材中不同的地方。因此，对教材进行反复通读、精读是学习的重要方法。
- **归纳总结，注重实际**：学习时可以采用对比法、综合分析法等对相关知识点进行归纳总结，再对结论进行适当的记忆。同时尽量将理论与实际相结合，多做一些与具体实际相关的习题，特别是案例分析题，注重提高实际操作的能力。
- **全真模拟，反复练习**：本书的配套光盘中的无纸化考试题库系统中提供了往年考试真题及由相关专家编写的模拟题，通过做题，不仅可以检验自己的学习效果，查漏补缺，还可以尽快掌握重要知识点，找到真正考试的感觉。

四、应试技巧

无纸化考试所有试题都在计算机上操作完成，考试时只需带上身份证和准考证就行了。一般来说，答题时应采用“先易后难”的做题原则，将考试过程分成做简单题、攻克难题、检查等三个步骤来进行，同时要看清题目，领会题目的考查意图，建议一定要看清所有的选项，然后进行选择。

此外，不同的题型有不同的答题技巧，掌握下面这些技巧可以有效提高考试的成绩。

（一）单项选择题（单选题）

顾名思义，单项选择题只有一个正确答案。相对于其他题型，单项选择题是最简单的一种题型，能否在单项选择题中拿到尽可能高的分数是能否顺利通过考试的关键。解答单项选择题时，以下技巧可供参考。

1. 运用排除法

如果解题时不能一眼看出正确答案，应首先排除明显是荒诞、拙劣或不正确的答案，尽可能排除一些选择项，可以提高选对答案的概率。例如：

根据《中华人民共和国会计法》的规定，主管全国会计工作的政府部门是（　）。

A. 财政部　B. 国家税务总局　C. 审计署　D. 商务部

题目的要求是选出主管会计工作的政府部门，虽然所有选项都是政府部门，但各部门管理的工作不同。税务总局管理税务工作，审计署主管审计，商务部肯定和商业有关，只有财政部才能主管财务，和会计直接相关。这样一排除，只有A选项才是正确答案。

2. 运用比较法

比较法是指直接将各备选答案加以比较，并分析它们之间的不同点，集中考虑正确答案和错误答案的关键所在。例如：

根据《会计法》的相关规定，下列关于单位有关负责人在财务会计报告上签章的做法中正确的是（　）。

A. 签名　　B. 加盖单位公章

C. 签名或加盖单位公章　　D. 签名并加盖个人名章

所有选项的差距不大，都有A和B选项的内容，C和D选项很接近，如果C选项正确，则根据其内容，A和B选项也正确，但这是单选题，所以D选项才是正确答案。

3. **运用猜测法**

如果在考试过程中，想尽方法都不能得出确定的答案，那也一定不要放弃，要充分利用所学知识去猜测答案。不选答案肯定不能得分，选了答案就有可能得分。在猜测之前，尽量先排除掉干扰答案，一般来说，排除的项目越多，猜测出正确答案的可能性就越大。

（二）多项选择题（多选题）

多项选择题每道题所涉及的考点较多，但在答题技巧方面与单项选择题基本一致，需要注意的有以下两点。

- 多项选择题分值较高，每小题2分，但其评分标准一般是多选、少选、错选、不选均不得分，因此需要运用所掌握的知识推敲每一个答案，慎重选择。
- 多项选择题至少有两个正确答案，因此在运用排除法时只要能够准确地排除掉两个选项，剩余两个选项就是正确答案。

（三）判断题

判断题的评分标准是判断正确得分，判断错误或不作判断的不得分也不扣分。

解答判断题时，除根据自己掌握的知识能直接判断的以外，掌握以下技巧，可以提高得分率。

- 分清绝对和相对概念。判断题中含有绝对概念的词，如“总是”“决不”等，这道题很可能是错误的，例如“银行一律不得为任何单位或者个人查询账户情况，不得为任何单位或者个人冻结、扣划款项，不得停止单位、个人存款的正常支付。”这道题是错误的。判断题中含有相对概念的词，包括“通常”“一般来说”“多数情况下”等，这道题很可能是正确的，例如“一般来说，检查中发现的会计人员违反《会计法》的行为，同时也是违反会计职业道德的行为，不仅应受到相应的行政处罚或刑事处罚，同时还必须接受相应的道德制裁。”本题中含有相对概念，其表述是正确的。
- 只要题目有一处错误，该题就可判断为错误的。例如，“业务收支以人民币以外的货币为主的单位，可以选定其中一种货币作为记账本位币，并使用该种货币编报财务会计报告。”该题包含两个问题：第一个问题是“业务收支以人民币以外的货币为主的单位，可以选定其中一种货币作为记账本位币”，这是正确的；另一个是“并使用该种货币编报财务会计报告”，《会计法》规定，业务收支以人民币以外的货币为主的单位，可以选定其中一种货币作为记账本位币，但是编报的财务会计报告应当折算为人民币，这就和第二个问题不符合。如果这两个问题中有一个是错的，那么整个命题就是错的。
- 运用大概率事件。解答判断题是指出其是正确还是错误的，因此即使自己对题目完全没有把握，也有50%的概率猜对答案。但是，运用该方法时首先应对该题目有一个大概的判断，如果完全没有把握，在试题要倒扣分的前提下，倒不如不作任何判断。

（四）案例分析题

在无纸化考试方式下，案例分析题是以不定项选择题的方式进行考查的，即有1个或1个以上符合题意的正确答案。其评分标准一般比较严苛，不选、错选、多选、少选均不得分，只有完全选择正确才能得分。而且基本上都是给定案例材料，再针对材料提出几个小问题，一般包括两道大题，每道大题包括题干和5个小题，每小题2分。

案例分析题主要考查考生分析问题和处理问题的能力，相对来说难度较大，涉及的概念和知识点较多，有时甚至会出现需要计算的内容。

这类题型的分数在一份试卷中所占的比例一般都较大，必须予以足够的重视，如果本类题得分不多，要想通过考试就很困难。

解答案例分析题时，可以按照以下解题步骤进行。

第一步，先看题目要求解决的问题。

这类题目最后提问的句子一般比较简短。可先看问题，这样在阅读题目或案例时就能有较强的针对性，容易抓住重点，提高答题效率。同时审题要认真，要抓住问题中的关键词，弄清问题要求分析的到底是什么。

第二步，认真阅读题目或案例。

带着问题阅读题目或案例背景材料，找出问题的本质属于哪一大类，是会计法律的问题、支付结算法律制度的问题，还是会计职业道德的问题，然后具体到这些问题的具体项目。这是解题的关键，不能被具体细节问题所迷惑。

第三步，选择答案。

阅读背景材料和小题题目后，应先花几分钟对问题进行系统分析和思考，套用解决问题所需运用的相关理论确定答题思路和要点，然后再判断出答案。同时，案例分析题对考生知识掌握的全面性和准确性要求较高，除通过分析和计算直接得到正确答案以外，灵活应用排除法和比较法可以有效提高答题的成功率。有的答案之间本身就相互矛盾，有的答案之间有一定的联系，适当分析答案之间的关系就可以成功排除一些备选答案。